PROTECCIÓN JURÍDICA DE LAS PERSONAS Y LOS GRUPOS EN SITUACIÓN DE VULNERABILIDAD (PARTE ESPECIAL)

PROTECCIÓN JURÍDICA DE LAS PERSONAS Y LOS GRUPOS EN SITUACIÓN DE VULNERABILIDAD (PARTE ESPECIAL)

María Valvidares Suárez (Coordinadora)

2024

Imagen de la cubierta: Banksy

Ediciones de la Universidad de Oviedo
ISNI:0000 0004 8513 7929
Servicio de Publicaciones de la Universidad de Oviedo
Campus de Humanidades. Edificio de Servicios. 33011 Oviedo (Asturias)
Tel. 985 10 95 03
https://publicaciones.uniovi.es/
servipub@uniovi.es

Esta obra ha sido avalada por la Facultad de Derecho de acuerdo con lo establecido en el artículo 8f, del Reglamento del Servicio de Publicaciones de la Universidad de Oviedo.

Esta editorial es miembro de la UNE, lo que garantiza la difusión y comercialización de sus publicaciones a nivel nacional e internacional.

I.S.B.N.: 978-84-18324-95-6
DL AS 2191-2024

Imprime: Servicio de Publicaciones. Universidad de Oviedo

ÍNDICE

Presentación

En 2016 la Universidad de Oviedo publicó por primera vez un volumen colectivo que reflejaba los temas principales tratados en el marco de las asignaturas optativas del Máster en protección jurídica de las personas y los grupos vulnerables de la Universidad de Oviedo. El objetivo de dicha publicación era servir de apoyo al alumnado del Máster, en su estudio de las diferentes situaciones de vulnerabilidad abordadas en clase.

Los años transcurridos desde entonces, en los que por lo demás el Máster está plenamente consolidado, nos han demostrado que dicha iniciativa fue recibida con satisfacción por el estudiantado del Máster y, en general, por quienes desean adquirir las herramientas legales básicas de estudio de los grupos en situación de vulnerabilidad. Este nuevo volumen ofrece una visión actualizada de una amplia variedad de factores de vulnerabilidad, dando cuenta de los principales cambios legales y jurisprudenciales operados en nuestro ordenamiento, que en algunos sectores han supuesto un verdadero cambio de paradigma.

El primero de los diez capítulos de que consta el volumen es un trabajo de Dolores Palacios González, profesora de Derecho Civil. En él aborda la discapacidad psíquica siguiendo la estela de la Convención de Naciones Unidas sobre derechos de las personas con discapacidad, así como los cambios legislativos operados en nuestro Estado y que obligan a adoptar un punto de vista nuevo respecto de la capacidad de las personas con discapacidad.

El segundo trabajo, de la misma autora, y que incluye un epígrafe elaborado por el profesor de Derecho Constitucional, Benito Aláez Corral, aborda el estatuto jurídico de las personas menores de edad, atendiendo tanto a su capacidad para ejercer derechos fundamentales, como las obligaciones de protección que corresponden a los poderes públicos.

El tercer capítulo, elaborado por Alba García Torres, profesora de Derecho del Trabajo y de la Seguridad Social, aborda también la edad como factor de vulnerabilidad, solo que en este caso centrándose en las personas mayores y, en concreto, en la protección otorgada por el estado social a través de la pensión de jubilación.

El cuarto capítulo, escrito por María Valvidares Suárez, profesora de Derecho Constitucional, se centra en la discriminación por razón de género, abordando el marco constitucional y legal del derecho a la igualdad y la no discriminación en nuestro ordenamiento, incorporando en este sentido las novedades de la ley integral de 2022.

A continuación, la profesora de Derecho Penal, Sonia Victoria Villa Sieiro, se ocupa del fenómeno de la violencia de género, atendiendo tanto al marco internacional como el estatal, y aportando con su buen saber una mirada crítica constructiva a esta compleja realidad.

El sexto capítulo, redactado por Diego Álvarez Alonso, profesor de Derecho del Trabajo y de la Seguridad Social, aborda las interconexiones entre pobreza y exclusión social, pasando a continuación revista a las diversas políticas públicas a través de las cuales se busca apoyar a las personas para que puedan hacer frente a dichas situaciones.

Laura Álvarez Suárez, profesora de Derecho Procesal, aborda en su texto las modalidades de ejecución de las penas derivadas de la comisión de un delito, toda vez que la condición de recluso o exrecluso impacta de manera intensa en la vulnerabilidad de las personas en su proceso de reinserción social.

A continuación, los tres últimos capítulos se caracterizan por la especial relevancia de la dimensión internacional. Javier A. González Vega, profesor de Derecho Internacional Público, analiza con detalle el desarrollo del derecho antidiscriminatorio a nivel internacional, tanto en los tratados generales como en las convenciones sectoriales.

Ángel Espiniella Menéndez e Isabel Rodríguez-Uría Suárez, profesores de Derecho Internacional Privado, se centran en la protección legal de los inmigrantes que llega a España en situación irregular, poniendo de relieve la titularidad universal de gran parte de los derechos fundamentales -incluso en situaciones de irregularidad administrativa-, así como las opciones relativas a la posibilidad de regularizar la permanencia en el territorio o, por el contrario, las previsiones de expulsión de personas inmigrantes.

Cierra el volumen el trabajo de Beatriz Vázquez Rodríguez, profesora de Derecho Internacional Público, atendiendo a las circunstancias que según la legislación y la jurisprudencia activan la protección que nuestros poderes públicos ofrecen a la ciudadanía española que se halla en el exterior a través de la protección diplomática, abordando en su recorrido algunos casos que han sido paradigmáticos.

Con este volumen colectivo confiamos en reforzar nuestra labor tanto en la docencia como en la investigación, siempre comprometida, con relación a la vulnerabilidad, sus causas y la actuación de los poderes públicos al respecto, mejorando con ello la formación del extraordinario alumnado que, año tras año, acude a nuestras clases para seguir ampliando su formación y su espíritu crítico, tan necesario en el ejercicio de las profesiones socio-jurídicas. Con ellas y ellos, sus visiones, sus preguntas, inquietudes y reflexiones, aprendemos cada curso y encontramos el estímulo para seguir mejorando.

María Valvidares Suárez

Oviedo, septiembre de 2024

Protección jurídica de las personas con discapacidad psíquica: los apoyos para el ejercicio de la capacidad jurídica y otras cuestiones.

Dolores Palacios González
Profesora Titular de Derecho civil

La regulación de los derechos de las personas con discapacidad se fundamenta actualmente en la promoción de su autonomía y en el respeto de su voluntad y preferencias.

1. La discapacidad como causa de vulnerabilidad.

La Convención de las Naciones Unidas de 2006 sobre los derechos de las personas con discapacidad – ratificada por España el 3 de diciembre de 2007 – las define como "aquellas que tengan deficiencias físicas, mentales, intelectuales o sensoriales a largo plazo que, al interactuar con diversas barreras, puedan impedir su participación plena y efectiva en la sociedad, en igualdad de condiciones con las demás". Ese concepto ha sido asumido en nuestro Derecho interno por el Real Decreto Legislativo 1/2013, de 29 de noviembre por el que se aprueba el Texto Refundido de la Ley General de derechos de las personas con discapacidad y su inclusión social. De acuerdo con ello y en la medida en que la discapacidad implica la existencia de una deficiencia o una limitación que hace necesaria la existencia de apoyos para el ejercicio de los derechos, las personas con discapacidad, tanto psíquica (discapacidad intelectual, demencias, o, en su caso, diagnóstico de salud mental), como física o sensorial, se encuentran por definición en riesgo de no poder hacerlo e incluso de que esos derechos se vean abiertamente vulnerados. La propia exposición de motivos del RD 1/2013 citado refiere que "las personas con discapacidad conforman un grupo vulnerable y numeroso al que el modo en que se estructura y funciona la sociedad ha mantenido habitualmente en conocidas condiciones de exclusión" con restricción de sus derechos básicos y libertades obstaculizando su desarrollo personal y el disfrute de los recursos y servicios disponibles para toda la población y la posibilidad de contribuir con sus capacidades al progreso de la sociedad.

Es desde esta perspectiva que vamos a abordar la protección, o mejor promoción, de los derechos de este colectivo, desde el punto de vista del derecho privado. Por tanto, dejamos aquí aparte la normativa de carácter administrativo que hace referencia a las ayudas e intervención de las Administraciones públicas recogidas en nuestro ordenamiento y las previsiones de orden laboral para centrarnos en la eliminación de barreras y en el apoyo necesario para el ejercicio de sus derechos por un lado de las personas con discapacidad intelectual y, por otro, en quienes sufren una enfermedad mental en la medida en que, efectivamente, dé lugar a una situación de discapacidad.

2. Precisiones terminológicas.

Existen una serie de conceptos legales, también utilizados en el lenguaje no jurídico, que generan confusión tanto a la ciudadanía como incluso a los profesionales de todo orden cuya actuación, en mayor o menor medida, tiene que ver con los derechos de las personas con discapacidad.

Se hablaba en general de incapacidad psíquica o intelectual – incluso en la normativa privada, en el Código civil se utilizaba el término incapaz en este sentido – para hacer referencia a la persona con deficiencias o limitaciones en el ámbito intelectivo o volitivo. Si como consecuencia de esa incapacidad, derivada de una enfermedad o deficiencia persistente de carácter físico o psíquico, según el antiguo artículo 200 del Código civil, la persona no puede gobernarse por sí misma, cabía que la autoridad judicial declarara su incapacitación o modificación de capacidad, limitando su capacidad de obrar, de ejercer por sí misma sus derechos o, en su caso, de cumplir sus obligaciones. En cualquier caso una persona considerada incapaz no estaba en todos los casos, necesariamente, incapacitada, pues era posible que bien por dejación o bien porque no se hubiera considerado pertinente y/o necesario, no existiera una sentencia de modificación de la capacidad o incapacitación.

Son personas con discapacidad, en palabras del Real Decreto Legislativo 1/2013 que toma la definición de la Convención, las que se encuentran en una situación que resulta de la interacción entre las personas con deficiencias previsiblemente permanentes y cualquier tipo de barreras que limiten o impidan su participación plena y efectiva en la sociedad, en igualdad de condiciones con las demás. El Código civil titula el Título XI del Libro I "De las medidas de apoyo para el ejercicio de la capacidad jurídica", entendiendo que son personas con discapacidad precisamente las que necesitan esas medidas que se regulan en los artículos 249 y siguientes del texto normativo. Pero a los efectos de otras normas como la Ley 41/2003 de protección patrimonial de las personas con discapacidad o el Código civil cuando se refiere a personas con discapacidad en algunos preceptos concretos (artículos 96, 756, número 7, 782, 808, 822 y 1041) son personas con discapacidad aquellas que la tienen reconocida por el órgano competente con un grado igual o superior al 33% si se trata de discapacidad psíquica o igual o superior al 65% si se trata de discapacidad física o sensorial, así como quienes estén en situación de dependencia de grado II o III de acuerdo con la Ley 39/2006, de 14 de diciembre, de Promoción de la Autonomía Personal y Atención a las personas en situación de dependencia (Disposición Adicional cuarta del Código civil).

Cosa distinta de la discapacidad que puede hacer precisos apoyos para la toma de decisiones es la situación de dependencia que, conforme a la citada Ley 39/2006, es el estado de carácter permanente en que se encuentran las personas que, por razones derivadas de la edad, la enfermedad o la discapacidad, y ligadas a la falta o a la pérdida de autonomía física, mental, intelectual o sensorial, precisan de la atención de otra u otras ayudas importantes para realizar actividades básicas de la vida diaria o, en el caso de las personas con discapacidad intelectual o enfermedad mental, de otros apoyos para su autonomía personal.

3. Marco jurídico de la discapacidad que hace preciso el apoyo para la toma de decisiones.

La Convención de la ONU de 2006 tiene el propósito, recogido en la misma, de promover, proteger y asegurar el goce pleno y en condiciones de igualdad de todos los derechos humanos y libertades fundamentales por todas las personas con discapacidad, y promover el respeto a su dignidad inherente. Para ello los Estados Partes se comprometen a realizar ajustes razonables – modificaciones y adaptaciones necesarias y adecuadas que no impongan una carga desproporcionada o indebida – y a prever apoyos para las personas con discapacidad. Aunque la Convención no se refiere solo a la discapacidad psíquica – en realidad está más enfocada hacia la física o sensorial – también es aplicable a la primera, y así ha de respetarse la autonomía individual de estas personas, incluida la libertad de tomar decisiones y su independencia, ha de evitarse la discriminación, de potenciarse su participación e inclusión plenas y efectivas en la sociedad, el respeto por la diferencia, la igualdad de oportunidades, la accesibilidad, la igualdad entre hombre y mujer, y el respeto a la evolución de las facultades de los niños y las niñas con discapacidad y de su derecho a preservar su identidad (art. 3 de la Convención). En similares términos se manifiesta nuestro Real Decreto Legislativo 1/2013 por el que se aprueba el Texto Refundido de la Ley General de derechos de las personas con discapacidad y su inclusión social. En su artículo 6 se declara el respeto a la autonomía de las personas con discapacidad, recogiéndose el principio de libertad en la toma de decisiones, para lo que la información y el consentimiento deberán efectuarse en formatos adecuados y de acuerdo con las circunstancias personales, siguiendo las pautas marcadas por el principio de diseño universal, debiendo asegurarse además la prestación de apoyo para la toma de decisiones.

En el Código civil, en la Ley de Jurisdicción Voluntaria y en la Ley de Enjuiciamiento civil se regula la provisión de apoyos a las personas con discapacidad, y en el artículo 763 de la segunda los requisitos para el internamiento no voluntario de una persona por causa de trastorno psíquico. Hay otras normas que también afectan a la situación de las personas con discapacidad psíquica en orden a la toma de decisiones como es el caso, por ejemplo, de la Ley 41/2002, de Autonomía del paciente, en relación con el consentimiento informado y el instrumento de instrucciones previas, coloquialmente llamado testamento vital, o la Ley 30/1979 para la extracción donación y el trasplante de órganos. Por último, la Ley 41/2003 de protección patrimonial de las personas con discapacidad regula la constitución de un patrimonio protegido para la atención de las necesidades patrimoniales de las personas con discapacidad.

4. Los derechos básicos reconocidos en la Convención.

Los Estados Parte reafirman el derecho inherente a la vida de todos los seres humanos y adoptarán todas las medidas necesarias para garantizar el goce efectivo de ese derecho por las personas con discapacidad en igualdad de condiciones con las demás (art. 10). Además, en el artículo 12 se reconoce la capacidad jurídica de todas las personas con discapacidad y se prevé la adopción de las medidas pertinentes para proporcionar a las personas con discapacidad el apoyo que puedan necesitar en el ejercicio de su capacidad jurídica (para el ejercicio de sus derechos). Los Estados Parte asegurarán que en todas las medidas relativas al ejercicio de la capacidad jurídica se proporcionen salvaguardias adecuadas y efectivas para impedir los abusos de conformidad con el derecho internacional en materia de derechos humanos. Esas salvaguardias asegurarán que las medidas relativas al ejercicio de la capacidad jurídica respeten los derechos, la voluntad y las preferencias de la persona, que no haya conflicto de intereses ni influencia indebida, que sean proporcionales y adaptadas a las circunstancias de la persona, que se apliquen en el plazo más corto posible y que estén sujetas a exámenes periódicos por parte de una autoridad o un órgano judicial competente, independiente e imparcial. Las salvaguardias serán proporcionales al grado en que dichas medidas afecten a los derechos e intereses de las personas. Por último, los Estados Parte habrán de tomar todas las medidas que sean pertinentes y efectivas para garantizar el derecho de las personas con discapacidad, en igualdad de condiciones con las demás, a ser propietarias y heredar bienes, controlar sus propios asuntos económicos y tener acceso en igualdad de condiciones a préstamos bancarios, hipotecas y otras modalidades de crédito financiero, y velarán por que las personas con discapacidad no sean privadas de sus bienes de manera arbitraria.

Las personas con discapacidad tienen además, entre otros, derecho a la libertad y a la seguridad (art. 14), a que se respete su integridad física y mental en igualdad de condiciones con las demás (art. 17), a contraer matrimonio y formar una familia (art. 23), a vivir de forma independiente y ser incluidas en la sociedad, al trabajo y al empleo.

5. El sistema de apoyos.

El instrumento tradicionalmente utilizado para la protección de las personas con discapacidad psíquica ha sido la mencionada modificación de la capacidad, posibilidad que ha desaparecido tras la reforma operada por la Ley 8/2021, por la que se reforma la legislación civil y procesal para el apoyo a las personas con discapacidad en el ejercicio de su capacidad jurídica, implementando el artículo 12 de la Convención. También ha desaparecido la tutela como apoyo para las personas mayores de edad.

Las medidas de apoyo para quienes las necesiten en el ejercicio de la capacidad jurídica se fundamentan en el respeto a la dignidad de la persona y en el respeto a sus derechos fundamentales y tienen la finalidad de permitir el desarrollo pleno de su personalidad y su desenvolvimiento jurídico en condiciones de igualdad.

Las de origen legal (guarda de hecho) o judicial (la curatela y el defensor judicial) solo procederán en defecto o insuficiencia de la voluntad de la persona concretada en medidas voluntarias como las disposiciones preventivas o escritura pública de autoayuda (artículo 255 del Código civil) o en un mandato o poderes preventivos (artículos 256 y siguientes del Código). En general se establecerán de acuerdo con los principios de necesidad y proporcionalidad y así la curatela será en principio asistencial (sin sustituir la actuación y voluntad de la persona sometida a la misma) y solo excepcionalmente tendrá carácter representativo.

Todas las personas que presten apoyo tienen que actuar atendiendo a la voluntad, deseos y preferencias de quien lo requiera, procurando que pueda desarrollar su propio proceso de toma de decisiones, informándola, ayudándola en su comprensión y razonamiento y facilitando que pueda expresar sus preferencias.

Para evitar actuaciones inadecuadas e influencias indebidas en la prestación de apoyos, el artículo 251 del Código establece una serie de prohibiciones a las personas que ejercen el apoyo que, con carácter general, nunca podrán ser quienes presten servicios asistenciales, residenciales o de naturaleza análoga a la persona que lo precisa.

5.1. La guarda de hecho.

Si una persona está asistiendo a quien requiere apoyo para la toma de decisiones sin haber sido nombrada para ello ni por el propio sujeto apoyado ni por la autoridad judicial y lo está haciendo adecuadamente, situación que se denomina guarda de hecho y que constituye, por tanto, una medida informal de apoyo, ha de continuar haciéndolo y no será necesaria la provisión de apoyos judiciales. Esto puede darse incluso si existen medidas de apoyo de naturaleza voluntaria o judicial siempre que no se estén aplicando eficazmente.

Cuando excepcionalmente se requiera la actuación representativa del guardador de hecho, este deberá de obtener autorización judicial que se podrá conceder, previa comprobación de su necesidad, en los términos y con los requisitos adecuados a las circunstancias del caso. La autorización podrá comprender uno o varios actos necesarios para el desarrollo de la función de apoyo. Esta autorización judicial, que habrá de solicitarse siempre para asuntos de especial trascendencia personal o patrimonial (los recogidos en el artículo 287 del Código civil) no será necesaria, sin embargo, cuando el guardador solicite una prestación económica a favor de la persona con discapacidad, siempre que esta no suponga un cambio significativo en la forma de vida de la persona, o realice actos jurídicos sobre bienes de esta que tengan escasa relevancia económica y carezcan de especial significado personal o familiar. El problema práctico que se plantea aquí habitualmente es cómo acreditar esa situación de guarda de hecho frente a las personas con las que el guardador entra en relación en apoyo de la persona guardada.

Manteniendo la situación de guarda de hecho, en su caso, la autoridad judicial podrá acordar el nombramiento de un defensor judicial, figura que veremos seguidamente, para aquellos asuntos que por su naturaleza lo exijan.

La situación de guarda de hecho no está libre de control ni cuando el guardador no precise de autorizaciones judiciales porque el juez va a poder requerirlo en cualquier momento para que informe de su actuación y va a poder establecer las salvaguardias que estime necesarias en beneficio de la persona con discapacidad. Asimismo podrá exigir que el guardador rinda cuentas de su actuación en cualquier momento.

5.2. Los apoyos judiciales: la curatela y el defensor judicial.

Como en general todas las medidas de apoyo, las tomadas por la autoridad judicial en un procedimiento de provisión de apoyos han de ser proporcionadas a las necesidades de la persona que las precise, respetarán siempre la máxima autonomía de esta en el ejercicio de su capacidad jurídica y atenderán en todo caso a su voluntad, deseos y preferencias. Se prevé que estas medidas sean revisadas periódicamente.

5.2.1. La curatela.

El curador habrá de mantener contacto personal con el sometido a curatela. En la resolución judicial en la que se establezca este apoyo deberán de recogerse las actuaciones en que el curador haya de intervenir, actuaciones que, como hemos visto, en principio deberían de ser asistenciales y solo excepcionalmente de carácter representativo. También habrá que establecer las medidas de control que se estimen oportunas para garantizar el respeto a los derechos, la voluntad y las preferencias de la persona que precisa el apoyo, así como para evitar los abusos, los conflictos de intereses y la influencia indebida. El juez podrá exigir en cualquier momento al curador que informe sobre la situación de la persona o de su patrimonio.

Cuando el curador ejerza funciones de representación necesitará autorización judicial para los actos que determine la resolución y, en todo caso, para los relacionados en el artículo 287 del Código civil.

Como reflejo del respeto del legislador a la voluntad de las personas con discapacidad se prevé la posibilidad de autocuratela (antes autotutela) de manera que cualquier persona puede establecer preventivamente en escritura pública notarial quién quiere que sea nombrado curador en caso de que en un futuro se constituya esta medida de apoyo. Por otra parte, el Código Civil recoge con carácter general quién puede ser curador o curadora y quién no puede serlo (artículo 275) pudiendo ejercer esta función tanto personas físicas como personas jurídicas, públicas o privadas, sin ánimo de lucro, entre cuyos fines figure la promoción de la autonomía y asistencia a las personas con discapacidad. También se recogen los criterios para el nombramiento de curador (artículo 276), los supuestos de remoción de la curatela (artículo 278) y la posibilidad de excusa del nombrado curador (artículo 279).

5.2.2. El defensor judicial.

Al igual que ocurría antes de la reforma se prevé que se nombre un defensor judicial a las personas con discapacidad en casos como imposibilidad de actuación de la persona que ejerza el apoyo, cuando exista conflicto de intereses entre la persona con discapacidad y la que haya de prestarle apoyo, mientras se tramita la excusa alegada por el curador y cuando se hubiere promovido la provisión de apoyos hasta que recaiga la resolución judicial. Sí es novedosa la posibilidad, añadida por la Ley 8/2021, de nombramiento de defensor cuando la persona requiera medidas de apoyo de carácter ocasional – no de manera estable que es el presupuesto para la provisión de curador – aunque sea recurrente.

6. Procedimiento de provisión de apoyos judiciales para quien lo necesite en el ejercicio de su capacidad jurídica.

6. 1. Ajustes razonables y accesibilidad para el acceso a la justicia.

Tanto la Ley de Jurisdicción Voluntaria como la Ley de Enjuiciamiento civil prevén, en sus respectivos artículos 7 bis, que el letrado de la Administración de Justicia ha de realizar las adaptaciones y los ajustes necesarios para que la persona con discapacidad comprenda el objeto, la finalidad y los trámites del proceso que le afecta. Las adaptaciones podrán venir referidas a la comunicación, la comprensión y la interacción con el entorno y por eso se prevé lenguaje claro y sencillo recurriendo, en su caso, a la lectura fácil, la utilización de los apoyos necesarios para hacerse entender, que la persona esté acompañada de otra de su elección e incluso la participación de un profesional experto que a modo de facilitador realice tareas de adaptación y ajuste necesarias.

Estas previsiones han de ser tenidas en cuenta para cualquier procedimiento judicial que afecte a la persona con discapacidad y no solo en el de provisión de apoyos.

6.2. El procedimiento de jurisdicción voluntaria.

Realizada la solicitud de apoyos por las personas legitimadas para ello de acuerdo con la Ley que regula estos procedimientos, acompañada de los documentos que acrediten la necesidad de la adopción de las medidas y de un dictamen pericial social y sanitario que aconseje las adecuadas, y en su caso propuestas las pruebas que se considere necesario practicar, el juez convocará a una comparecencia.

Por otro lado, podrá recabar informe de la entidad pública que en el territorio de que se trate tenga encomendada la función de promoción de la autonomía y asistencia a las personas con discapacidad o de una entidad del tercer sector, sobre alternativas de apoyo y posibilidades de prestarlo.

En la comparecencia se celebrará una entrevista entre la autoridad judicial y la persona con discapacidad en la que se valorarán las alternativas existentes para obtener el apoyo. Si tras esa información la persona con discapacidad opta por una medida alternativa de apoyo – apoyos en el entorno social o comunitario, otorgamiento de medidas voluntarias, etc. - se pondrá fin al procedimiento. En otro caso, practicadas las pruebas propuestas y admitidas, escuchada la persona con discapacidad y oídas las personas que hayan comparecido y manifiesten su voluntad de ser oídas, el juez establecerá el apoyo pertinente.

6.3. Procedimiento contencioso.

La oposición de la persona con discapacidad a cualquier tipo de medida, la oposición del Ministerio Fiscal o la oposición de cualquier de los interesados en la adopción de los apoyos solicitados pondrá fin al expediente, sin perjuicio de que la autoridad judicial pueda adoptar provisionalmente las medidas de apoyo de aquella o de su patrimonio que considere convenientes. Cabrá entonces acudir a un procedimiento contencioso instado por las personas legitimadas para ello, de acuerdo con la regulación de la Ley de Enjuiciamiento Civil. Practicada toda a prueba prevista y propuesta, entre la que tiene especial trascendencia la audiencia a la persona con discapacidad y los informes médicos, el juez decidirá si procede establecer una medida de apoyo, cuál y con qué extensión.

7. La autonomía socio-sanitaria de las personas con discapacidad psíquica.

Un ámbito de capital importancia en la promoción de los derechos de las personas con discapacidad es el sanitario, en el que están en juego bienes de la trascendencia de la vida o la integridad física.

Los Estados Parte de la Convención de 2006 reafirman el derecho inherente a la vida de todos los seres humanos y asumen la obligación de adoptar todas las medidas necesarias para garantizar el goce efectivo de ese derecho por las personas con discapacidad en igualdad de condiciones con las demás (art. 19). Las personas con discapacidad tienen derecho a que se respete su integridad física y mental en igualdad de condiciones con las demás (art. 17).

7.1. El consentimiento informado.

La Ley 41/2002 de Autonomía del paciente establece que, salvo excepciones, nadie pueda ser sometido a un tratamiento médico o a una intervención quirúrgica sin haber prestado su consentimiento tras haber sido debidamente informado acerca del alcance y de los riesgos de dicha intervención. Es un consentimiento que el Tribunal Supremo ha fundamentado en la dignidad de la persona y en su libertad para elegir entre las diferentes opciones vitales que se presenten de acuerdo con sus intereses y preferencias, ligándolo con el derecho a la vida, a la integridad física y a la libertad de conciencia (SSTS 12 enero 2001, 23 julio 2003 y 4 octubre 2007, entre otras) y que el propio Tribunal Constitucional ha vinculado con el derecho fundamental a la integridad física (STC 37/2011). La cuestión que se nos plantea es, entonces, en el caso de personas con discapacidad psíquica quién es el titular de la información y quién ha de prestar el consentimiento.

A quien hay que informar es, indudablemente, al titular de los derechos en juego, al paciente. Y ello incluso en caso de discapacidad, de modo adecuado a sus posibilidades de comprensión. En su caso, si el paciente tiene dificultades o directamente no puede comprender el alcance y los riesgos de la intervención, también a su representante (puede haber sido nombrado en documento notarial o en documento de instrucciones previas), al guardador o guardadora de hecho, o, en su caso, a la persona que ejerce el apoyo judicial en este ámbito o a las personas vinculadas a él por razones familiares o de hecho (dejamos de lado la problemática que puede suscitar decidir quiénes pueden ser estas personas y qué ocurre en caso de que manifiesten opiniones contrapuestas).

En definitiva, si el paciente tiene capacidad para comprender el alcance y riesgos de la intervención, incluso si tiene una discapacidad, solo se informará a los familiares o personas vinculadas en la medida en que el paciente lo permita.

En cuanto a la prestación del consentimiento, nuevamente si el paciente puede comprender el alcance y los riesgos de la intervención, es él el que tiene que consentir, en su caso apoyado por quien le preste asistencia, bien familiares, bien el guardador de hecho, las personas nombradas como apoyos voluntarios o las personas nombradas como apoyo por la autoridad judicial. Si el paciente no es capaz de tomar decisiones y no tiene representante legal, habrán de consentir las personas vinculadas a él por razones familiares o de hecho. Si hay apoyos judiciales para la toma de decisiones se estará a lo que en ellos se establezca.

El criterio al que la Ley somete la decisión de quien presta el consentimiento por representación, es el mayor beneficio para la vida o salud del paciente. Dice la Ley 41/2002 que las decisiones contrarias a dichos intereses deberán ponerse en conocimiento del Juez para que adopte la decisión correspondiente, salvo que por razones de urgencia no fuera posible recabar la autorización judicial, en cuyo caso los profesionales sanitarios adoptarán las medidas necesarias en salvaguarda de la vida o salud del paciente, amparados por las causas de justificación del cumplimiento de un deber o de estado de necesidad. La prestación del consentimiento por representación será adecuada a las circunstancias y proporcionada a las necesidades que haya que atender, siempre en favor del paciente y con respeto a su dignidad personal. El paciente participará en la medida de lo posible en la toma de decisiones a lo largo del proceso sanitario.

7.2. El documento de instrucciones previas.

Dice la Ley de Autonomía del paciente, en su artículo 11, que por el documento de instrucciones previas, una persona mayor de edad, capaz y libre, manifiesta anticipadamente su voluntad para que se cumpla cuando llegue a situaciones en cuyas circunstancias ya no sea capaz de manifestarla personalmente, en relación con los cuidados y el tratamiento de su salud. Incluso puede haber previsiones para después del fallecimiento, en relación con el destino de su cuerpo o de sus órganos.

Se recoge la posibilidad de designar un representante para que, llegado el caso, sirva como interlocutor con el médico o el equipo sanitario para procurar el cumplimiento de las instrucciones previas. El representante no decidirá, por tanto, de acuerdo con su criterio, sino con las instrucciones que se le hayan transmitido.

No serán de aplicación las instrucciones previas contrarias al ordenamiento, las contrarias a la "lex artis" médica ni las que no se correspondan con el supuesto de hecho que el interesado haya previsto en el momento de manifestarlas. Podrán revocarse en cualquier momento dejando constancia por escrito.

7.3. El problema de las contenciones mecánicas y químicas.

La posibilidad de atar o sujetar, de alguna manera, a pacientes con discapacidad psíquica o enfermedad mental, sin o contra su voluntad, constituye una práctica antes incontestada pero que desde hace algún tiempo se encuentra en tela de juicio. Es una posibilidad, o incluso podría verse como necesidad, tanto en hospitales o unidades en los que se ingresa por razón de trastorno psíquico, supuestos en los que para el ingreso habrá de aplicarse, por tanto, el artículo 763 de la Ley de Enjuciamiento civil, como en centros sanitarios generales en que personas con deficiencias psíquicas son sometidas a intervenciones o tratamientos ajenos a la patología o deficiencia que da lugar a la discapacidad (por ejemplo, un paciente con alzheimer ingresado por una rotura de cadera o por alteraciones derivadas de enfermedades orgánicas, o "delirium" de persona con demencia desencadenado por una patología orgánica), en cuyo caso será de aplicación lo que respecto del consentimiento informado recoge la Ley 41/2002. También se plantea en relación con centros socio-sanitarios y residencias para personas mayores.

Las razones que se han aducido para avalar estas prácticas son muchas, pero pueden resumirse en tres grandes grupos: las que se basan en la mayor eficacia y comodidad de la actuación asistencial o sanitaria como evitar la vigilancia, las que se fundan en el beneficio de la persona como evitarle caídas o que se quite las sondas y, por último, evitar que con su actuación pueda dañar a otras personas.

Actualmente tanto desde el punto de vista jurídico como ético hay dos principios indiscutibles que son los que han de inspirar los criterios de actuación al respecto. En primer lugar, la primacía del consentimiento de la persona, paciente o no, consentimiento para cuya validez es necesario que sea informado, de tal manera que contra la voluntad de la persona informada con capacidad natural para entender las ventajas y los riesgos de la contención, no será posible decidirla y, subsidiariamente, su interés conforme con la "lex artis" cuando, por no poder hacerlo ella, haya que tomar cualquier decisión que le afecte (teniendo también en cuenta cuál hubiera sido su voluntad de acuerdo con sus experiencias vitales anteriores). Queda claro entonces que por razones de comodidad u organización nadie puede, en ningún caso, ordenar ni llevar a cabo personalmente la contención de otra persona.

Es defendible que en los supuestos en los que se considere imprescindible la contención no habiendo alternativa – peligro inminente para la seguridad del paciente o de terceros -, la decisión sea tomada en principio por un facultativo, salvo que haya de adoptarse con urgencia, en cuyo caso habrá de comunicársele con posterioridad, debiendo de ser objeto de controles periódicos. El problema lo encontramos en los casos en que no hay un médico permanente en el centro en que se encuentre la persona. En caso de urgencia la decisión podrá entonces ser tomada, de acuerdo con la "lex artis" por el personal de enfermería responsable, teniendo en cuenta primordialmente la voluntad de la persona. La contención inherente al tratamiento o intervención queda sometida a la Ley 41/2002 y, por tanto, podrá decidirse sin consentimiento en caso de que exista riesgo inmediato grave para la integridad del enfermo. En otro caso, si el enfermo no puede tomar decisiones y tiene un representante o un apoyo judicial, decidirá esa persona o, en su caso, el guardador o guardadora o las personas vinculadas a él por razones familiares o de hecho. En cualquier caso las medidas a adoptar han de ser en todo proporcionadas en relación con el fin a obtener, acordarse de manera absolutamente excepcional y durar el tiempo estrictamente necesario. En esta línea se han manifestado la Sociedad Española de Geriatría y Gerontología en su Documento de consenso sobre contenciones mecánicas y farmacológicas (2014) así como las distintas normas de las CCAA que regulan la cuestión, alguna de las cuales establecen la necesidad de autorización judicial (ej. Ley 4/2017, de los Derechos y la Atención de las Personas con discapacidad en Andalucía) o comunicación al Ministerio Fiscal (ej. Ley 3/2019, de la Comunidad de Valencia. Por su parte, la Instrucción 1/2022, de 19 de enero, de la Fiscalía General del Estado, sobre el uso de medios de contención mecánicos o farmacológicos en unidades psiquiátricas o de salud mental y centros residenciales y/o sociosanitarios de personas mayores y/o con discapacidad, también recoge la necesidad de individualización de cualquier medida de esta naturaleza y de que se recabe el consentimiento para cada situación concreta.

7.4. El internamiento involuntario por razón de trastorno psíquico.

Parece indudable que las personas que tienen diagnóstico de salud mental entran dentro de la categoría de personas con discapacidad que define la Convención. Otra cosa es que si están correctamente diagnosticadas y tratadas permitiendo que el enfermo, entonces con suficiente y adecuada capacidad intelectiva y volitiva, haga una vida normal, podrían no hacerse necesarios otros apoyos, al poder ejercer la persona sus derechos en igualdad de condiciones con las demás.

Pero esto no siempre sucede. Unas veces no existe ese correcto diagnóstico y/o tratamiento. Otras no pueden evitarse las situaciones de pérdida de control. Además es relativamente habitual que personas con enfermedad mental no presenten adherencia al tratamiento bien por falta de conciencia de la enfermedad o bien por tratar de eludir sus efectos secundarios, con riesgo de alteraciones y "descompensaciones".

Tras una larga evolución social y también de tratamiento jurídico, la posibilidad de ingresar a una persona en un establecimiento cerrado por razón de un trastorno psíquico está recogida con garantías – otra cosa es que podamos preguntarnos si suficientes y si es o no discriminatorio recogerlas específicamente para el trastorno psíquico-, en nuestra Ley de Enjuiciamiento civil.

Concretamente en su artículo 763 se prevé autorización judicial para el internamiento por razón de trastorno psíquico de una persona que no esté en condiciones de decidirlo por sí, incluso aunque esté provista de un apoyo representativo. Se trata de una autorización previa salvo razones de urgencia (según la doctrina del Tribunal Constitucional no cabe "regularización" posterior), en cuyo caso el responsable del centro deberá dar cuenta del internamiento al tribunal competente lo antes posible y, en todo caso, dentro del plazo de veinticuatro horas con el fin de que se ratifique la medida, ratificación que deberá efectuarse en el plazo máximo de setenta y dos horas desde que el internamiento llegue a conocimiento del tribunal.

Antes de conceder la autorización o de ratificar el internamiento que ya se ha efectuado, el tribunal oirá a la persona afectada por la decisión, al Ministerio Fiscal y a cualquier otra persona cuya comparecencia estime conveniente o le sea solicitada por el afectado por la medida. Además, y sin perjuicio de que pueda practicar cualquier otra prueba que estime relevante para el caso, el tribunal deberá examinar por sí mismo a la persona de cuyo internamiento se trate y oír el dictamen de un facultativo por él designado. En todas las actuaciones la persona afectada por la medida de internamiento podrá disponer de representación y defensa en los términos señalados en el artículo 758 de la Ley.

En la misma resolución que acuerde el internamiento se expresará la obligación de los facultativos que atiendan a la persona internada de informar periódicamente al tribunal sobre la necesidad de mantener la medida, sin perjuicio de los demás informes que el tribunal pueda requerir cuando lo crea pertinente.

Los informes periódicos serán emitidos cada seis meses, a no ser que el tribunal, atendida la naturaleza del trastorno que motivó el internamiento, señale un plazo inferior. Una vez recibidos los informes, el tribunal, tras la práctica de las actuaciones que estime imprescindibles, acordará lo procedente sobre la continuación o no del internamiento.

Ahora bien, en el momento en que los facultativos que atiendan a la persona internada consideren que no es necesario mantener el internamiento, hay que darle el alta, comunicándolo inmediatamente al tribunal competente.

7.5. El ingreso de personas mayores en geriátricos y centros residenciales.

Hay veces que la decisión de ingresar a una persona en un centro no obedece tanto a la existencia de un trastorno psíquico que exija un tratamiento como a la necesidad u oportunidad de proporcionarle un apoyo vital más general, en definitiva, de que se vaya a vivir a una residencia de personas mayores o centro geriátrico. La regla base, obvia, es que cuando la persona tenga capacidad natural suficiente para entender el significado de esa decisión, si se niega, no cabe el ingreso.

Si hay una medida de apoyo representativa prevista para la toma de la decisión de dónde ha de vivir la persona, decidirá quién preste el apoyo, pero si la resolución judicial, de haberla, no se refiere a esta cuestión o si se trata de un apoyo asistencial, no cabrá el ingreso contra la voluntad del afectado. En estos casos, no habiendo norma específica para el caso se ha venido aplicando el artículo 763 de la Ley de Enjuiciamiento civil; también se propone que, al igual que si hay una guarda de hecho, se solicite autorización judicial de acuerdo con el artículo 287.1 del Código civil.

7.6. El tratamiento ambulatorio involuntario.

No existe consenso ni médico ni jurídico acerca de si es adecuado para las personas con enfermedad mental, y sobre todo de si es acorde con sus derechos y libertades, imponer un tratamiento con carácter ambulatorio cuando no es ella misma la que lo acepta voluntariamente.

El problema que se plantea es evidente. Cuando una persona con una enfermedad mental está en riesgo de descompensación por no seguir su tratamiento, puede generarse, asimismo, peligro de que se dañe a sí mismo o a terceras personas, según los casos. Por otra parte cuando, efectivamente, se produzca la alteración, puede ser necesario internarlo con las garantías analizadas en el apartado anterior; una vez resuelta la situación y tras el alta – generalmente en unos días – el enfermo vuelve a estar ante el mismo problema, planteándose la situación de "puerta giratoria" tan frecuentemente denunciada.

Decíamos que la propia psiquiatría no se pone de acuerdo acerca de si es adecuado "imponer" a un enfermo su tratamiento. Frente a quienes lo aceptan como mal menor se encuentran quienes consideran que la imposición sin colaboración del paciente es contraproducente y que lo que hay que conseguir en cualquier caso es su adhesión voluntaria.

Desde una perspectiva jurídica y partiendo de la hipótesis de la consideración de que en algún caso pueda ser necesario y conveniente se plantean dos problemas. El primero decidir si la persona en concreto cuando rechaza el tratamiento está en condiciones de decidir por sí misma o no. Si lo está no cabe imposición sobre la base de su libertad y de su derecho de autodeterminación para aceptar o rechazar una intervención médica. Si no lo está, según la Ley 41/2002 de Autonomía del Paciente, el consentimiento habrá de prestarlo su representante, si lo hay, o quien esté prestando el apoyo judicial estando prevista la medida; es más dudoso que el consentimiento para un tratamiento de esta entidad puedan prestarlo, contra la voluntad del paciente, sus familiares o el guardador de hecho. Queda también pendiente la delicada cuestión de si, negándose activamente el afectado, es posible que por intervención de quien presta el apoyo o con autorización judicial pueda imponérsele incluso con intervención de los cuerpos y fuerzas de seguridad.

8. Medidas sucesorias de protección de las personas con discapacidad.

En el Derecho de sucesiones, en el Código civil, se recogen diversas figuras que tienen la finalidad de proteger a personas con discapacidad, entendiendo como tales, en este ámbito, quienes la tengan reconocida administrativamente con un grado igual o superior al 33% si se trata de discapacidad psíquica o igual o superior al 65% si se trata de discapacidad física o sensorial, así como quienes estén en situación de dependencia de grado II o III de acuerdo con la Ley 39/2006, de 14 de diciembre, de Promoción de la Autonomía Personal y Atención a las personas en situación de dependencia (Disposición Adicional cuarta del Código civil).

8.1. La posibilidad de gravar la legítima.

Nuestro sistema sucesorio prevé que, forzosamente, una parte de los bienes del fallecido tiene que acabar en manos de unas determinadas personas, familiares directos, llamados herederos forzosos o legitimarios. Son legitimarios los hijos y descendientes respecto de los padres y ascendientes. Si no hay hijos ni descendientes lo son los padres y, en caso de que no haya, los siguientes ascendientes en grado. Además, lo es en cualquier caso el cónyuge no separado, que tiene derecho a una cuota en usufructo que varía en función de que concurra con hijos o descendientes, padres o ascendientes o que no concurra a la herencia ni con unos ni con otros.

La legítima de los hijos es de dos tercios de la herencia; uno de ellos, la mejora, puede destinarlo el testador, si quiere, a "mejorar" a alguno o algunos de sus hijos o incluso habiendo hijos, nietos, que no serían en este caso legitimarios. Para evitar actuaciones que no respeten este sistema de legítimas el Código civil establecía tradicionalmente que las legítimas no pueden ser gravadas y la mejora no puede serlo sino a favor de los legitimarios o sus descendientes. En definitiva, hasta aquí que habiendo hijos necesariamente un tercio de la herencia ha de ser para todos ellos y el otro tercio, el de mejora, para todos, uno o varios o incluso uno o varios nietos. Pero tras las reformas operadas por la Ley 41/2003 y la Ley 8/2021, de 2 de junio, es posible que el testador disponga en favor de uno o varios legitimarios con discapacidad la legítima estricta de los demás; en este caso, salvo disposición contraria del mismo, el hijo beneficiado quedará gravado con sustitución fideicomisaria de residuo a favor de los que hubieren visto afectada su legítima estricta y no podrá disponer de tales bienes a título gratuito ni por actos "mortis causa" (artículo 808).

8.2. La desatención de la persona con discapacidad como causa de indignidad para suceder.

El artículo 756 del Código civil, también reformado en su número 7, prevé que no podrán suceder a una persona con discapacidad las personas con derecho a la herencia que no le hayan prestado las atenciones debidas. Así pues, salvo que el testador lo remita expresamente no podrá heredar quien no haya atendido a la persona con discapacidad de acuerdo con las previsiones legales.

8.3. La habitación en favor de las personas con discapacidad.

El artículo 822.1 del Código civil establece que el titular de una vivienda puede donar o legar un derecho de habituación sobre la misma– derecho a vivir en ella – en favor de un legitimario con discapacidad– hijo o descendiente, no habiendo hijos, padres o ascendientes, no habiendo hijos, descendientes, ni padres, en favor del cónyuge –, sin que dicho derecho se compute para calcular las legítimas si en el momento del fallecimiento ambos estuvieren conviviendo en ella.

Esto supone que el legitimario con discapacidad tendrá derecho a vivir en la casa y además a su legítima, cuya cuantía no se reducirá por el hecho de haber recibido la donación o el legado. Los demás legitimarios, en su caso, sí verán reducida su legítima.

Este mismo derecho de habituación se atribuirá automáticamente, sobre la base del párrafo segundo del artículo 822, en las mismas condiciones, al legitimario con discapacidad que lo necesite y que estuviera conviviendo con el fallecido, a menos que el testador hubiera dispuesto otra cosa o lo hubiera excluido expresamente. Eso sí, el beneficiario con discapacidad no podrá impedir que continúen conviviendo los demás legitimarios mientras lo necesiten.

Protección jurídica de las personas menores de edad

El nuevo enfoque de la construcción del edificio
de los derechos humanos de la infancia
consiste fundamentalmente en el reconocimiento pleno
de la titularidad de derechos en los menores de edad
y de una capacidad progresiva para ejercerlos
(Exposición de Motivos de la Ley Orgánica 1/1996 de protección jurídica del menor).

Dolores Palacios González
Profesora Titular de Derecho civil

1. Estatuto jurídico de los menores de edad.

Como cualquier otra persona, la que aún no ha alcanzado la mayoría de edad tiene capacidad para ser titular de derechos y, de hecho, desde que se nace se ostentan los llamados de la personalidad, los que recaen sobre atributos inescindiblemente unidos al individuo y que todas las personas tenemos por el hecho de ser seres humanos ya que se derivan de nuestra dignidad como tales. Así, un menor es tan titular del derecho a la vida, a la integridad física y a la integridad moral, a la libertad o a la identidad, como lo son las personas mayores de edad. Otra cosa es que el hecho evolutivo impide unas veces y hace inadecuado, otras, que sea el propio menor el que ejerza esos derechos por sí mismo. Un niño muy pequeño no podrá ni físicamente hacerlo y, aun ya crecido, puede valorarse que su falta de madurez lo haga arriesgado para la protección de sus intereses. Este planteamiento es el que explica y justifica que la capacidad de ejercicio de sus derechos por las personas menores de edad, de cumplir sus obligaciones y de entablar eficazmente relaciones jurídicas, no sea plena.

En todo caso lo que ha de quedar claro es que actualmente las restricciones o limitaciones que el ordenamiento impone a los menores en el ejercicio de sus derechos no pueden llevar a la consideración de que son personas incapaces – ni siquiera con excepciones – sino que, por el contrario y como dice la Exposición de Motivos de la Ley 1/1996, Orgánica de Protección Jurídica del menor de 1996 (LOPJM), los menores de edad son personas plenamente titulares de sus derechos y de una capacidad progresiva para ejercerlos. Lo que ocurre es que la capacidad de ejercicio de los derechos se va adquiriendo gradualmente. Porque – también alude a ello la Exposición de Motivos citada – proteger a un menor no es tanto tomar decisiones por él y sustituirle en las posibilidades de autodeterminación vital, como promover su autonomía en función de su edad y madurez, para potenciar así el libre desarrollo de su personalidad. Y por eso, dice también la Exposición, las restricciones de capacidad de los menores deben de ser interpretadas de forma restrictiva. Esta consideración es plenamente acorde con la que se deriva de la Ley 8/2021, de 2 de junio, sobre provisión de apoyos a las personas con discapacidad que los necesiten en el ejercicio de la capacidad jurídica, a partir de la cuál y de acuerdo con los principios que inspiran la Convención de las Naciones Unidas de 2006 sobre los derechos de las personas con discapacidad, la capacidad de las personas no admite limitaciones, aunque sí apoyo para el ejercicio de la misma.

Con independencia de que la situación de los menores en términos de capacidad de ejercicio de sus derechos es diferente en función de la edad biológica y de su concreto desarrollo evolutivo, lo cierto es que al menos hasta que se acercan a una edad que de acuerdo con la psicología evolutiva podrían ser los diecisiete o dieciocho años, no se ha podido completar su desarrollo físico e intelectual, y esto hace que presenten una especial vulnerabilidad. Es la razón que justifica una regulación específica inspirada en el principio del interés superior del menor que tiene como faro la Convención de las Naciones Unidas sobre los Derechos del niño de 1989, ratificada por España en 1990.

En España la protección de los menores de edad se articula en distintas normas, dos de ellas básicas de ámbito estatal: la ya citada Ley 1/1996 Orgánica de Protección Jurídica del Menor (LOPJM) y el Código civil. Ambas han sido modificadas por sendas leyes de 2015 relativas a la infancia y a la adolescencia, la LO 8/2015 de 22 de junio y la Ley 26/2015 de 28 de julio, de modificación del sistema de protección a la infancia y a la adolescencia. Es, por último, reseñable la reforma operada por la Ley 8/2021, de 4 de junio, de protección integral de los menores frente a la violencia, que además de otras normas modifica algún precepto del Código civil y de la LOPJM.

En la LOPJM se reitera en relación con los menores el reconocimiento de determinados derechos, la mayor parte ya recogidos en CE– al honor, a la intimidad y a la imagen, a la información, a la libertad ideológica, a la participación, asociación y reunión y a la libertad de expresión -, y también se recoge con carácter general el derecho de los niños, niñas y adolescentes a ser oídos y escuchados. Ahora bien, la norma no se limita a la reiteración de dichos derechos sino que modula su ejercicio sobre la base de la especial situación de quien aún no ha cumplido los 18 años. Además se establecen deberes para aquellos, tanto en el ámbito familiar como en el escolar y en el social. Por último se recogen las medidas y principios rectores de la actuación administrativa en materia de protección de menores y las actuaciones previstas en situación de desprotección.

El Código civil, por su parte, enfrenta la regulación de las relaciones paterno-filiales y los mecanismos de protección cuando no hay padres o, directamente, cuando el niño o la niña se encuentran en situación de desprotección. Además y con independencia de normativa sectorial que afecta a los menores, la mayor parte de las CCAA han aprobado, en el marco de sus competencias, su propia normativa relativa a la protección de menores.

Por lo que se refiere a la capacidad de obrar de los menores – o si se quiere la capacidad de ejercitar por sí mismos su capacidad jurídica, que quiere decir lo mismo pero utilizando una terminología más respetuosa con la concepción actual de la indivisibilidad de la capacidad – no se alcanza en bloque a los dieciocho años sino que se va adquiriendo de forma paulatina. Y así, solo por poner algún ejemplo, el menor mayor de 12 años ha de consentir en su adopción (art. 173 C.c.) y ya puede hacer testamento a partir de los 14 años, excepto el ológrafo (de su puño y letra) (art. 663 y 688 C.c.), el menor mayor de 16 puede celebrar un contrato de trabajo y, en relación con los actos de administración ordinaria, administrar los bienes que adquiera en virtud del mismo (art. 164.3 C.c.).

Para consentir válidamente en el ámbito contractual la regla general es que hay que tener 18 años, pero después de las reforma operada por la Ley 26/2015, el artículo 1261 del Código civil, tras aludir a la posibilidad de que haya contratos que las leyes permitan a las personas menores de edad realizar por sí mismas o con asistencia de sus representantes legales, excluye de la limitación aludida los contratos relativos a bienes y servicios de la vida corriente propios de su edad de conformidad con los usos sociales.

Es especialmente relevante la previsión del artículo 162 del Código Civil, también modificado en 2015. En el mismo se establece que quedan excluidos de la representación de los padres, ente otros, los actos relativos a los derechos de la personalidad que el hijo, de acuerdo con su madurez, pueda ejercitar por sí mismo, sin perjuicio de que los responsables parentales hayan de intervenir en estos casos en virtud de sus deberes de cuidado y asistencia. Para celebrar contratos que obliguen al hijo a realizar prestaciones personales se requiere el previo consentimiento de éste si tuviera suficiente juicio.

2. El principio del interés superior del menor.

Se trata de un principio de contenido indeterminado que fue ya establecido en la Declaración de los Derechos del Niño de 1959. Reiterado en la Convención de 1989, en nuestro Derecho se recoge en la Ley Orgánica 1/1996 como básico e inspirador de toda la regulación relativa a los niños, niñas y adolescentes.

Con anterioridad al intento de concreción legal que veremos han realizado las Leyes de Infancia de julio de 2015, la jurisprudencia ha realizado aproximaciones que nos llevan a la búsqueda del interés de cada menor en concreto. Así, la STS de 13 de febrero de 2015 (núm. 47/2015), que a su vez alude a las de 17 de junio (núm. 429/2013) y 17 de octubre de 2013 (núm. 622/2013), dice que "el interés del menor es la suma de distintos factores que tienen que ver no solo con las circunstancias personales de sus progenitores y las necesidades afectivas de los hijos tras la ruptura (el caso concreto giraba alrededor de a quién otorgar la guarda del niño),...sino con otras circunstancias familiares, materiales, sociales y culturales que deben ser objeto de valoración para evitar en lo posible un factor de riesgo para la estabilidad del niño..."; "es el interés del menor el que prima..., de un menor perfectamente individualizado, con nombre y apellidos"; "el interés en abstracto no basta".

Tras la reforma de las Leyes de infancia, no solo se recogen criterios legales para determinar el interés del menor como puedan ser la protección del derecho a la vida y desarrollo del menor, sus deseos, sentimientos y opiniones, que se tenga en cuenta la conveniencia de que su vida y desarrollo tenga lugar en un entorno familiar adecuado o la preservación de su identidad, cultura, religión, etc... (art. 2.2 LOPJM) sino que se establecen también elementos de ponderación a valorar conjuntamente conforme a los principios de necesidad y proporcionalidad, de forma que la medida que se adopte no restrinja o limite más derechos que los que ampara. Entre esos elementos de ponderación y a modo ejemplificativo podemos mencionar la edad del menor, su especial vulnerabilidad o el irreversible efecto del transcurso del tiempo en su desarrollo (art. 2.3).

El interés de menor se reconoce ahora como derecho sustantivo – derecho a la valoración de su interés superior y a su consideración como elemento primordial en relación con cualquier cuestión que le afecte, pública o privada - y como criterio interpretativo – hemos visto que se establecen criterios y elementos de ponderación que se completan con los recogidos en la legislación específica y los que puedan considerarse adecuados atendiendo a las circunstancias concretas del caso –, pero también se articula como norma de procedimiento, estableciéndose sobre su base garantías procedimentales como el derecho a ser informado y escuchado en el proceso, la intervención de profesionales cualificados, a la participación de los progenitores (o de los tutores o representantes legales, o de un defensor judicial si hubiera conflicto de intereses o discrepancia con ellos) o del Ministerio Fiscal, o a la motivación de la decisión incluyendo los criterios utilizados, los elementos de ponderación de los criterios entre sí y con otros intereses presentes y futuros y las garantías procesales respetadas (art. 2.5).

3. Minoría de edad y derechos fundamentales.

(Epígrafe redactado por el Profesor Doctor Benito Aláez Corral, catedrático de Derecho constitucional de la Universidad de Oviedo)

La idea de que el menor de edad es titular de los derechos fundamentales ya se encuentra afortunadamente asentada tanto en los textos internacionales (Convención de las Naciones Unidas de los Derechos del Niño de 1990) como en la jurisprudencia constitucional de la mayor parte de los países occidentales (en España desde la STC 36/1991, de 14 de febrero, FFJJ 6º-7º). Casi nadie duda ya en España que, a partir de la aplicación combinada de los arts. 10, 14 y 39.4 CE, el menor es titular de los derechos fundamentales que la CE de 1978 y los tratados internacionales sobre derechos humanos desde su adquisición de la personalidad, y que la minoría de edad es una circunstancia que, como mucho, incide sobre la capacidad de ejercicio de dichos derechos. Adicionalmente a ello, no obstante, se ha de tener en cuenta también que el art. 39.2 y 3 CE, en relación con el art. 12 CE, ha considerado la minoría de edad como un período vital durante el cual el menor no se basta por sí mismo para la tutela de sus derechos e intereses y precisa la adopción de instrumentos de heteroprotección a cargo de quienes ostentan la responsabilidad parental y subsidiariamente de los poderes públicos, que le permitan paulatinamente autoprotegerse ejerciendo autónomamente sus derechos fundamentales.

La cuestión del ejercicio de los derechos fundamentales por parte del menor de edad es una cuestión compleja que requiere enmarcarla en una teoría general de los derechos fundamentales que se superponga y actúe como criterio interpretativo y reformulador en la esfera iusfundamental de las tradicionales categorías de capacidad jurídica y capacidad de obrar del ámbito civil. No basta la simple traslación de la limitada capacidad de obrar infraconstitucional de los menores (cuando no su incapacidad) al ámbito del ejercicio de los derechos fundamentales sin buscar previamente una justificación constitucional de las diferencias concretas de capacidad entre menores y adultos. Aunque la CE de 1978 no contiene disposiciones expresas sobre la capacidad de ejercicio autónomo de sus derechos fundamentales por parte del menor de edad, sí que es posible deducir de sus disposiciones generales sobre los derechos fundamentales y sobre la protección del menor un marco dogmático-constitucional que ayude en la interpretación y aplicación de las disposiciones legales sobre la capacidad de obrar infraconstitucional.

En este sentido, se puede aceptar una categorización parangonable a la de capacidad jurídica y capacidad de obrar que, sin quebrar la naturaleza y función emancipatoria de la persona que desempeñan los derechos fundamentales, sea aplicable a los derechos fundamentales durante la minora de edad. Así se distinguirá entre la capacidad jurídica iusfundamental, en tanto aptitud para ser titular de concretos derechos fundamentales, y la capacidad de obrar iusfundamental, capacidad necesaria para el ejercicio de las concretas facultades iusfundamentales que componen cada derecho fundamental del que es titular. Desde este punto de vista, aunque el individuo posea capacidad jurídica iusfundamental o, incluso, la titularidad de concretos derechos fundamentales, su capacidad para ejercerlos autónomamente puede someterse a condiciones constitucionales o legales (por remisión constitucional a la ley), de modo que el legislador disponga, para dar cumplimiento a la mandato de protección del menor (art. 39 CE), que éste solo podrá ejercer autónomamente sus derechos fundamentales si posee una determinada capacidad de obrar iusfundamental, y que entre tanto permita que alguna de las facultades que constituyen el contenido de los derechos sea ejercida a través de su representante. Con todo se puede decir que la minoría de edad no constituye, pues, un estatus de incapacidad de obrar, sino únicamente un período temporal, durante el cual la capacidad de obrar del menor se puede encontrar limitada en aras de su protección.

Ahora bien, en la medida en que las restricciones a la capacidad de obrar pueden incidir sobre aquellas conductas de los menores que constituyen el ejercicio de sus derechos fundamentales, el mayor valor de éstos y su eficacia irradiante sobre las normas infraconstitucionales conlleva la necesidad de deslindar esa capacidad de obrar general de la capacidad de obrar iusfundamental e interpretar restrictivamente la primera cuando entra en juego la segunda. Así se desprende del art. 2.1 de la Ley Orgánica 1/1996 de protección jurídica del menor, de 15 de enero (en adelante LOPJM), cuando se establece el carácter restrictivo con el que se deben interpretar las limitaciones a la capacidad de obrar del menor, asumiendo, pues, tácitamente que el menor es capaz de obrar, aunque sea de forma limitada.

La afirmación de una genérica capacidad de obrar iusfundamental del menor que éste adquiriría gradualmente, dependiendo de la facultad iusfundamental que trate de ejercer, así como de su concreta capacidad legal, sólo hace referencia a uno de los aspectos del ejercicio de los derechos fundamentales, el ejercicio autónomo (autoejercicio) de los mismos por parte del menor. Sin embargo, ya se ha visto, cómo tanto la estructura normativa de los derechos fundamentales, como la función que éstos cumplen respecto del individuo, en su capacidad para producir comunicaciones sociales, permiten entender que el menor pueda ejercer sus derechos fundamentales no sólo de forma autónoma sino también a través de un tercero (heteroejercicio). Quienes, por diversas razones (entre ellas la minora de edad), no puedan ejercer por sí mismos parte de las facultades de un derecho fundamental pueden ver suplida voluntaria o legalmente su falta de capacidad por la de un tercero que las ejerza en su nombre e interés. La expresa presencia constitucional de un mandato positivo de protección (art. 39 CE), dirigido tanto a los padres como a los poderes públicos, justifica que el menor, titular del derecho y de su ejercicio, pueda ejercer sus derechos fundamentales a través de un representante cuando no le sea posible ejercerlos personalmente. El poder que confiere el derecho fundamental al individuo se lo confiere para proteger un interés jurídicamente garantizado, que coincide con el ámbito de libertad o la esfera vital objeto del derecho.

Que el heteroejercicio o el autoejercicio sean posibles depende de tres elementos distintos entre sí. En primer lugar, el heteroejercicio depende de que la facultad, parte del contenido del derecho fundamental, que se pretende ejercer mediante persona interpuesta, sirva al concreto interés propio del menor de edad. Por ello, ni todos los derechos fundamentales ni todo su contenido, por muy personalísimos que se puedan considerar, impiden su ejercicio indirecto; pero, a la inversa, tampoco todas las facultades en las que se puede descomponer un derecho fundamental pueden ser ejercidas en cualquier momento a través de un representante. En segundo lugar, el autoejercicio depende tanto de que el menor haya adquirido la capacidad de obrar iusfundamental necesaria, lo cual obliga al análisis de los criterios con los que el legislador puede limitar esa abstracta condición de ejercicio autónomo, como de la los límites que el legislador haya impuesto al ejercicio de los derechos fundamentales por el menor para proteger otros derechos del menor o los derechos de terceros, y que es subsiguiente a la ponderación que haya realizado entre autoprotección y heteroprotección, del menor.

Sin pretender analizar aquí de forma exhaustiva los criterios que se suelen utilizar para delimitar la capacidad de obrar e indirectamente la capacidad de obrar iusfundamental del menor en todos los sectores del ordenamiento, se puede decir que los principales son dos: la adquisición de una determinada edad, bien sea general para todos los derechos, bien sea específica según de qué derecho o facultad se trate; o la exigencia de una determinada madurez intelectual. Es posible una combinación de ambos dentro del mismo ordenamiento, pero sigue siendo predominante en el nuestro el más rígido de la exigencia de una determinada edad (la mayor edad o concretas edades habilitantes), pues potencia la seguridad jurídica, aunque sea a costa de la emancipación iusfundamental de aquellos menores que adquieren madurez antes que otros de su misma edad. Desde este último punto de vista, resulta más adecuado el criterio flexible de la madurez, que ha de ser valorada no como una madurez de adulto, sino como una madurez infantil, adecuada a la menor edad de la persona, so pena de negar la premisa de la titularidad y ejercicio de los derechos fundamentales también por los menores de edad. Consecuencia de su dignidad y condición de personas conforme a los arts. 10, 12 y 39 CE.

En este sentido, el mayor valor que tienen los derechos fundamentales como principios que inspiran el ordenamiento jurídico, hace que sea un principio constitucional que la heteroprotección deje paso paulatinamente a la autoprotección del menor, y ello obtenga un mayor reflejo mediante un criterio como el de la madurez que mediante la fijación de una o varias edades a las que se adquiere la capacidad para ejercer ciertos derechos, pues se adecúa mejor a la gradual y evolutiva adquisición de autonomía volitiva que experimenta el individuo durante la minoría de edad. Ello no conduce necesariamente a la inconstitucionalidad de criterios como la edad, pues los mismos, además de limitar la capacidad de obrar del menor, pueden pretender también una limitación del ejercicio de sus derechos fundamentales en aras de la tutela de otros bienes o valores constitucionales, como la seguridad jurídica. Pero dichos criterios deben ser establecidos de forma explícita en concretas normas jurídicas, pues de lo contrario el criterio general de las relaciones jurídicas civiles y administrativas debiera ser el de la madurez y así lo reflejan las normas generales civiles y administrativas (art. 162.2.1ª CC y art. 3.b) Ley 39/2015 de Procedimiento Administrativo Común).

La necesaria compatibilidad entre heteroprotección y autoprotección del menor halla su expresión legal en el concepto "*interés del menor*", habitualmente utilizado por la doctrina, la legislación (art. 3 CDN y art. 2 LOPJM) y la jurisprudencia constitucional (STC 141/2000, de 29 de mayo) y ordinaria (STS de 18 de junio de 1998), que aparece como piedra angular de toda la regulación jurídica de la minoría de edad, y, en particular, de la que afecta a sus derechos fundamentales. Desde el punto de vista de su interpretación constitucionalmente adecuada este concepto jurídico indeterminado ha de reflejar la concordancia práctica entre la auto- y la heteroprotección del menor. A ello contribuye, sin duda, que en nuestro sistema constitucional, a diferencia de otros sistemas europeos, los padres y las madres estén únicamente obligados a la protección del menor, pero carezcan de un derecho fundamental a protegerlos y educarlos (como en el art. 6.2 GG alemana o en el art. 30.1 Const. Italiana), más allá del instrumental derecho a elegir la formación religiosa y moral para sus hijos que esté de acuerdo con sus convicciones del art. 27.3 CE.

De ahí que las facultades educativas y protectoras que confiere el art. 154 CC a los padres en absoluto puedan entenderse como un límite constitucional al ejercicio autónomo de los derechos fundamentales por parte del menor, sino todo lo contrario, como una herramienta legal prevista para que, a través de la heteroprotección que dispensan los padres o tutores, se pueda desarrollar progresivamente la personalidad del menor y con ello avance su autoprotección. El superior interés del menor no ha de descuidar ni la heteroprotección ni la autoprotección del menor, so pena de desconocer el mandato de protección del menor que incluye su consideración como persona cuya dignidad manifiesta en la titularidad y ejercicio de los derechos fundamentales (STC 154/2002, de 18 de julio, FFJJ 9º-10º).

3.1. La protección del honor, la intimidad y la propia imagen de los menores de edad.

La Ley 1/1982 Orgánica de protección civil del honor, la intimidad y la propia imagen recoge una serie de conductas, consideradas atentatorias contra estos derechos, y las consecuencias que conlleva la realización de las mismas. Estas conductas, por ejemplo divulgar la vida íntima de las personas o hacer pública su imagen –los rasgos físicos, la voz o el nombre – no constituyen infracción (intromisión ilegítima) si están permitidas por la ley (así, por ejemplo, no se reputa que hay intromisión en la imagen de una persona si se capta o publica la imagen de un personaje público en lugares abiertos al público o si la imagen es meramente accesoria) o si el afectado ha dado su consentimiento.

En lógica concreción de lo señalado más atrás en relación con la capacidad de los menores de edad, según la Ley el consentimiento ha de darlo ellos mismos si tienen suficiente madurez. Si no es así habrán de consentir sus representantes legales, que tienen que poner en conocimiento del Fiscal el consentimiento proyectado; si en ocho días el Fiscal se opone, resuelve el Juez.

Pese a ello los artículos 4.2 y 3 LOPJM disponen que la difusión de información o utilización de imágenes o del nombre de los menores en medios de comunicación que puedan implicar una intromisión ilegítima en su intimidad, honra o reputación, o que sea contraria a sus intereses determinará la intervención del Ministerio Fiscal, que instará de inmediato las medidas cautelares y de protección previstas en la Ley y solicitará las indemnizaciones que correspondan por los perjuicios causados. Se considera intromisión ilegítima en el derecho al honor, a la intimidad personal y familiar y a la propia imagen del menor, cualquier utilización de su imagen o su nombre en los medios de comunicación que pueda implicar menoscabo de su honra o reputación, o que sea contraria a sus intereses incluso si consta el consentimiento del menor o de sus representantes legales.

3.2. Protección de datos de los menores de edad.

La protección de los datos personales – cualquier información concerniente a personas físicas que permita la identificación de la misma - y que supone la defensa de autodeterminación de los propios datos de manera que nadie pueda recogerlos, acceder ni operar con ellos, salvo las previsiones legales al efecto, sin consentimiento del titular, es reconocida por el Tribunal Constitucional como derecho fundamental independiente del derecho a la intimidad, sin perjuicio de que en muchos casos se encuentren inescindiblemente ligados. La STC 254/1993 identificó un derecho específico a la "libertad informática" con un contenido que reiteraría posteriormente (STC 290 y 292/2000) diciendo que "nuestra Constitución ha incorporado una nueva garantía constitucional, como forma de respuesta a una nueva forma de amenaza concreta a la dignidad y a los derechos de la persona..." y que "estamos ante un instituto de garantía de otros derechos fundamentales, el honor y la intimidad, pero también de un instituto que es en sí mismo un derecho o libertad fundamental, el derecho a la libertad frente a potenciales agresiones a la dignidad y a la libertad de la persona provenientes de un uso ilegítimo del tratamiento mecanizado de datos, lo que la Constitución llama "la informática".

La protección de datos personales se regula por el Reglamento (UE) 2016/679, del Parlamento Europeo y del Consejo, de protección de datos personales y por la Ley Orgánica 3/2018, de 5 de diciembre, de Protección de Datos Personales y garantía de los derechos digitales. En esta última se recoge que el tratamiento de los datos de una persona menor de edad únicamente podrá fundarse en su consentimiento cuando sea mayor de catorce años, exceptuando los supuestos en que la ley exija la asistencia de los titulares de la patria potestad o tutela para la celebración del acto o negocio jurídico en cuyo contexto se recaba el consentimiento para el tratamiento. Esta previsión, unida a lo que hemos visto hasta ahora, ha planteado y plantea cuestiones controvertidas como, por ejemplo, si para ejercer su responsabilidad parental – patria potestad - los padres de un menor mayor de 14 o 16 años pueden acceder a sus calificaciones o a su historia clínica. Puede defenderse como regla general que los padres han de poder acceder o al menos ser convenientemente informados en la medida en que sea necesario para cumplir con su obligación de velar por el menor, sin perjuicio de que en algún caso quepa la oposición justificada de este último, sobre todo si tiene más de 16 años.

3.3. Autonomía sanitaria de los menores de edad: el consentimiento informado.

La Ley Orgánica 41/2002, básica reguladora de la autonomía del paciente establece que, salvo excepciones, ninguna persona podrá ser sometida a un tratamiento médico o a una intervención quirúrgica sin que conste su consentimiento expreso. La regla general es que el consentimiento puede darse verbalmente pero, para tratamientos de cierta entidad, es necesario que conste por escrito. Por supuesto cabe rechazar el tratamiento incluso aunque el mismo sea determinante para el mantenimiento de la vida.

Si el sujeto es un menor de edad, es él quien en principio tiene que decidir, después de haber sido debidamente informado, siempre que sea capaz intelectual y emocionalmente de comprender el alcance de la intervención. En otro caso ha de darlo su representante legal después de haber oído al menor.

Si se trata de un mayor de 16 años (menor maduro), en principio no cabe consentimiento por representación. Ahora bien, si la actuación supone un grave riesgo para la vida o salud del menor se prevé que el consentimiento ha de darlo el representante legal una vez oída y tenida en cuenta la opinión del menor.

El criterio al que la Ley somete la decisión del representante legal, que ha de actuar siempre teniendo en cuenta el interés de la persona menor de edad, es el mayor beneficio para la vida o salud del paciente. Dice la Ley, tras ser reformada por una de las Leyes de Infancia, que las decisiones contrarias a dichos intereses deberán ponerse en conocimiento del Juez para que adopte la decisión correspondiente, salvo que por razones de urgencia no fuera posible recabar la autorización judicial, en cuyo caso los profesionales sanitarios adoptarán las medidas necesarias en salvaguarda de la vida o salud del paciente, amparados por las causas de justificación del cumplimiento de un deber o de estado de necesidad. La prestación del consentimiento por representación será adecuada a las circunstancias y proporcionada a las necesidades que haya que atender, siempre en favor del paciente y con respeto a su dignidad personal. El paciente participará en la medida de lo posible en la toma de decisiones a lo largo del proceso sanitario.

Si es el menor con madurez suficiente quien tiene capacidad para decidir él ha de ser el primer destinatario de la información, sin perjuicio de que también lo sean sus representantes legales, sus padres generalmente, en virtud del deber de protección del menor que les viene impuesto legalmente. El problema, relacionado con los derechos a la intimidad y a la protección de datos personales, se plantea en relación con los mayores de 16 años. Parece que si no cabe el consentimiento por representación y en atención a su derecho a la intimidad, sus padres o representantes legales solo deberán de ser informados en la medida en que lo permita expresa o tácitamente. Esto es, no obstante, discutido, teniendo en cuenta que puede colisionar con el aludido deber de los padres de velar por el menor. No parece que haya duda, sin embargo, en que los padres deberán de ser debidamente informados cuando tengan que consentir, esto es, cuando se trate de una decisión que suponga un grave riesgo para la vida o salud del menor.

En cuanto a la interrupción voluntaria del embarazo, según la Ley Orgánica 1/2023, de 28 de febrero, por la que se modifica la Ley Orgánica 2/2010, de 3 de marzo, de salud sexual y reproductiva y de la interrupción voluntaria del embarazo, las mujeres podrán interrumpir voluntariamente su embarazo a partir de los 16 años, sin necesidad del consentimiento de sus representantes legales.

4. El menor de edad bajo la responsabilidad parental.

Los primeros llamados a proteger a los menores de edad, por supuesto en el sentido que aquí estamos viendo, son sus padres. Los dos progenitores o uno, en su caso – falta de uno de ellos o privación de patria potestad como consecuencia de actos graves contra los derechos o intereses del menor– ostentan una serie de potestades que se resumen en cuidarlo, tenerlo en su compañía, representarlo, administrar sus bienes y protegerlo de manera integral posibilitando y promoviendo el libre desarrollo de su personalidad. El ejercicio de la patria potestad ha de buscar el beneficio de los hijos de acuerdo con su personalidad y con respeto a sus derechos y a su integridad física y mental (art. 154 C.c.). Los hijos también tienen deberes como tales y así, el artículo 155 del Código civil alude al respeto, obediencia y contribución a los gastos familiares.

En los textos internacionales más recientes, que hacen referencia a la función a desempeñar por los padres en relación con sus hijos menores, se ha ido acuñando la expresión "responsabilidad parental". Es un término que también comienza a utilizarse en nuestro país para hacer referencia a que los dos progenitores, que en su caso han de actuar de modo colaborativo y compartido, tienen atribuidas facultades en relación con sus hijos en beneficio de los mismos, para su protección y para promover el libre desarrollo de su personalidad. En este sentido, el artículo 154 del Código civil, tras ser reformado por la Ley 26/2015, se refiere a la patria potestad "como responsabilidad parental".

En la Ley Orgánica 8/2021, de 4 de junio, se promueve el ejercicio de la parentalidad positiva como comportamiento de los progenitores, o de quienes ejerzan funciones de tutela, guarda o acogimiento, fundamentado en el interés superior del niño, niña o adolescente y orientado a que la persona menor de edad crezca en un entorno afectivo y sin violencia que incluya el derecho a expresar su opinión, a participar y ser tomado en cuenta en todos los asuntos que le afecten, a la educación en derechos y obligaciones, que favorezca el desarrollo de sus capacidades, ofrezca reconocimiento y orientación, y permita su pleno desarrollo en todos los órdenes.

Aunque también está previsto el ejercicio individual para determinados casos, la regla general es que la responsabilidad parental se ejerza de forma compartida por ambos progenitores, lo que admite la actuación conjunta, la actuación de uno con el consentimiento expreso o tácito del otro y la actuación individual de uno solo en actos usuales y/o urgentes que no admitan demora. Si hay una sentencia condenatoria y mientras no se extinga la responsabilidad penal o iniciado un procedimiento penal contra uno de los progenitores por atentar contra la vida, la libertad o la indemnidad sexual de los hijos o hijas comunes de edad o por atentar contra el otro progenitor bastará el consentimiento de este para la atención y asistencia psicológica de los hijos e hijas menores de edad; lo mismo, aunque no haya denuncia previa, cuando la mujer esté recibiendo asistencia en un servicio especializado en violencia de género siempre que medie informe emitido por dicho servicio que acredite dicha situación. Si hay desacuerdos en el ejercicio de la responsabilidad parental el artículo 156.3 del Código civil prevé la intervención judicial que, desde luego, no parece la medida más idónea para reducir el conflicto.

Si los padres viven separados la patria potestad se ejercerá por aquél con quien el hijo conviva. Sin embargo el Juez, a solicitud fundada del otro, podrá, en interés del hijo, atribuir al solicitante funciones de la responsabilidad para su ejercicio conjunto o distribuir entre ambos progenitores las funciones inherentes a su ejercicio.

Por otra parte, en caso de ruptura de la pareja, matrimonio o no, una de las decisiones más sensibles que han de tomarse es la de con quién van a vivir los niños y cómo se van a seguir relacionando con sus progenitores. La legislación española potencia los acuerdos tomados por los implicados, que pueden adoptarse en distintas fases del procedimiento judicial o fuera del mismo. En este sentido el recurso a la mediación familiar aparece ya contemplado a nivel estatal y autonómico como instrumento especialmente idóneo y deseable para la resolución de estos conflictos. También afectan directamente al menor decisiones como quién va a hacerse cargo de sus gastos, tanto ordinarios como extraordinarios o la posibilidad de relacionarse con otros familiares y allegados.

La custodia compartida es actualmente el régimen normal de ejercicio de la responsabilidad parental en estos supuestos. El Código civil establece que en caso de separación o divorcio será acordada por el Juez cuando los progenitores estén de acuerdo pero también que "excepcionalmente" el Juez, a instancia de una de las partes, con informe del Ministerio Fiscal, podrá acordar la guarda y custodia compartida fundamentándola en que solo de esta forma se protege adecuadamente el interés superior del menor. Pese a ello el Tribunal Supremo ha manifestado ya en varias ocasiones que la custodia compartida no ha de entenderse como una medida excepcional sino normal e incluso deseable; sobre esta base se ha acordado en casos en que uno de los progenitores no estaba de acuerdo rechazándola solo cuando la conflictividad entre los progenitores es de mucha entidad. Vid SSTS 29 abril de 2013 (núm. 257/2013); 25 de abril de 2014; 2 de julio de 2014 (núm. 368/2014); 16 de febrero de 2015 (núm. 52/2015). Recientemente la sentencia 437/2022, de 31 de mayo ha admitido el establecimiento de un régimen de custodia compartida aun cuando no había sido solicitado por ninguno de los progenitores.

En cualquier caso, no podrá establecerse guarda conjunta cuando cualquiera de los progenitores esté incurso en un proceso penal iniciado por atentar contra la vida, la integridad física, la libertad, la integridad moral o la libertad e indemnidad sexual del otro cónyuge o de los hijos que convivan con ambos. Tampoco procederá cuando el Juez advierta, de las alegaciones de las partes y las pruebas practicadas, la existencia de indicios fundados de violencia doméstica o de género.

Ante las dificultades que se evidencian a la hora de definir o explicar en qué consiste la custodia compartida dadas las distintas posibilidades que puedan darse en la realidad práctica – básicamente guarda conjunta o alterna por periodos de tiempo para cada progenitor - creemos que lo que significa, con independencia de cómo se lleve a efecto, es precisamente la continuación del ejercicio de la patria potestad en un régimen de coparticipación y corresponsabilidad. Así, los padres continuarán participando en el cuidado habitual del menor y decidiendo ya no solo en las grandes cuestiones que siempre han de corresponder a los dos – ej. tipo de educación, consentimiento para una operación médica, pasar un tiempo en el extranjero, etc.- sino también en las pequeñas que afecten al día a día y, necesariamente, habrán de resolver de manera eficaz y positiva los desacuerdos que se puedan plantear. En cualquier caso es evidente que el buen funcionamiento de esa modalidad necesita que se den unas condiciones mínimas de colaboración.

La sentencia del Tribunal Supremo de 8 de octubre de 2009 (núm. 623) recoge por primera vez un conjunto de criterios a tener en cuenta para valorar si procede la custodia compartida en relación con un menor aludiendo a "la práctica anterior de los progenitores en sus relaciones con el menor y sus aptitudes personales; los deseos manifestados por los menores competentes; el número e hijos; el cumplimiento por parte de los progenitores de sus deberes en relación con los hijos y el respeto mutuo en sus relaciones personales y con otras personas que convivan en el hogar familiar; los acuerdos adoptados por los progenitores; la ubicación de sus respectivos domicilios, horarios y actividades de unos y otros; el resultado de los informes exigidas legalmente y en definitiva cualquier otro que permita a los menores una vida adecuada en una convivencia que forzosamente deberá de ser más compleja que la que se lleva a cabo cuando los progenitores conviven".

Por lo que se refiere al régimen de comunicación y estancia con aquel de los progenitores con quien no conviva, procede también establecerlo en relación con los hijos mayores de edad o emancipados que precisen apoyo para tomar la decisión. En cualquier caso, no procederá el establecimiento de un régimen de visita o estancia y si existiera se suspenderá, respecto del progenitor que esté incurso en un proceso penal iniciado por atentar contra la vida, la integridad física, la libertad, la integridad moral o la indemnidad sexual del otro cónyuge o sus hijos. Tampoco procederá cuando la autoridad judicial advierta de las alegaciones de las partes y las pruebas practicadas la existencia de indicios fundados de violencia doméstica o de género. No obstante, la autoridad judicial podrá establecer un régimen de visita, comunicación o estancia en resolución motivada en el interés del menor o la voluntad, deseos y preferencias del mayor con discapacidad necesitado de apoyos y previa evaluación de la situación de la relación paterno-filial. No procederá en ningún caso el establecimiento de un régimen de visitas respecto del progenitor en situación de prisión por los delitos anteriores.

5. La desprotección del menor.

Puede ocurrir que los primeros llamados a cuidar de los menores, los padres y, por extensión, el resto de los miembros de la familia, hayan fallecido, no se encuentren en disposición de hacerlo o no actúen adecuadamente llegando incluso a ser los que directamente vulneren los derechos del menor. Podemos encontramos entonces con la situación de desprotección que nuestro ordenamiento jurídico trata de solventar con una serie de medidas que se exponen a continuación. Se priorizan las familiares frente a las residenciales, las estables frente a las temporales y las consensuadas frente a las impuestas (art. 12 LOPJM).

5.1. El riesgo y el desamparo.

Cuando un menor se encuentra en situación de desamparo, esto es, privado de hecho de la necesaria asistencia material o moral a causa del incumplimiento o del imposible o inadecuado ejercicio de los deberes de protección establecidos por las leyes para su guarda (art. 172 CC), la Entidad pública competente en materia de protección de menores – es una competencia asumida por las CCAA – asume "por ministerio de la ley" esto es, automáticamente, su tutela. Esto significa que, tras un expediente administrativo en el que se constate dicha situación la entidad pública asume en sentido amplio la guarda y el cuidado del menor, quedando en suspenso la patria potestad o, en su caso, la tutela. Incluso antes de declararse la situación de desamparo la Entidad Pública puede asumir una guarda provisional mediante resolución administrativa.

Pero teniendo en cuenta que en principio lo adecuado para cualquier menor es crecer en el seno de su familia, el mero peligro de quedar en esa situación, lo que se llama "riesgo" – regulado en el artículo 17 de la LOPJM - no ha de llevar a una solución tan drástica, sino a trabajar con la familia para evitar la situación de desprotección. Estamos entonces en el campo de los servicios sociales que, de acuerdo con la normativa que los regula, han de utilizar los recursos de intervención con las familias de que se dispone para evitar que el menor acabe desamparado, no debiendo considerarse como tal cuando la familia, queriendo atender adecuadamente a los niños, no puede hacerlo por motivos económicos. Precisamente se ha reformado la redacción inicial de la Ley 1/1996 para establecer expresamente que la concurrencia de circunstancias o carencias materiales se considerará indicador de riesgo, pero nunca podrá desembocar en la separación del entorno familiar (art. 17.1 LOPJM) y que la situación de pobreza de los progenitores, tutores o guardadores no podrá ser tenida en cuenta para la valoración de la situación de desamparo (art. 182 CC).

Para valorar la situación de riesgo se elaborará y pondrá en marcha un proyecto de intervención social y educativo familiar en el que habrá que procurar que participen todos los implicados (progenitores, tutores, guardadores o acogedores); la omisión de la colaboración prevista en el mismo dará lugar a la declaración de riesgo del menor por la Administración Pública competente. En los supuestos en que la Administración Pública competente para apreciar e intervenir en la situación de riesgo estime que existe una situación de desprotección que puede requerir la separación del menor de su ámbito familiar o cuando, concluido el periodo previsto en el proyecto de intervención o convenio no se hubieren conseguido cambios en el desempeño de los deberes de guarda que garanticen que el menor cuenta con la necesaria asistencia moral o material, lo pondrá en conocimiento de la Entidad Pública al fin de que valore la procedencia de declarar la situación de desamparo comunicándolo al Ministerio Fiscal (art. 17.8 LOPJM). Aunque teóricamente lo ideal, pese a la declaración de desamparo, es la reintegración del menor con su familia, será imprescindible una evolución positiva de la misma objetivamente suficiente para restablecer la convivencia familiar, que se hayan mantenido los vínculos, que concurra el propósito de desempeñar las responsabilidades parentales adecuadamente y que se constate que el retorno no supone riesgos relevantes para el menor. Si se procede al retorno ha de realizarse un seguimiento posterior de apoyo a la familia (arts. 19 bis 3 y 4 LOPJM).

5.2. Ejercicio de la guarda por la Entidad pública competente en materia de protección de menores: el acogimiento.

La entidad pública mencionada no solo asume la guarda de los menores en situación de desamparo, sino que también puede darse el caso de que no pudiendo los padres hacerse cargo del menor pidan a la Administración se encargue de su cuidado durante el tiempo necesario. Esta guarda voluntaria tendrá una duración máxima de dos años, salvo que el interés del menor aconseje excepcionalmente la prórroga de la medida porque sea previsible que en poco tiempo el menor pueda volver con su familia (art. 192 LOPJM).

La guarda asumida por la Entidad tanto en este último caso como cuando hay una declaración de desamparo por la Administración, se ejerce por medio del acogimiento que es la institución en virtud de la cual un menor va a vivir a un Centro – acogimiento residencial – o con una familia que asume su cuidado y atención. El acogimiento residencial está previsto como residual, solo cuando no sea posible o conveniente para el interés del menor, sobre todo si se trata de menores de seis años. Para menores de tres no se acordará salvo en supuestos de imposibilidad debidamente acreditada. Además, en todo caso y con carácter general el acogimiento residencial de menores de seis años no puede tener una duración superior a tres meses (art. 21 LOPJM).

El acogimiento familiar puede ser de distintos tipos. De acuerdo con el criterio de la formación de los acogedores se calificará como especializado cuando alguno de los miembros de la familia acogedora disponga de cualificación, experiencia y formación específica para actuar en relación con menores con necesidades o circunstancias especiales, con plena disponibilidad, pudiendo percibir por ello una compensación. El acogimiento especializado podrá ser de dedicación exclusiva, cuando así se determine por la Entidad Pública por razón de las necesidades y circunstancias especiales del menor en situación de ser acogido, percibiendo en tal caso la persona o personas designadas como acogedoras una compensación económica en atención a dicha dedicación (art. 20 LOPJM). En función de la vinculación del menor con la familia, el acogimiento podrá tener lugar en la propia del menor, familia extensa– puede entregarse en acogimiento por ejemplo a los abuelos, a unos tíos o a otros familiares – o en familia ajena, que habrá de haber sido considerado adecuada para tal fin. El acogimiento familiar puede ser urgente, transitorio o permanente. Para el urgente, previsto para menores de seis años y mientras se decide la medida protectora más adecuada, se establece una duración no superior a seis meses. El transitorio, con duración máxima inicial de dos años, se mantendrá mientras se decide el retorno del menor con su familia u otra media de protección más estable como el acogimiento permanente o la adopción. Por último, el permanente está pensado para aquellos casos en que la edad o circunstancias del menor así lo requieran; en este último los acogedores pueden requerir del juez facultades de la tutela de las que, en los demás, carecen (art. 173 bis C.c.).

Cuando el menor se integra en una familia ajena, en función de las circunstancias y de la modalidad del acogimiento puede mantenerse y propiciarse la relación del menor con su familia de procedencia estableciéndose o manteniéndose un régimen de visitas más o menos amplio que podrá tener lugar en puntos de encuentro familiar habilitado cuando así lo aconseje el interés del menor y el derecho a la privacidad de las familias de procedencia y acogedora.

Tanto en caso de acogimiento residencial como familiar la Entidad Pública puede acordar en interés del menor salidas o estancias de fin de semana con familias o instituciones dedicadas a estas funciones. Dicha medida será comunicada a los progenitores o tutores siempre que no hubieren sido privados del ejercicio de la patria potestad o removidos del ejercicio de la tutela, así como a los acogedores; no obstante se preservarán los datos de estos guardadores cuando resulte conveniente para el interés del menor o concurra justa causa (art. 172 ter.3 CC).

5.3. La adopción como medida de protección de los menores de edad (la adopción nacional).

La reforma operada en 2015 suprimió el llamado acogimiento preadoptivo e introdujo la delegación de guarda para la adopción, que puede acordar la Entidad Pública competente en relación con un menor en situación de desamparo y a favor de las personas que reuniendo los requisitos de capacidad necesarios para adoptar hayan prestado su consentimiento, hayan sido preparadas, declaradas idóneas y asignadas para su adopción. Hasta que se constituya esta última los guardadores con fines de adopción tendrán los mismos derechos y obligaciones que los acogedores familiares.

Por lo que se refiere a la adopción, que supone la constitución de una relación paterno–filial igual que la biológica, quizá la mayor novedad que hayan aportado las Leyes de Infancia es la posibilidad de constitución de adopciones abiertas, esto es, de que en interés del menor se prevea el mantenimiento de alguna relación o contacto con miembros de la familia de origen, especialmente con hermanos biológicos. En la declaración de idoneidad necesaria para la adopción deberá hacerse constar si las personas que se ofrecen a la adopción aceptarían adoptar a un menor que fuese a mantener la relación con la familia de origen.

Sin perjuicio de lo anterior la adopción, que solo excepcionalmente podría afectar a una persona mayor de edad (art. 175.2 CC), sigue suponiendo la ruptura de todo vínculo jurídico con la familia de origen salvo las tradicionales excepciones del artículo 178 CC (cuando el adoptado sea hijo del cónyuge o de la persona unida al adoptante por análoga relación de afectividad a la conyugal, aunque el consorte o la pareja hubiera fallecido, o cuando sólo uno de los progenitores haya sido legalmente determinado, siempre que tal efecto hubiera sido solicitado por el adoptante, el adoptado mayor de doce años y el progenitor cuyo vínculo haya de persistir). Para adoptar y también salvo alguna excepción (que el adoptado sea huérfano y pariente del adoptante en tercer grado por consanguinidad o afinidad, que sea hijo del cónyuge o de la persona unida al adoptante por análoga relación de afectividad a la conyugal, que lleve más de un año en guarda con fines de adopción o haber estado bajo tutela del adoptante por el mismo tiempo o ser mayor de edad o menor emancipado) será necesaria propuesta de la Entidad Pública a favor del adoptante o adoptantes que la misma haya declarado previamente idóneos para el ejercicio de la patria potestad.

Por otro lado y tras las últimas reformas puede adoptar una persona sola, dos personas unidas en matrimonio o una pareja unida por análoga relación de afectividad a la conyugal. El matrimonio celebrado con posterioridad o la pareja constituida tras la adopción permitirá al cónyuge o conviviente que adopte a los hijos del consorte. En caso de que el adoptando se encontrara en acogimiento permanente o guarda con fines de adopción de dos cónyuges o de una pareja unida por análoga relación de afectividad a la conyugal, la separación o divorcio legal o ruptura de la relación de los mismos que conste fehacientemente con anterioridad a la propuesta de adopción no impedirá que pueda promoverse la adopción conjunta siempre y cuando se acredite la convivencia efectiva del adoptando con ambos cónyuges o con la pareja unida por análoga relación de naturaleza análoga a la conyugal durante al menos dos años anteriores a la propuesta de adopción.

La adopción, constituida judicialmente con los consentimientos, asentimientos y audiencias previstas por la Ley (art. 177 CC), es irrevocable. Solo cabe su extinción a petición de cualquiera de los progenitores que no hayan podido intervenir en el expediente sin culpa y siempre que no hayan transcurridos dos años desde la misma y que la extinción solicitada no perjudique gravemente al menor.

5.4. El derecho del adoptado a conocer sus orígenes biológicos.

Esta facultad no ha sido introducida en nuestro Derecho hasta la Ley 54/2007, de 28 de diciembre, de adopción internacional, cuyo artículo 12 establece que las personas adoptadas, alcanzada la mayoría de edad o durante su minoría a través de sus representantes legales, tendrán derecho a conocer los datos que sobre sus orígenes obren en poder de las Entidades Públicas, sin perjuicio de las limitaciones que pudieran derivarse de la legislación de los países de procedencia de los menores. Este derecho se hará efectivo con el asesoramiento, la ayuda y mediación de los servicios especializados de la Entidad Pública, los organismos acreditados o entidades autorizadas para tal fin. Las Entidades Públicas competentes asegurarán la conservación de la información de que dispongan relativa a los orígenes del niño, en particular la información respecto a la identidad de sus progenitores, así como la historia médica del niño y de su familia. Los organismos acreditados que hubieran intermediado en la adopción deberán informar a las Entidades Públicas de los datos de los que dispongan sobre los orígenes del menor.

Por lo que se refiere a la adopción nacional el apartado 5 del artículo 180 CC introducido por la misma Ley decía también que las personas adoptadas, alcanzada la mayoría de edad o durante su minoría de edad representadas por sus padres, tendrán derecho a conocer los datos sobre sus orígenes biológicos. Las Entidades Públicas españolas de protección de menores, previa notificación a las personas afectadas, prestarán a través de sus servicios especializados el asesoramiento y la ayuda que precisen los solicitantes para hacer efectivo este derecho. La Ley 26/2015 ha modificado el inciso, que ahora es el 6, para establecer expresamente la obligación de cualquier entidad privada o pública de facilitar a estos efectos a las Entidades Públicas y al Ministerio Fiscal, cuando les sean requeridos, los informes y antecedentes necesarios sobre el menor y su familia de origen. Por otra parte se ha introducido un nuevo apartado 5 en el que se obliga a las

Entidades Públicas a asegurar la conservación de la información de que dispongan relativa a los orígenes del menor, en particular la información respecto a la identidad de sus progenitores, así como la historia médica del menor y de su familia, y se conservarán durante al menos cincuenta años con posterioridad al momento en que la adopción se haya hecho definitiva. La conservación se llevará a cabo a los solos efectos de que la persona adoptada pueda ejercitar el derecho a conocer los datos sobre los orígenes biológicos.

Protección social de la tercera edad: La pensión de jubilación

Alba García Torres
Profesora Contratada Doctora
de Derecho del Trabajo y la Seguridad Social.

1. La pensión de jubilación: protección constitucional y problemas de viabilidad

El art. 50 de la Constitución encomienda a los poderes públicos la obligación de garantizar, «mediante pensiones adecuadas y periódicamente actualizadas, la suficiencia económica a los ciudadanos durante la tercera edad». Ese art. 50 de la Constitución, por su ubicación constitucional, no reconoce un derecho fundamental, sino un principio rector de la política social y económica, al igual que sucede con el art. 41 de la Constitución, precepto que exige a los poderes públicos «mantener un régimen público de Seguridad Social para todos los ciudadanos que garantice la asistencia y prestaciones sociales suficientes ante situaciones de necesidad, especialmente en caso de desempleo». En la interpretación de este último precepto el Tribunal Constitucional ha advertido que la Seguridad Social ha de ser preservada «en términos recognoscibles para la imagen que de la misma tiene la conciencia social en cada tiempo y lugar», de modo que es posible que el legislador modifique la regulación, pero no que el sistema de Seguridad Social adquiera una fisonomía radicalmente distinta de los caracteres que lo definen. En esa línea, la Constitución no admitiría, por ejemplo, una privatización sustancial de la Seguridad Social, ni tampoco que desapareciera la protección frente a las contingencias más tradicionales. De ese modo, la pensión pública de jubilación es un pilar del sistema de Seguridad Social que no puede suprimirse, pero el legislador está facultado para modificar sus requisitos o las reglas de cálculo de la cuantía (por todas, vid. STC 37/1994, de 10 febrero).

Obviamente, la protección social a la tercera edad no se agota en la pensión de jubilación, y desde luego esa "protección social" no siempre es dispensada a través del sistema de Seguridad Social. La asistencia sanitaria o las prestaciones del IMSERSO, amén de las prestaciones de los servicios sociales gestionadas por CCAA y ayuntamientos, demuestran el extenso y heterogéneo catálogo de medidas de protección social para este colectivo. Ello no es obstáculo, sin embargo, para afirmar que la pensión de jubilación es la medida de protección social no sólo principal, sino también más simbólica, y de ahí los intensos debates sobre su viabilidad.

En efecto, la sostenibilidad de los sistemas de pensiones ha ocupado, y preocupado, a los países del llamado primer mundo desde hace décadas. El desarrollo de los Estados del Bienestar, y con ello de la Seguridad Social, que es un pilar esencial, exige incrementar el gasto público en prestaciones sociales. Las distintas coyunturas socioeconómicas hacen difícil en ocasiones encontrar equilibrios adecuados, porque un gasto social desorbitado repercute negativamente en el progreso económico, mientras que un gasto social reducido es incompatible con el carácter «social» que se predica del concreto Estado según muchos textos constitucionales. Ese imprescindible equilibrio entre lo social y lo económico exige una vigilancia constante de la evolución de los sistemas de Seguridad Social, pero en sí mismo no genera riesgos de viabilidad. El riesgo real nace a partir de factores externos que motivan cambios a menudo no deseados, pero imprescindibles con el propósito de adaptarse a nuevas circunstancias.

En síntesis, las reformas de los sistemas de pensiones son debidas a dos tipos de factores: estructurales y coyunturales. Los factores estructurales pueden asimismo derivar de causas diversas, ya que se vinculan con elementos que afectan a los sistemas de pensiones a largo plazo. En los países del primer mundo esos factores estructurales se relacionan con la demografía, mientras que en Estados en vías de desarrollo tienen más que ver con la aspiración de mejora socioeconómica y las expectativas de progreso de la sociedad. Por su parte, los factores coyunturales se conectan con circunstancias que dan lugar a dificultades concretas a corto plazo, y generan problemas de liquidez o infraprotección puntual.

Los Estados del llamado primer mundo comparten determinadas características demográficas que repercuten negativamente en los sistemas de pensiones. En particular, la tradicional representación gráfica de la estructura social como una pirámide ha quedado obsoleta, porque desde la década de los ochenta del pasado siglo la tasa de natalidad se redujo drásticamente, en comparación fundamentalmente con el *baby boom* de los años 60. El acceso a la jubilación de esa generación del *baby boom* (a partir aproximadamente del 2025) incrementará notablemente el gasto social, que deberá ser soportado por las generaciones siguientes, mucho menos nutridas. A ello se añade, sin duda, el aumento de la esperanza de vida, que obliga al pago de pensiones durante más tiempo.

Conviene recordar que la edad de jubilación se ha fijado entre 58 y 65 años en todos los países de Europa desde el mismo momento en que se creó la pensión de jubilación. En España, por ejemplo, el Retiro Obrero de 1919 situó esa edad en 65 años, lo que contrastaba con la esperanza de vida, escasamente superior a 40 años, debido a las confrontaciones sociales, a las penosas condiciones de vida y trabajo y al estado de la medicina, incapaz de hacer frente a muchas enfermedades y plagas, o de reducir sustancialmente la mortalidad infantil.

Casi un siglo después la edad de jubilación no había variado, pese al distinto contexto socioeconómico, y ello provoca, como señala la UE en el «Libro Blanco 2012: Ayuda para unas pensiones adecuadas, seguras y sostenibles», que «aproximadamente un tercio de la vida adulta transcurre en la jubilación y, si las políticas no cambian, esta proporción se incrementaría en consonancia con los futuros aumentos de la esperanza de vida» (pág. 7) , lo que hace necesario implementar políticas dirigidas a vincular la edad de jubilación con los aumentos de la esperanza de vida.

Los problemas estructurales del sistema de pensiones exigen cambios para adecuar los ingresos a la previsión de gasto. Pero esas dificultades no son inminentes, sino que comenzarán a apreciarse dentro de diez o quince años. Las reformas actuales de los sistemas de pensiones se justifican, en primer término, por motivos de conveniencia, ya que las resistencias de la población ante cambios que evidentemente perjudican expectativas de derechos se vencen más fácilmente a través de modificaciones con carácter progresivo.

No obstante, la urgencia de alguna de esas reformas y contrarreformas se explica, asimismo, por factores claramente coyunturales, pero que han acelerado la puesta en marcha de medidas estructurales. Esos factores coyunturales tienen relación con la situación económica mundial, y de España en particular, a partir de 2008. Desde luego, el mayor índice de desempleo repercute en el sistema de Seguridad Social, porque reduce los ingresos por cotizaciones, y con ello se generan problemas de liquidez puntuales en el pago de las prestaciones. Esa situación, por sí misma, no explica la insistencia en una reforma estructural del sistema de pensiones, pues una vez que se supere la situación coyuntural la viabilidad estaría asegurada hasta más allá de 2025.

En verdad, las mayores restricciones en materia de jubilación introducidas en 2011-2013 se vinculan a la llamada "crisis de deuda". La deuda pública española a largo plazo no era bien apreciada, por la incertidumbre que generaba la solvencia futura del Estado español si había de hacer frente a obligaciones en materia de pensiones que eran, a juicio de los potenciales inversores, inasumibles a medio plazo. La reforma del sistema de pensiones tendría como finalidad, precisamente, generar confianza para facilitar dichas inversiones.

En fin, también influyen sobre la reforma de las pensiones otros elementos coyunturales, que requieren de actuaciones cuya puesta en práctica puede resultar perjudicial para la viabilidad del sistema público de Seguridad Social. En particular, se aprecian tensiones evidentes entre las medidas de política de empleo y la sostenibilidad de la Seguridad Social. En materia de política de empleo se justifican sin dificultad medidas como la reducción o la bonificación de cotizaciones, bien por colectivos, o bien incluso con carácter general, con el fin de minorar las cargas para los empresarios y facilitar la contratación. Además, la pensión de jubilación ha sido utilizada también como instrumento de la política de empleo, a través de sus distintas modalidades, y principalmente la jubilación parcial y la anticipada. Sin embargo, desde la perspectiva de la viabilidad del sistema de pensiones la reducción de las cotizaciones y la anticipación de la edad de jubilación causan un grave quebranto, de modo que resultaría aconsejable incrementar la cotización y restringir, o incluso suprimir, las jubilaciones a edades inferiores a la ordinaria. Las tensiones entre la política de empleo y la sostenibilidad del sistema son, así pues, manifiestas, y dan lugar a limitaciones recíprocas para conciliar los distintos intereses en juego.

2. La pensión de jubilación ordinaria: requisitos y cuantía

La pensión de jubilación se regula en los arts. 204 y ss. de la Ley General de la Seguridad Social (LGSS), aprobada por Real Decreto Legislativo 8/2015, de 30 de octubre. En verdad, no existe una única modalidad de pensión de jubilación, pues se distingue entre la modalidad contributiva, dirigida a los trabajadores que hayan alcanzado la edad correspondiente y que reúnan el período mínimo de carencia, y la modalidad no contributiva, destinada a personas mayores de 65 años que acrediten insuficiente de recursos y no puedan acceder a la modalidad contributiva. Además, dentro de la jubilación contributiva existen diferentes submodalidades de pensión de jubilación, que permiten disfrutar de la pensión a edades diferentes a la ordinaria.

2.1. Requisitos

El art. 205.1.b) LGSS admite que la pensión de jubilación ordinaria puede causarse, aunque los interesados no se encuentren en el momento del hecho causante en alta o situación asimilada a la de alta, por lo que los requisitos fundamentales son la edad y el período de carencia.

2.1.1. Edad

La jubilación a los 65 años forma parte de la más arraigada tradición en España, pero la Ley 27/2011 procedió a una elevación de dicha edad, aunque no prescindió por completo de los 65 años, ya que ese umbral sigue operando no sólo en el acceso a la pensión no contributiva de jubilación (art. 369 LGSS), sino también en la jubilación ordinaria, que pueden disfrutar todavía quienes en el momento de cumplir 65 años acrediten un período cualificado de cotización, establecido en 38 años y 6 meses.

Como es habitual en esta clase de reformas, el endurecimiento de los requisitos de acceso se produce de manera gradual, contemplándose un período transitorio hasta 2027 (DT 7ª LGSS):

Año	Períodos cotizados	Edad exigida
2013	35 años y 3 meses o más.	65 años.
	Menos de 35 años y 3 meses.	65 años y 1 mes.
2014	35 años y 6 meses o más.	65 años.
	Menos de 35 años y 6 meses.	65 años y 2 meses.
2015	35 años y 9 meses o más.	65 años.
	Menos de 35 años y 9 meses.	65 años y 3 meses.
2016	36 o más años.	65 años.
	Menos de 36 años.	65 años y 4 meses.
2017	36 años y 3 meses o más.	65 años.
	Menos de 36 años y 3 meses.	65 años y 5 meses.
2018	36 años y 6 meses o más.	65 años.
	Menos de 36 años y 6 meses.	65 años y 6 meses.
2019	36 años y 9 meses o más.	65 años.
	Menos de 36 años y 9 meses.	65 años y 8 meses.

2020	37 o más años.	65 años.
	Menos de 37 años.	65 años y 10 meses.
2021	37 años y 3 meses o más.	65 años.
	Menos de 37 años y 3 meses.	66 años.
2022	37 años y 6 meses o más.	65 años.
	Menos de 37 años y 6 meses.	66 años y 2 meses.
2023	37 años y 9 meses o más.	65 años.
	Menos de 37 años y 9 meses.	66 años y 4 meses.
2024	38 o más años.	65 años.
	Menos de 38 años.	66 años y 6 meses.
2025	38 años y 3 meses o más.	65 años.
	Menos de 38 años y 3 meses.	66 años y 8 meses.
2026	38 años y 3 meses o más.	65 años.
	Menos de 38 años y 3 meses.	66 años y 10 meses.
2027 y siguientes	38 años y 6 meses o más.	65 años.
	Menos de 38 años y 6 meses.	67 años.

El art. 206 LGSS permite reducir esta edad cuando el trabajador haya prestado servicios en trabajos de «naturaleza excepcionalmente penosa, tóxica, peligrosa o insalubre y acusen elevados índices de morbilidad o mortalidad». El Real Decreto 1698/2011, de 18 de noviembre, regula el régimen jurídico y el procedimiento general para establecer coeficientes reductores y anticipar la edad de jubilación (con un límite variable para cada colectivo, que nunca puede superar los 52 años, y que suele situarse en los 58 ó 59 años). Disfrutan de esos coeficientes reductores los trabajadores con una minusvalía igual o superior al 65% (RD 1539/2003), los bomberos (RD 383/2008) o los miembros del Cuerpo de la Ertzaintza (DA 20ª LGSS). Estos coeficientes reducen la edad y no la cuantía de la pensión.

2.1.2 Período de carencia

Para disfrutar de la pensión de jubilación ordinaria el trabajador debe acreditar un período mínimo de carencia de 15 años (carencia genérica), de los cuales al menos 2 deberán estar comprendidos dentro de los quince años inmediatamente anteriores al momento de causar el derecho (carencia específica). No se trata de dos períodos de cotización, sino de un único período mínimo con una doble distribución temporal: dos años en los últimos quince y los trece restantes a lo largo de toda la vida laboral del trabajador. Sin embargo, y como se ha dicho, para acceder a la pensión de jubilación ordinaria con 65 años es necesario acreditar un período de carencia cualificado, que a partir de 2027 se situará en 38 años y medio de cotización.

Conviene además tener presentes las medidas de «protección a la familia» recogidas en los arts. 235 a 237 LGSS, y que consisten en la consideración como cotizados de determinados períodos de inactividad. En primer lugar, el art. 235 LGSS alude a los períodos de cotización asimilados por parto, y dispone que, a efectos de las pensiones contributivas de jubilación y de incapacidad permanente, «se computarán a favor de la trabajadora solicitante de la pensión un total de ciento doce días completos de cotización por cada parto de un solo hijo y de catorce días más por cada hijo a partir del segundo, este incluido, si el parto fuera múltiple, salvo que, por ser trabajadora o funcionaria en el momento del parto, se hubiera cotizado durante la totalidad de las dieciséis semanas o durante el tiempo que corresponda si el parto fuese múltiple».

Además, el art. 237 LGSS recoge la tradicional prestación familiar en su modalidad contributiva, en virtud de la cual los períodos de hasta tres años de excedencia que los trabajadores disfruten en razón del cuidado de cada hijo o menor en régimen de acogimiento permanente o de guarda con fines de adopción, tendrán la consideración de periodo de cotización efectiva a efectos de las correspondientes prestaciones de la Seguridad Social por jubilación, incapacidad permanente, muerte y supervivencia, maternidad y paternidad. De igual modo, se considera efectivamente cotizados los tres primeros años del período de excedencia que los trabajadores disfruten debido al cuidado de otros familiares, hasta el segundo grado de consanguinidad o afinidad, que, por razones de edad, accidente, enfermedad o discapacidad, no puedan valerse por sí mismos, y no desempeñen una actividad retribuida. Las cotizaciones realizadas durante los tres primeros años del período de reducción de jornada por cuidado de menor previsto en el primer párrafo del artículo 37.6 del texto refundido de la Ley del Estatuto de los Trabajadores, se computarán incrementadas hasta el 100 por cien de la cuantía que hubiera correspondido si se hubiera mantenido sin dicha reducción la jornada de trabajo, a efectos de las prestaciones señaladas. Dicho incremento se referirá igualmente a los tres primeros años en los demás supuestos de reducción de jornada por razones de guarda legal tenga a su cuidado directo alguna persona con discapacidad que no desempeñe una actividad retribuida. Tendrá el mismo derecho quien precise encargarse del cuidado directo del cónyuge o pareja de hecho, o un familiar hasta el segundo grado de consanguinidad y afinidad, incluido el familiar consanguíneo de la pareja de hecho, que por razones de edad, accidente o enfermedad no pueda valerse por sí mismo, y que no desempeñe actividad retribuida.

Además, Las cotizaciones realizadas durante los períodos en que se reduce la jornada en el último párrafo del apartado 4, así como en el tercer párrafo del apartado 6 del artículo 37 del texto refundido de la Ley del Estatuto de los Trabajadores, se computarán incrementadas hasta el 100 por cien de la cuantía que hubiera correspondido si se hubiera mantenido sin dicha reducción la jornada de trabajo, a efectos de las prestaciones por jubilación, incapacidad permanente, muerte y supervivencia, nacimiento y cuidado de menor, riesgo durante el embarazo, riesgo durante la lactancia natural e incapacidad temporal

2.2. Cuantía

Como afirma el art. 204 LGSS, la prestación económica por jubilación consiste en una pensión vitalicia. El cálculo de la cuantía de dicha pensión se realiza mediante la aplicación de un porcentaje variable en función de los años de cotización a una base reguladora.

2.2.1. Base reguladora

La forma de cálculo de la base reguladora afecta a todas las modalidades de la pensión de jubilación, y no exclusivamente a la jubilación ordinaria. La base reguladora equivale a la media de las bases de cotización de un determinado período establecido legalmente. En este sentido, la extensión del período de referencia para el cálculo de la base reguladora, tomando eventualmente toda la vida laboral, no supone necesariamente un perjuicio para el trabajador, sino que puede beneficiar a personas que, por variadas circunstancias, sufren una reducción de las bases de cotización en los años inmediatamente anteriores al hecho causante de la pensión de jubilación. Es cierto, no obstante, que, en carreras de seguro más clásicas, donde la retribución del trabajador aumenta con el tiempo gracias a su mayor experiencia y a la adquisición de nuevas responsabilidades, el cómputo de los años más próximos a la jubilación ofrece un mejor resultado para el interesado.

Con anterioridad a la reforma de 2013 el período de referencia se situaba en 15 años, de modo que la base reguladora de la pensión de jubilación, en su modalidad contributiva, se calculaba hallando el cociente que resulte de dividir por 210 las bases de cotización de los últimos 180 meses (con algunos ajustes por la necesidad de actualizar las últimas bases de cotización a la elevación del IPC o de corregir determinados vacíos de cotización). El vigente art. 209 LGSS obliga a tomar en consideración 25 años, lo que supone que han de dividirse entre 350 las bases de cotización del beneficiario durante los 300 meses inmediatamente anteriores al mes previo al del hecho causante.

A partir del año 2026 (aunque en realidad no entrará en vigor plenamente hasta el año 2037) se cogerán para el cálculo de la base reguladora los mejores 27 años de los últimos 29 (324/378). Aun así, la entrada en vigor de esta nueva fórmula se hará de manera progresiva conforme a la siguiente tabla:

Año	Fórmula de cálculo
2026	302/352,33 (período 304 meses)
2027	304/354,67 (período 308 meses)
2028	306/357 (período 312 meses)
2029	308/359,33 (período 316 meses)
2030	310/361,67 (período 320 meses)
2031	312/364 (período 324 meses)
2032	314/366,33 (período 328 meses)
2033	316/368,67 (período 332 meses)
2034	318/371 (período 336 meses)
2035	320/373,33 (período 340 meses)
2036	322/375,67 (período 344 meses)

Además de este período transitorio se incluye otro adicional en el que, de oficio, se elegirá la fórmula que resulte más beneficiosa para la persona trabajadora entre una fórmula de transición o la nueva correspondiente a cada año conforme a la siguiente tabla:

Año	Fórmula de cálculo
Hasta 2040	La mejor entre 25 años o nueva legislación
2041	Mejor entre 306/357 (25,5 años) o nueva fórmula
2042	Mejor entre 312/364 (26 años) o nueva fórmula
2043	Mejor entre 318/371 (26,6 años) o nueva fórmula
2044	Nueva fórmula: 324/378

2.2.2 Porcentaje

El cálculo de la cuantía de la pensión de jubilación exige aplicar un porcentaje a la base reguladora, porcentaje que depende del tiempo de cotización. En concreto, el porcentaje mínimo es de un 50% (para quienes acrediten 15 años exactos de cotización). A partir del año decimosexto, por cada mes adicional de cotización, comprendidos entre los meses 1 y 248, se añadirá el 0,19 por 100, y por los que rebasen el mes 248, se añadirá el 0,18 por 100, sin que el porcentaje aplicable a la base reguladora supere el 100 por 100 (aunque deben tenerse en cuenta los períodos transitorios establecidos en la DT 9ª LGSS). Estos nuevos porcentajes implican que el disfrute del 100% de la pensión requerirá al menos 37 años de cotización, y no 35 años como sucedía con anterioridad a la reforma de 2013.

La cuantía de la pensión no puede superar el límite de pensión máxima establecido cada año en la Ley de Presupuestos.

2.2.3. Complemento por brecha de género

Es un complemento otorgado a uno de los progenitores (STJUE WA vs. INSS) por "brecha de género" (nacimiento o adopción): aplicable a jubilación, viudedad e IP, pero no a jubilación parcial. No se pueden percibir varios complementos en distintos regímenes. El importe para el año 2024 es 33,20 euros mensuales por cada hijo.

En el caso de las mujeres se concede a partir del primer hijo. Y se reconoce por defecto mientras no lo solicite el otro progenitor (procedimiento con audiencia, retroactividad 6 meses). En caso de dos madres prevalece la pensión de menor cuantía (igual regla en caso de dos padres).

En el caso de los hombres se establecen requisitos específicos. En primer término, quedan excluidos aquellos supuestos en los que haya existido violencia contra la mujer. En caso de pensión de viudedad los hijos deben tener pensión de orfandad. En IP o Jubilación debe demostrarse perjuicio en la carrera profesional:

* Hijos previos a 1995: Más de ciento veinte días sin cotización entre los nueve meses anteriores al nacimiento/adopción y los tres años siguientes y pensión inferior a la de la mujer.

* Hijos posteriores a 1995: Reducción de bases de cotización de más de un 15% en los 24 meses siguientes al nacimiento o adopción y pensión inferior a la de la mujer.

2.2.4. Porcentaje adicional por retraso de la edad de jubilación

El art. 210.2 LGSS advierte que cuando se acceda a la pensión de jubilación a una edad superior a la ordinaria se reconocerá al interesado un porcentaje adicional, de modo que el retraso de la edad de jubilación permite mejorar la cuantía de la pensión.

A partir de la Ley 21/2021 se establecen tres opciones para el cálculo de la jubilación postergada.

1- Un 4% por año completo que se postergue la jubilación (por defecto).

2- Pago único por año completo (depende del tiempo de cotización y de la cuantía de la pensión).

3- Combinación de 1 y 2 (RD 371/2023): Mínimo dos años de retraso. Diferencia entre 2 y 10 años de retraso y más de 11.

Este porcentaje adicional se debe sumar al que con carácter general corresponda al interesado en función de sus años de cotización, aplicándose el porcentaje resultante a la respectiva base reguladora a efectos de determinar la cuantía de la pensión, que gracias al complemento podrá superar el límite establecido para las pensiones en la ley de presupuestos.

3- Jubilación anticipada

Desde 2013 se contemplan dos modalidades de acceso a la jubilación anticipada, la que deriva del cese en el trabajo por causa no imputable al trabajador y la que es producto de la voluntad del interesado. A diferencia de la jubilación ordinaria, en la jubilación anticipada se exige en todo acaso el alta real o la situación asimilada al alta, de modo que no puede accederse a estas modalidades sin cumplir ese requisito de alta [STS de 27-6-1994 (rcud. 3671/1993)].

3.1. Jubilación anticipada por cese involuntario

3.1.1. Requisitos

El art. 207 LGSS regula la jubilación anticipada derivada del cese en el trabajo por causa no imputable a la libre voluntad del trabajador y establece los siguientes requisitos:

a) Tener cumplida una edad que sea inferior en cuatro años, como máximo, a la edad ordinaria de jubilación (conforme a su elevación gradual prevista en la DT 7ª LGSS), sin que a estos efectos resulten de aplicación los coeficientes reductores por realización de trabajos penosos o peligrosos. Por tanto, pueden jubilarse anticipadamente a los 61 años aquellas personas que, gracias a su largo período de cotización, podrían acceder a la jubilación ordinaria a los 65 años.

b) Encontrarse inscritos en las oficinas de empleo como demandantes de empleo durante un plazo de, al menos, seis meses inmediatamente anteriores a la fecha de la solicitud de la jubilación.

c) Acreditar un período mínimo de cotización efectiva de 33 años.

d) Que el cese en el trabajo se haya producido como consecuencia de una situación de reestructuración empresarial que impida la continuidad de la relación laboral. A estos efectos, las causas de extinción del contrato de trabajo que podrán dar derecho al acceso a esta modalidad de jubilación anticipada serán las siguientes:

- Despido colectivo (art. 51 del Estatuto de los Trabajadores).

- El despido objetivo por causas económicas, técnicas, organizativas o de producción, conforme al artículo 52.c) del Estatuto de los Trabajadores. La extinción contractual por cualquiera de las otras causas previstas en el art. 52 ET no permite acceder a esta modalidad de jubilación anticipada.

- La extinción del contrato por resolución judicial en un proceso concursal.

- La muerte, jubilación o incapacidad del empresario individual o la extinción de la personalidad jurídica del contratante.

- Fuerza mayor (art. 51.7 del Estatuto de los Trabajadores).

- Extinción de la relación laboral de la mujer trabajadora como consecuencia de ser víctima de la violencia de género.

Con objeto de evitar el fraude, el legislador precisa que, en supuestos de despido colectivo o de despido objetivo del 52.c) ET, la solicitud de jubilación anticipada únicamente merecerá respuesta positiva si el solicitante prueba que ha percibido la indemnización correspondiente derivada de la extinción del contrato de trabajo, o bien demuestra que ha interpuesto demanda judicial en «reclamación de dicha indemnización o de impugnación de la decisión extintiva». A tal efecto, se precisa que «el percibo de la indemnización se acreditará mediante documento de la transferencia bancaria recibida o documentación acreditativa equivalente». La literalidad del precepto suscita dudas en relación con el pago en metálico, que seguramente no debiera admitirse. El propósito de esta regla es evitar el fraude por parte del propio trabajador, en connivencia con el empresario, de modo que no es suficiente que el trabajador afirme haber recibido la indemnización. El legislador exige constancia documental y, preferiblemente, a través de un intermediario –entidad bancaria- que disipe cualquier duda sobre la intención de las partes.

3.1.2. Cuantía

La jubilación anticipada tiene como peculiaridad que el beneficiario debe hacer frente a una penalización en la cuantía de la pensión por la «insolidaridad» que supone iniciar su disfrute antes de la edad ordinaria. El cálculo de la base reguladora y del porcentaje en función de los años y meses de cotización sigue el mismo procedimiento que en la jubilación ordinaria, pero una vez aplicado ese porcentaje a la base reguladora es menester introducir un coeficiente reductor de pensión, que dependerá, por un lado, de la amplitud de la carrera de seguro del beneficiario y, por otro, del tiempo que reste hasta el cumplimiento de la jubilación ordinaria. A estos efectos se considera como cotizado el tiempo que hubiera transcurrido de haber seguido cotizando desde la solicitud de la pensión hasta el cumplimiento de la edad legal de jubilación.

3.2. Jubilación anticipada «por voluntad del interesado»

3.2.1. Requisitos

A tenor del art. 208 LGSS, el acceso a esta modalidad de jubilación anticipada exige acreditar las siguientes condiciones:

a) Tener cumplida una edad que sea inferior en dos años, como máximo, a la edad que en cada caso resulte de aplicación, sin que a estos efectos resulten de aplicación los coeficientes reductores por trabajos peligrosos o penosos. De este modo, es posible acceder a la jubilación anticipada a los 63 años, siempre que se reúna el período de cotización cualificado que permitiría la jubilación ordinaria a los 65.

b) Acreditar un período mínimo de cotización efectiva de 35 años.

c) Una vez acreditados los requisitos generales y específicos de dicha modalidad de jubilación, el importe de la pensión a percibir ha de resultar superior a la cuantía de la pensión mínima que correspondería al interesado por su situación familiar al cumplimiento de los 65 años. En caso contrario, y por tanto cuando fuera necesario abonar el complemento a mínimos, no se podrá acceder a esta fórmula de jubilación anticipada.

Téngase en cuenta que entre los requisitos no se alude a la causa de cese en el trabajo, que resulta indiferente. La denominación legal de esta nueva modalidad - «por voluntad del interesado»- no ha de identificarse con cese voluntario, sino que podrían acceder a esta fórmula cualesquiera personas que cumplieran los requisitos expuestos, con independencia de la causa de extinción del contrato.

3.2.2. Cuantía

Las reglas de cálculo de la base reguladora y del porcentaje son las mismas que en la jubilación ordinaria. Al igual que sucede en la jubilación anticipada por cese involuntario, la pensión debe reducirse mediante la aplicación de un coeficiente en función del período de cotización acreditado. Los coeficientes reductores por jubilación anticipada voluntaria se sitúan entre estos porcentajes mínimos y máximos: Un máximo de un 21% en caso de adelantar 24 meses (dos años) la edad de jubilación y contar con menos de 38 años y 6 meses cotizados. Un mínimo del 2,81% en caso de adelantar un mes la jubilación y disponer de más de 44 años y 6 meses cotizados.

4- Jubilación parcial

4.1. Origen y finalidad

La jubilación parcial nació a mediados de la década de los ochenta del pasado siglo como una medida más de fomento del empleo y, en concreto, con la intención de facilitar el acceso de los jóvenes a una ocupación. El contexto socioeconómico es suficientemente conocido, pues los procesos de reconversión industrial y el aumento del desempleo aconsejaron potenciar las medidas de sustitución de trabajadores maduros por trabajadores más jóvenes, cuyas perspectivas de encontrar un empleo resultaban, en aquel momento, muy reducidas. En esa coyuntura, los poderes públicos apoyaban —y financiaban— las prejubilaciones, como una forma de limitar la conflictividad inherente a esos procesos de reconversión industrial, e introdujeron medidas dirigidas a facilitar la sustitución voluntaria de trabajadores mayores por otros más jóvenes, enmarcadas en la política de empleo.

La jubilación parcial implica que un trabajador cercano al cumplimiento de la edad ordinaria de jubilación reduce su jornada, convirtiéndose en trabajador a tiempo parcial, y desde entonces percibe el salario en proporción al tiempo de trabajo que realice, además de la parte de pensión de jubilación equivalente al porcentaje de jornada que ha reducido. Para cumplir los objetivos de la figura, la empresa se compromete a cubrir el tiempo que el jubilado parcial ha dejado vacante con otro trabajador, denominado relevista porque debe celebrarse el denominado contrato de relevo (que no es necesario cuando el jubilado parcial ha cumplido la edad ordinaria de jubilación).

Sin embargo, la jubilación parcial fue una modalidad escasamente utilizada durante dos décadas, pese al deseo del legislador, situación que cambió cuando a partir de las reformas de 2001-2002 se admitió la concentración de jornada tanto del jubilado parcial como del relevista, de modo que el jubilado parcial reducía su jornada hasta los límites máximos permitidos, equiparando el resultado final a una jubilación anticipada sin ningún coeficiente penalizador. En este contexto, los poderes públicos se vieron obligados a contemplar la jubilación parcial no sólo como una medida de fomento del empleo, sino también como una medida de Seguridad Social, porque la jubilación parcial, tal y como se articuló en la práctica, no alivió las cargas financieras del sistema de Seguridad Social —más bien al contrario—, y tampoco consiguió, salvo excepciones, que los jubilados parciales continuasen prestando servicios más allá de la edad ordinaria. Por ello, el legislador ha endurecido progresivamente los requisitos de esta modalidad, equiparándolos a los establecidos para la jubilación anticipada.

4.2. Requisitos

La jubilación parcial es accesible antes de cumplir la edad ordinaria de jubilación. En este sentido, el art. 215 LGSS configura una edad distinta en función del período de carencia que acredite el interesado, en una configuración similar a la jubilación ordinaria. El período mínimo de carencia en materia de jubilación parcial se eleva hasta 33 años, en consonancia con la jubilación anticipada. Los trabajadores que alcancen ese período de cotización podrán jubilarse parcialmente a los 65 años. Cabe también la posibilidad de jubilación parcial a los 63 años, siempre que el interesado reúna un período de cotización cualificado, fijado en 36 años y 6 meses de cotización. Como en el caso de la jubilación ordinaria, conviene tener presente el período de aplicación paulatina previsto en la DT 10ª LGSS:

Año del hecho causante	**Edad exigida según períodos cotizados en el momento del hecho causante**		**Edad exigida con 33 años cotizados en el momento del hecho causante**
2013	61 y 1 mes	33 años y 3 meses o más	61 y 2 meses
2014	61 y 2 meses	33 años y 6 meses o más	61 y 4 meses
2015	61 y 3 meses	33 años y 9 meses o más	61 y 6 meses
2016	61 y 4 meses	34 años o más	61 y 8 meses
2017	61 y 5 meses	34 años y 3 meses o más	61 y 10 meses
2018	61 y 6 meses	34 años y 6 meses o más	62 años
2019	61 y 8 meses	34 años y 9 meses o más	62 y 4 meses
2020	61 y 10 meses	35 años o más	62 y 8 meses
2021	62 años	35 años y 3 meses o más	63 años
2022	62 y 2 meses	35 años y 6 meses o más	63 y 4 meses
2023	62 y 4 meses	35 años y 9 meses o más	63 y 8 meses
2024	62 y 6 meses	36 años o más	64 años
2025	62 y 8 meses	36 años y 3 meses o más	64 y 4 meses
2026	62 y 10 meses	36 años y 3 meses o más	64 y 8 meses
2027 y siguientes	63 años	36 años y 6 meses	65 años

Además de la edad, la jubilación anticipada exige cumplir otra serie de requisitos:

- Acreditar un período de antigüedad en la empresa de, al menos, 6 años inmediatamente anteriores a la fecha de la jubilación parcial.

- Reducción de la jornada de trabajo comprendida entre un mínimo de un 25 por 100 y un máximo del 50 por 100, o del 75 por 100 para los supuestos en que el trabajador relevista sea contratado a jornada completa mediante un contrato de duración indefinida. La cotización se seguirá abonando como si la jornada de trabajo se mantuviera a tiempo completo, aunque esta exigencia no se implanta con carácter inmediato, sino de forma muy gradual, en los términos de la DT 10ª.3 LGSS. El requisito, por tanto, será de plena aplicación en 2023.

- Acreditar un período de cotización de 33 años en la fecha del hecho causante de la jubilación parcial. En el supuesto de personas con discapacidad en grado igual o superior al 33 por 100, el período de cotización exigido será de 25 años.

- Que exista una correspondencia entre las bases de cotización del trabajador relevista y del jubilado parcial, de modo que la correspondiente al trabajador relevista no podrá ser inferior al 65 por 100 del promedio de las bases de cotización correspondientes a los seis últimos meses del período de base reguladora de la pensión de jubilación parcial.

- Celebrar un contrato de relevo -regulado en el art. 12, apartados 6 y 7, del Estatuto de los Trabajadores- con una duración igual al tiempo que le falte al trabajador sustituido para alcanzar la edad de jubilación ordinaria. Cuando la reducción de jornada haya alcanzado más del 50% el contrato deberá mantenerse al menos durante los dos siguientes años al cumplimiento de la edad ordinaria de jubilación, o de lo contrario el empresario será responsable del reintegro de la pensión que haya percibido el jubilado parcial.

Los trabajadores que hayan cumplido la edad ordinaria de jubilación también pueden jubilarse parcialmente. En tal caso no se exigen requisitos de antigüedad ni un período de carencia cualificado, y el empresario no ha de celebrar un contrato de relevo.

4.3. Importe y pago

El importe de la pensión de jubilación parcial se calcula conforme a las reglas generales, pero no se aplica el complemento por maternidad del art. 60 LGSS. Obviamente, la cuantía así calculada no se percibe de forma íntegra, sino que se reduce en proporción a la jornada que efectivamente se realice.

El pago de la pensión corre a cargo de la Seguridad Social, pero el empresario es responsable de la pensión si no contrata a un relevista, o si no lo sustituye cuando este ve extinguido su contrato. No surge tal responsabilidad cuando el relevista y el jubilado parcial ven extinguido simultáneamente su contrato, porque sin jubilado parcial no hay obligación de contratar un relevista [STS de 29-5-2008 (rcud 1900/2007)].

4.4. Acceso a la jubilación completa

En el momento de la jubilación ordinaria o anticipada, el art. 18 RD 1131/2002 dispone que se tomarán en consideración las cotizaciones realizadas durante la situación de jubilación parcial, si bien las cotizaciones se elevan al 100 por 100 de las que hubieran correspondido de efectuar la jornada completa, e igual beneficio tiene lugar respecto al porcentaje aplicable a la base reguladora. También se aplica el complemento por maternidad del art. 60 LGSS (salvo en la jubilación anticipada por voluntad del interesado).

5- Compatibilidad

5.1. La incompatibilidad como regla general

El art. 213 LGSS dispone que «el disfrute de la pensión de jubilación será incompatible con el trabajo del pensionista», entendiendo por tal, a tenor del artículo 16 de la Orden de 18 de enero de 1967, «todo trabajo del pensionista, por cuenta ajena o propia, que dé lugar a su inclusión en el campo de aplicación del Régimen General o de alguno de los Regímenes Especiales de la Seguridad Social». No es de extrañar, así pues, que el mismo precepto declare incompatible la pensión con el desempeño de un puesto de trabajo –o un alto cargo- en el sector público.

Las excepciones que tradicionalmente se han previsto para esa regla general han sido escasas, y se limitaban a la jubilación parcial, ya vista, a la jubilación flexible, a la que posteriormente se aludirá, y a ciertas actividades residuales, de naturaleza más honorífica o de reconocimiento de méritos que propiamente productiva o profesional, como sucede con los profesores de universidad eméritos y el personal licenciado sanitario emérito. Sin embargo, en los últimos años el legislador ha admitido otras fórmulas de compatibilidad de la pensión de jubilación con el trabajo, de modo que en la actualidad esa regla general de incompatibilidad ha quedado desvirtuada.

5.2. Excepciones

5.2.1. Trabajo por cuenta propia con ingresos reducidos

El art. 213.4 LGSS declara la plena compatibilidad entre la pensión y un trabajo por cuenta propia «cuyos ingresos anuales totales no superen el Salario Mínimo Interprofesional, en cómputo anual», por lo que la pensión no se suspende ni sufre una reducción en su importe. El precepto aclara que «quienes realicen estas actividades económicas no estarán obligados a cotizar por las prestaciones de la Seguridad Social». El propósito de la norma consiste en facilitar al pensionista vías de ingresos adicionales y cabe incluso continuar la actividad previa a la jubilación. Estas actividades no permiten generar otras prestaciones distintas ni mejorar la cuantía de la pensión de jubilación.

5.2.2. Jubilación flexible

El artículo 5 del Real Decreto 1132/2002 proporciona un concepto de jubilación flexible, considerando como tal «la derivada de la posibilidad de compatibilizar, una vez causada, la pensión de jubilación con un trabajo a tiempo parcial», dentro de los mismos límites de jornada previstos para la jubilación parcial en el art. 12.6 del Estatuto de los Trabajadores, «con la consecuente minoración de aquélla en proporción inversa a la reducción aplicable a la jornada de trabajo del pensionista, en relación a la de un trabajador a tiempo completo comparable». Por consiguiente, la jubilación flexible constituye una excepción a esa tradicional incompatibilidad entre el percibo de una pensión de jubilación y el desempeño de una actividad comprendida en el ámbito de aplicación del Sistema de Seguridad Social, que permite continuar en el disfrute de una pensión de jubilación al beneficiario que retorna a la vida activa para desempeñar un trabajo asalariado a tiempo parcial, si bien el importe de la pensión se reducirá en el mismo porcentaje al que ascienda la jornada de trabajo.

La jubilación flexible se distingue de la jubilación parcial desde su mismo punto de partida, en la medida en que la jubilación parcial es una institución concebida para que un trabajador pueda acceder a la pensión de jubilación sin necesidad de cesar en ningún momento en la actividad que venía desarrollando, de modo que la condición de trabajador se mantiene ininterrumpidamente hasta la decisión de jubilación completa. En cambio, la jubilación flexible presupone que el trabajador ya se ha jubilado totalmente —por cualquier modalidad de jubilación, y sin necesidad de haber pasado en ningún caso por la jubilación parcial—, pero decide retornar a la actividad. Ahora bien, no se puede calificar como jubilación flexible la vuelta a la vida activa tras la jubilación completa en cualesquiera condiciones. La jubilación flexible y su régimen jurídico privilegiado únicamente entran en juego cuando se cumplen las condiciones previstas en el Real Decreto 1132/2002.

En consecuencia, la jubilación flexible requiere que un pensionista de jubilación retorne a la vida activa prestando servicios como trabajador asalariado a tiempo parcial, dentro de los límites de jornada previstos para la jubilación parcial. No se exige antigüedad mínima ni período de carencia, pues el interesado se encuentra disfrutando de su pensión de jubilación, y el trabajo que realiza no ha de ser el mismo que el previo a su jubilación completa.

La actividad que se realiza en estos supuestos de jubilación flexible está sometida a la obligación de cotizar, y tras la extinción del contrato esas cotizaciones pueden servir para mejorar –nunca para empeorar- la cuantía de la pensión, elevando la base reguladora o incrementando el porcentaje.

5.2.3. Trabajos por cuenta ajena y por cuenta propia

Las fórmulas de compatibilidad anteriormente expuestas fueron ampliadas sustancialmente en el año 2013, regulación que hoy se contempla en el art. 214 LGSS. Este precepto declara compatible la pensión de jubilación con la realización de cualquier trabajo por cuenta ajena –a tiempo completo o a tiempo parcial- o por cuenta propia. Esa inicial declaración se suaviza a continuación, al detallar las condiciones específicas para tal compatibilidad. En primer lugar, no toda pensión de jubilación es susceptible de encajar en este régimen privilegiado, sino sólo la jubilación ordinaria, ya que es menester acceder a una edad igual o superior a la que en cada momento se establezca como edad de jubilación ordinaria. Además, el interesado deberá disfrutar de un porcentaje aplicable a la base reguladora de un 100%, lo que le obligará a contar con una amplia carrera de seguro.

Evidentemente, el legislador pretende que esta compatibilidad suponga un aumento neto de empleo, de modo que el pensionista de jubilación que compatibiliza su pensión con el trabajo no debe sustituir a un trabajador ordinario. Por ello, se establecen una serie de obligaciones y límites para la empresa, dirigidos a garantizar el «mantenimiento del empleo durante la percepción de la pensión de jubilación compatible con el trabajo».

Concretamente, no pueden ser receptoras de esta clase de prestaciones de servicios las empresas que hayan «adoptado decisiones extintivas improcedentes en los seis meses anteriores a dicha compatibilidad». No es esta la única obligación, pues «una vez iniciada la compatibilidad entre pensión y trabajo, la empresa deberá mantener, durante la vigencia del contrato de trabajo del pensionista de jubilación, el nivel de empleo existente en la misma antes de su inicio», tomando «como referencia el promedio diario de trabajadores de alta en la empresa en el periodo de los 90 días anteriores a la compatibilidad, calculado como el cociente que resulte de dividir entre 90 la suma de los trabajadores que estuvieran en alta en la empresa en los 90 días inmediatamente anteriores a su inicio».

El precepto matiza, finalmente, que «no se considerarán incumplidas la obligaciones de mantenimiento del empleo anteriores cuando el contrato de trabajo se extinga por causas objetivas o por despido disciplinario cuando uno u otro sea declarado o reconocido como procedente, ni las extinciones causadas por dimisión, muerte, jubilación o incapacidad permanente total, absoluta o gran invalidez de los trabajadores o por la expiración del tiempo convenido o realización de la obra o servicio objeto del contrato».

Si concurren esas condiciones, el interesado podrá mantener su pensión de jubilación, pero no en su cuantía íntegra, sino del 50 por 100. En materia de cotización únicamente se ingresarán cuotas por incapacidad temporal y por contingencias profesionales. Además, se añade una «cotización especial de solidaridad del 8 por 100, no computable para las prestaciones, que en los regímenes de trabajadores por cuenta ajena se distribuirá entre empresario y trabajador, corriendo a cargo del empresario el 6 por 100 y del trabajador el 2 por 100». Esta compatibilidad finaliza cuando se extinga la obligación de cotizar, recuperando el beneficiario la cuantía íntegra de la pensión al día siguiente (o el primer día del mes siguiente en caso de autónomos).

6. Bibliografía Básica

- AA.VV., "Actualización del sistema de Seguridad Social (III): la reforma de la jubilación", en *Aranzadi Social*, nº 8, 2011 (BIB 2011\1739).
- DESDENTADO BONETE, A., "Reflexiones sobre el factor de sostenibilidad del Sistema público de pensiones", en *Documentación Laboral*, nº 99, 2013.
- GALA DURÁN, C., "Un nuevo modelo de pensión de jubilación: el impacto del Índice de revalorización anual y del factor de Sostenibilidad", en *Iuslabor*, nº 1, 2014 (http://www.raco.cat/index.php/IUSLabor/article/view/274202/362287).
- GARCÍA MURCIA, J., "Las nuevas reglas sobre jubilación parcial y jubilación anticipada: el RDL 5/2013. Un nuevo paso en la reforma legal de la jubilación", en *Derecho de los negocios*, nº 269, 2013.
- GONZÁLEZ ORTEGA, S., "El nuevo régimen de revalorización de las pensiones", en *Relaciones Laborales*, nº 5, 2014.
- LÓPEZ GANDÍA, J., "La jubilación parcial tras la reforma de las pensiones", en *Documentación Laboral*, nº 99, 2013.
- LÓPEZ GANDÍA, J., "La dimensión constitucional de la reforma de las pensiones", en *Relaciones Laborales*, nº 5, 2014.
- MONEREO PÉREZ, J.L., "Factor de sostenibilidad e índice de revalorización: estado de la cuestión", en *Aranzadi Social*, AS, nº 8, 2013.
- PÉREZ ALONSO, M.A., "La nueva pensión de jubilación y otras reformas en el sistema de Seguridad Social", en *Aranzadi Doctrinal*, nº 9, 2012 (BIB 2011\17).
- RODRÍGUEZ CARDO, I.A., *La jubilación parcial tras la reforma de 2013,* Lex Nova, Valladolid, 2013.
- RODRÍGUEZ CARDO, I.A., "La pensión de jubilación tras la reforma de 2013", en *Foro, Nueva época*, vol. 17, nº 2, 2014.
- RODRÍGUEZ CARDO, I.A., "La compatibilidad de las pensiones de Seguridad Social con el trabajo", en *Revista del Ministerio de Empleo y Seguridad Social*, nº 119, 2015.
- RODRÍGUEZ-PIÑERO y BRAVO-FERRER, M., VALDÉS DAL-RÉ, F., y CASAS BAAMONDE, M.E., "La nueva regulación de la jubilación en el RDL 5/2013, de 15 de marzo, de medidas para favorecer la continuidad de la vida laboral de los trabajadores y promover el envejecimiento activo", en *Relaciones Laborales*, nº 5, 2013.
- RODRÍGUEZ-PIÑERO y BRAVO-FERRER, M., VALDÉS DAL-RÉ, F., y CASAS BAAMONDE, M.E., "El factor de sostenibilidad de las pensiones de jubilación y la garantía de la suficiencia económica de los ciudadanos durante la tercera edad", en *Relaciones Laborales*, nº 5, 2014.
- SÁNCHEZ-URÁN AZAÑA, Y., y GIL PLANA, J., *Pensión de jubilación. Últimas reformas legales*, Civitas, Madrid, 2014.
- SÁNCHEZ-URÁN AZAÑA, Y., "Trabajadores de edad avanzada: I. Jubilación anticipada y jubilación parcial", en *Actualidad Laboral*, nº 9, 2013.

- SELMA PENALVA, A., "Posibilidades de compatibilizar pensión de jubilación con el trabajo", en *Aranzadi Social*, nº 2, 2013 (BIB 2013\931).
- TORTUERO PLAZA, J.L., "Ley 23/2013, de 23 de diciembre, reguladora del Factor de Sostenibilidad y del Índice de Revalorización del Sistema de Pensiones de la Seguridad Social: régimen jurídico", en *Relaciones Laborales*, nº 5, 2014.

Género y derecho antidiscriminatorio en el ordenamiento español

María Valvidares Suárez
Profesora Contratada Doctora en Derecho Constitucional

"Casi dos décadas han pasado desde que llegué a la Escuela de Derecho de Stanford...
cuando expresé mi interés en enseñar un curso sobre discriminación sexual,
mis colegas en general estaban sorprendidos (...).
El decano estaba aterrado con el proyecto.
No solamente se trataba de un campo que diplomáticamente describió como "complicado",
si no que llevaría a que me "etiquetaran como mujer".
Bueno, contesté con lo que esperé que fuera clara ironía,
"eso probablemente no será una sorpresa para la mayoría de la gente.
¿Y cuál, después de todo, es mi alternativa?"
Pero para el decano, el asunto era la credibilidad académica,
y para establecerla, yo necesitaba un curso "verdadero":
él me sugirió transacciones comerciales"
Deborah Rhode (citado por Isabel Cristina Jaramillo en "La crítica feminista al derecho")

1. Las mujeres ¿grupo vulnerable?

Antes de abordar el estudio del marco constitucional relativo a los conceptos de igualdad y no discriminación, así como algunos supuestos de tratamiento normativo diferenciado que han resultado particularmente relevantes y debatidos en los últimos años, parece de todo punto necesario comenzar reflexionando sobre una cuestión que resulta compleja, tanto desde el punto de vista de las categorías jurídicas como desde la perspectiva de los estudios de género (en el que este trabajo pretende enmarcarse): ¿son las mujeres un grupo vulnerable?

Desde el punto de vista jurídico, la doctrina ha advertido sobre el riesgo de que el concepto de vulnerabilidad pueda *esencializar* a determinados colectivos, de manera que los estigmatice y contribuya a consolidar la idea de que hay que observar respecto de los mismos una actitud que se acercaría más al paternalismo que a la protección (PERONI y TIMMER, 2013). Asimismo, en el debate feminista tampoco resulta pacífica la caracterización de las mujeres como grupo vulnerable, y seguramente no sorprende que la "etiqueta" de vulnerable suscite cierta suspicacia cuando todavía no parece suficientemente superada la descripción de las mujeres como "sexo débil".

Creo, sin embargo, que existen razones para aceptar el calificativo de grupo vulnerable aplicado a las mujeres (y en este sentido comparto las reflexiones de la profesora SUÁREZ LLANOS, 2013). En estas páginas, la idea de vulnerabilidad hará referencia a la situación en la que se encuentra una persona o categoría de personas (en este caso, las mujeres) que: a) está expuesta a un mayor riesgo de que sus derechos sean vulnerados (es sintomática en este sentido la esfera laboral), o b) se encuentra en una situación fáctica en la que son necesarias medidas de impulso para superar los obstáculos que, como dice el art.9.2 de nuestra Constitución (CE), "impidan o dificulten su plenitud y facilitar la participación de todos los ciudadanos en la vida política, económica, cultural y social". La llamada democracia paritaria da cuenta de esta segunda perspectiva.

De esta manera, nos situamos en la línea del concepto de "vulnerabilidad especial", que quiere poner de relieve el hecho de que "ciertos colectivos de personas, incluyendo las que integran ciertos *grupos humanos diferenciados,* encuentran, por regla general en todas las sociedades y ciertamente en muchas sociedades, obstáculos sociales y jurídicos, graves y específicos, que les impiden alcanzar y ostentar un ámbito de titularidad de derechos y una amplitud y profundidad en su goce equivalentes a los que poseen los "ciudadanos normales" y que, en cualquier caso, sean los adecuados a lo que exige el respeto a la *dignidad propia de una persona en su situación*" (MARIÑO MENÉNDEZ, 2001, pp. 19-20; en la misma línea FERRER LLORET y SANZ CABALLERO, 2008, p. 10).

Así pues, se acepta que las mujeres puedan constituir un grupo vulnerable en tanto en cuanto los indicadores sociales aun muestran que siguen existiendo altas cifras de desigualdad en numerosos ámbitos (brecha salarial, techo de cristal, violencia de género, infra-representación en los órganos parlamentarios, jefaturas de Estado y de gobierno...), como un mecanismo de identificar aquellos colectivos sobre los que el Estado debe legislar para, recuperando una vez más el citado art.9.2 CE, promover que "la libertad y la igualdad del individuo y de los grupos en que se integra sean reales y efectivas. El hecho de que sean las personas concretas las que sufren la vulneración de sus derechos y expectativas no puede soslayar la dimensión social de la identidad, para no olvidar "que ciertos individuos son penalizados en razón de su pertenencia a un grupo" (INNERARITY, 2009, p.8). Considerar a las mujeres como un grupo vulnerable no quiere significar, al menos en este trabajo, que todas y cada una de las mujeres sean (seamos) vulnerables. Tan solo que se considera legítima una diferencia de trato por parte del Estado en atención al hecho de que el sexo y el género son factores de desigualdad y discriminación, motivados en muchos casos por estereotipos y prejuicios sociales y culturales. De esta manera, se considera justificado que el legislador aborde estas situaciones a partir de su dimensión social y colectiva, pues al margen de los recursos que puedan existir para afrontar las diferentes situaciones y necesidades individuales, es necesario cambiar el "posicionamiento" social del grupo para poder revertir la situación de desigualdad. Afrontando la vulnerabilidad desde un punto de vista meramente individual no parece razonable confiar en que, a medio o largo plazo, los factores de sexo y género dejen de ser factores de vulnerabilidad.

2. El principio de igualdad y no discriminación en la CE

2.1. Igualdad, diferencia y discriminación

De igualdad habla nuestra Constitución en diversos preceptos. Señaladamente, interesa destacar su consideración como valor superior del ordenamiento (art.1), el reconocimiento de la existencia de una igualdad "real y efectiva" articulada como mandato a los poderes públicos (art.9.2) así como la afirmación de que "los españoles son iguales ante la ley, sin que pueda prevalecer discriminación alguna por razón de nacimiento, raza, sexo, religión, opinión o cualquier otra condición o circunstancia personal o social" (art.14), recogido como derecho subjetivo (REY MARTÍNEZ, 1995; GIMÉNENZ GLUCK, 2004).

De manera resumida, el derecho a la igualdad del art. 14 CE -al que tradicionalmente se alude como el derecho a la igualdad "formal"-, se puede definir sintéticamente como el principio que establece el derecho a la igualdad de trato, que actualmente ampara tanto la igualdad en la ley, como la igualdad en la aplicación de la ley. Este principio de igualdad no excluye, sin embargo, la posibilidad de que el ordenamiento jurídico introduzca diferencias normativas siempre que tengan un fundamento razonable y no sean arbitrarias (DE OTTO, 2010, p.1453). Así lo ha reconocido tempranamente la jurisprudencia del Tribunal Constitucional (TC), por ejemplo en la Sentencia 67/1982, FJ 4, en el que señaló que *"el principio de igualdad no implica en todos los casos un tratamiento legal igual con abstracción de cualquier elemento diferenciador de relevancia jurídica, y que este desigual tratamiento legal tiene como límite la arbitrariedad, causa de discriminación, es decir, la falta de una justificación objetiva y razonable".* Igualmente, el TC ha señalado que el principio de igualdad impide que se *"puedan configurar los supuestos de la norma de modo tal que se dé trato distinto a personas que, desde todos los puntos de vista legítimamente adoptables, se encuentran en la misma situación"* (...) o *"que se otorgue relevancia jurídica a circunstancias que, o bien no pueden ser jamás tomadas en consideración por prohibirlo así expresamente la propia Constitución, o bien no guardan relación alguna con el sentido de la regulación que, al incluirlas, incurre en arbitrariedad y es por eso discriminatoria".*

No está de más recordar, siguiendo a Ferrajoli (1999), que la moderna noción de igualdad nace construyendo jerarquías sobre las diferencias (exclusiones por razón de sexo, "raza", etc.), y universaliza los derechos sobre la base de la homologación de las diferencias (se hace abstracción de las diferencias a partir de la experiencia de quien previamente fue el sujeto privilegiado), de manera que la afirmación de la igualdad se hace negando la posibilidad de que las diferencias puedan ser relevantes. A su juicio, cuando las declaraciones universales de derechos y los textos constitucionales incorporan la proclamación de la igualdad, ésta no debe ser entendida como una *descripción* (puesto que es falso que las personas seamos iguales, más bien somos "únicas") sino como una *prescripción,* un mandato (por lo demás, la única opción que se conjuga realmente con la naturaleza de una norma jurídica: prescribir conductas y no describir hechos). De esta manera, la igualdad se afirma como principio *precisamente* porque somos diferentes, como garantía del igual valor y dignidad de nuestras diferencias. Esta es, según Ferrajoli (2009), la primera función de la igualdad: proteger la dignidad de la persona, que según dice nuestra Constitución en su art.10, es "fundamento del orden político y de la paz social".

Precisamente la consideración de que históricamente algunas categorías han sido atributos usados para construir estereotipos que posteriormente justificaran un trato normativo diferente y perjudicial, se ha tenido en cuenta por los textos constitucionales contemporáneos y las convenciones internacionales de derechos a la hora de condicionar la actuación del poder público. Dice nuestro Tribunal Constitucional que el listado enunciado en el art.14 de la CE representa *"una explícita interdicción de determinadas diferencias históricamente muy arraigadas y que han situado, tanto por la acción de los poderes públicos como por la práctica social, a sectores de la población en posiciones, no solo desventajosas, sino contrarias a la dignidad de la persona que reconoce el art.10.1 CE"* (STC 41/2006, FJ 3). En el caso concreto de las mujeres, afirma el TC que *"por lo que se refiere específicamente a la prohibición de discriminación por razón de sexo, que tiene su razón de ser en la voluntad de terminar con la histórica situación de inferioridad, en la vida social y jurídica, de la mujer, hemos dicho que la conducta discriminatoria se cualifica por el resultado peyorativo para la mujer que la sufre, que ve limitados sus derechos o sus legítimas expectativas por la concurrencia de un factor cuya virtualidad justificativa ha sido expresamente descartada por la Constitución, dado su carácter atentatorio a la dignidad del ser humano (art. 10.1 CE)"* (STC 3/2007, FJ 2).

De esta manera, cuando se introducen diferencias de trato, las prohibiciones de discriminación funcionan como categorías "sospechosas" que deben activar un mayor escrutinio por parte de los tribunales (REY MARTÍNEZ, 2014). En palabras de Ignacio de Otto (OTTO, 2010), podríamos decir que los rasgos que constituyen las categorías sospechosas pueden ser usados como criterio o nota diferenciadora siempre que tales rasgos (sexo, etnia, etc.) no constituyan el *fundamento* (esto es, la razón) de la diferencia de trato. Con otras palabras: la diferencia de trato que, pese a afectar a una de estas circunstancias, se considera constitucionalmente lícita, no se fundamenta en dichas circunstancias sino en la desventaja que sufre la persona que comparte uno de esos rasgos. Como se verá, esta distinción puede resultar de gran ayuda a la hora de comprender el binomio sexo-género, así como la jurisprudencia del Tribunal Constitucional que ha considerado que la legislación penal sobre violencia de género (que en algunos tipos penales establece una sanción punitiva mayor para el hombre que para la mujer) no vulnera el art.14 de nuestra CE.

El TC ha precisado, en la línea apuntada, que *"a diferencia del principio genérico de igualdad, que no postula ni como fin ni como medio la paridad y sólo exige la razonabilidad de la diferencia normativa de trato, las prohibiciones de discriminación contenidas en el art. 14 CE implican un juicio de irrazonabilidad de la diferenciación establecida ex constitutione, que imponen como fin y generalmente como medio la parificación, de manera que sólo pueden ser utilizadas excepcionalmente por el legislador como criterio de diferenciación jurídica, lo que implica la necesidad de usar en el juicio de legitimidad constitucional un canon mucho más estricto, así como un mayor rigor respecto a las exigencias materiales de proporcionalidad"*. Esta presunción de inconstitucionalidad, como hemos visto, es solo *iuris tantum,* esto es, puede ser superada, aunque para ello *"la carga de demostrar el carácter justificado de la diferenciación recae sobre quien asume la defensa de la misma y se torna aún más rigurosa que en aquellos casos que quedan genéricamente dentro de la cláusula general de igualdad del art. 14 CE, al venir dado el factor diferencial por uno de los típicos que el art. 14 CE concreta para vetar que en ellos pueda basarse la diferenciación, como ocurre con el sexo, la raza, la religión, el nacimiento y las opiniones"* (STC 200/2001, FJ 4b). El escrutinio más estricto al que el TC someterá al legislador implica que la diferencia de trato debe responder a una justificación objetiva y razonable que persigue un fin legítimo, y que la medida sea congruente con la finalidad perseguida sin que, para hacerlo, genere un resultado desproporcionado (GIMÉNEZ GLUCK, 2004, pp. 167-304). Véase, por ejemplo, la STC 59/2008, que resuelve una cuestión de inconstitucionalidad contra la ley de violencia de género, y que será objeto de estudio en el siguiente epígrafe. Asimismo, se genera una cierta inversión de la carga de la prueba (más exactamente de la carga de la argumentación de constitucionalidad: COBREROS MENDAZONA, 2007, p. 100)

Nuestra Constitución no recoge un catálogo cerrado, sino que el art.14 incluye una cláusula abierta (cualquier otra condición o circunstancia personal o social) que nos previene de considerar que la discriminación es algo del pasado, ya superado, como si hubiésemos agotado todas las fuentes de discriminación. Así se ha visto reconocido en la citada Sentencia del Tribunal Constitucional 41/2006, al señalar que la orientación sexual se incluye de manera indubitada en dicha cláusula genérica. Las cláusulas abiertas permiten afrontar tanto el carácter dinámico de las causas de vulnerabilidad (son cambiantes porque lo son las circunstancias sociales, económicas, etc., así como los prejuicios y estereotipos de las sociedades), como la propia evolución social en la comprensión de las discriminaciones, que hace que lo que en determinado momento histórico se podía considerar una diferencia de trato aceptable pase a considerarse como una discriminación intolerable. Este problema de valoración del término de comparación (qué diferencias pueden ser tenidas en cuenta) tiene reflejo en la jurisprudencia constitucional, puesto que a la hora de analizar la diferencia de trato establece que debe aparecer como fundada y razonable "de acuerdo con criterios y juicios de valor generalmente aceptados" (ya en sus inicios: STC 49/1982, FJ 2, pero también en la actualidad: SSTC 77/2015, FJ 3; 66/2015, FJ 3; 41/2015, FJ 4, entre muchas otras).

Desde el punto de vista del contenido *formal,* la igualdad cumple una función de libertad y se establece como corolario o garantía de los derechos individuales de "libertad" o "negativos": aquellos que garantizan al individuo un ámbito de autodeterminación libre de las injerencias del poder público o de terceros (salvo supuestos excepcionales). De esta manera las libertades individuales básicas (vida, integridad física y moral, inviolabilidad del domicilio, libertad personal, etc.) no se ven amenazadas por la posibilidad de que un rasgo identitario pueda ser usado para justificar la restricción de un derecho de libertad (Ferrajoli, 2009). Asimismo, en el Estado democrático, la igualdad cumple una función de protección de las minorías (que ven protegidas sus diferencias frente al modelo "normal" o "normalizado"), así como de la igual protección de la titularidad de los derechos universales de quienes componen la soberanía popular.

2.2. El contenido "real y efectivo" de la igualdad

La igualdad puede ser vulnerada por la existencia de normas que establezcan privilegios (desigualdad de trato arbitraria) o que vulneren la prohibición de discriminación, pero también por la existencia de situaciones de desigualdad *económica o social.* Por esta razón, el mandato de igualdad no posee un contenido puramente formal (igualdad en la ley y en la aplicación de la ley), sino que también abarca, en palabras del art.9.2 de nuestra CE, el derecho a que nuestra libertad e igualdad sean *reales y efectivas.* El art.9.2 CE consagra un mandato general de intervención dirigido a los poderes públicos, al objeto de "promover las condiciones para que la libertad e igualdad del individuo y los grupos en que se integra sean reales y efectivas; remover los obstáculos que impidan o dificulten su plenitud y facilitar la participación de todos los ciudadanos en la vida política, económica, cultural y social". Además de este mandato genérico que suele conocerse como la cláusula del Estado social, en nuestra CE se recogen normas más específicas tanto en los derechos fundamentales (por ejemplo, el derecho a la educación) como en numerosos principios rectores de la política social y económica (arts. 39 a 52). De esta manera, el constituyente ha diseñado un marco en el que por un lado se presta atención directa a factores que deben ser merecedores de atención específica, bien por ser instrumentos útiles para prevenir y corregir las desigualdades materiales en el acceso a bienes, recursos y al disfrute pleno de derechos (señaladamente, la educación, la salud y la vivienda, por ejemplo), bien por tratarse de factores que pueden generar mayores dificultades materiales y que, por tanto, deben ser afrontadas también de manera específica (la juventud, la vejez, la diversidad funcional, la familia, etc.). Junto a los mandatos específicos, la cláusula general del art.9.2 CE legitima las diferentes intervenciones que los poderes públicos puedan decidir realizar cuando observen una situación de desventaja fáctica que ponga en peligro el disfrute de los derechos.

El hecho de que en los Estados sociales (y democráticos de derecho) la igualdad tenga un contenido complejo que supera con creces la mera proclamación de la igualdad ante la ley, le permite desarrollar una función básica de integración socio-económica y cultural de todas las personas, al establecerse la igualdad como garantía de las posibilidades de *ejercer* los derechos con igualdad de oportunidades. Como ha dicho nuestro TC, el art.9.2 de la CE puede imponer *"la adopción de normas especiales que tiendan a corregir los efectos dispares que, en orden al disfrute de bienes garantizados por la Constitución, se sigan de la aplicación de disposiciones generales en una sociedad cuyas desigualdades radicales han sido negativamente valoradas por la propia norma fundamental y así este Tribunal ha tenido ya ocasión de señalar que lo proclamado en el repetido art.9.2 puede exigir un mínimo de desigualdad formal para progresar hacia la consecución de la igualdad material..."* (STC 19/1988, FJ 10).

Pese a todo, la dicción de esta sentencia puede llevar a equívocos: el TC admite que el art.9.2 CE (así como el resto de previsiones específicas) supone justificación constitucional suficiente para establecer diferencias de trato, incluso aquellas que pueden afectar a alguna circunstancia de las previstas por el art.14 CE. Con ello, entiende que las llamadas acciones positivas son perfectamente admisibles desde el punto de vista constitucional. Ello no significa, como pudiera parecer, que exista un derecho subjetivo a la diferencia de trato normativo que pueda ser alegada ante los tribunales. La existencia de una exigencia de desigualdad formal, por utilizar las palabras del TC apenas citadas, será en todo caso una valoración que puedan hacer los poderes públicos, pero no la base de un derecho fundamental a la igualdad. De esta manera, no se acepta lo que conocemos como la discriminación por indiferenciación (COBREROS MENDAZONA, 2007), que sería una especie del género de la inconstitucionalidad por omisión (esto es, aceptar que la decisión de los poderes públicos es inconstitucional por lo que omite y no por lo que dice, y que en este caso concreto, lo sería por no dar un trato diferenciado para un sujeto o grupo de individuos por razón de sus características).

3. La ley 15/2022, integral para la igualdad de trato y la no discriminación

En 2022 se aprobó la ley que desarrolla el derecho fundamental a la igualdad y la no discriminación del art. 14 CE, así como el mandato de igualdad real y efectiva del art. 9.2 CE. España se había dotado de leyes específicas que abordaban la desigualdad por razón de sexo y género; por razón de discapacidad y, en 2023, por razón de orientación sexual, identidad sexual, expresión de género, características sexuales y diversidad familiar[1]. Pero no existía una ley general antidiscriminatoria, tal y como se refleja en el Informe de la Comisión Europea contra el Racismo y la Intolerancia (ECRI) sobre España, de 27 de febrero de 2018. Según dicta el Preámbulo, esta ley "tiene la vocación de convertirse en el mínimo común normativo que contenga las definiciones fundamentales del derecho antidiscriminatorio español y, al mismo tiempo, albergue sus garantías básicas", cuyo objetivo no es tanto reconocer nuevos derechos cuanto "garantizar los que ya existen".

La ley de 2022 consagra un extenso catálogo de factores de discriminación, facilitando con ello la identificación de aquellas categorías que han de ser "encajadas" en la cláusula general del artículo 14 de la CE. Según su artículo 2, la ley es de aplicación a todas las personas, al margen de su edad, nacionalidad y situación administrativa, y se prohíbe cualquier discriminación por razón de: nacimiento, origen racial o étnico, sexo, religión, convicción u opinión, edad, discapacidad, orientación o identidad sexual, expresión de género, enfermedad o condición de salud, estado serológico y/o predisposición genética a sufrir patologías y trastornos, lengua, situación socioeconómica, o cualquier otra condición o circunstancia personal o social. Se consolidan así normativamente algunas categorías que ya han sido admitidas por la jurisprudencia.

---

[1] Me refiero, respectivamente, a: la Ley Orgánica 1/2004, de 28 de diciembre, de Medidas de Protección Integral contra la Violencia de Género; la Ley Orgánica 3/2007, de 22 de marzo, para la igualdad efectiva de mujeres y hombres; al Real Decreto Legislativo 1/2013, de 29 de noviembre, por el que se aprueba el Texto Refundido de la Ley General de derechos de las personas con discapacidad y de su inclusión social y a la Ley 4/2023, de 28 de febrero, para la igualdad real y efectiva de las personas trans y para la garantía de los derechos de las personas LGTBI.

Resulta igualmente fundamental el apartado dedicado a las definiciones, que aporta una base normativa sobre la cual la jurisprudencia deberá ir ampliando el catálogo de conductas que deben considerarse como vulneraciones de la prohibición de discriminación, dado que actualmente solo se han reconocido por nuestros tribunales discriminaciones directas e indirectas. Así, el art. 6 señala como conductas discriminatorias: la discriminación directa e indirecta; la discriminación por asociación y por error; la discriminación múltiple e interseccional; el acoso discriminatorio y la inducción, orden o instrucción de discriminar. Cabe destacar, por no haber sido acogidas previamente en nuestro ordenamiento, la incorporación de la discriminación por asociación, definida como aquella que tiene lugar cuando "una persona o grupo en que se integra, debido a su relación con otra sobre la que concurra alguna de las causas previstas en el apartado primero del artículo 2 de esta ley, es objeto de un trato discriminatorio". Igualmente sucede con la discriminación por error, definida como "aquella que se funda en una apreciación incorrecta acerca de las características de la persona o personas discriminadas".

A efectos de la ley, se tipifica asimismo como vulneración del derecho a la igualdad "las represalias o el incumplimiento de las medidas de acción positiva derivadas de obligaciones normativas o convencionales, la inacción, dejación de funciones, o incumplimiento de deberes" (art. 4.1), siendo en este apartado donde, desde mi punto de vista, encajaría igualmente la prohibición de segregación escolar (arts. 6 y 13.4).

Esta ley, que sigue el modelo de la Ley Orgánica 3/2007, para la igualdad efectiva entre mujeres y hombres, se proyecta sobre diversos ámbitos de la realidad social, económica, laboral, política y cultural (véase el Título I, capítulo II). Merece la pena destacar que, en el marco de estas previsiones, toda persona física o jurídica que haga una oferta de venta o alquiler de vivienda está obligado por el derecho a la igualdad de trato y no discriminación, expandiendo así el ámbito de eficacia horizontal de este derecho.

La ley prevé la obligación de que el Consejo de Ministros apruebe una Estrategia estatal cuatrienal para la igualdad de trato y la no discriminación, llamada a convertirse en "el instrumento principal de colaboración territorial de la Administración del Estado para el impulso, desarrollo y coordinación de las políticas y los objetivos generales de su competencia" (art. 34). Es necesario señalar, en todo caso, que a la fecha de cierre de este capítulo (abril de 2024), la Estrategia no ha sido aprobada.

Algo similar sucede con la previsión de la creación de una Autoridad independiente para la igualdad de trato y no discriminación, regulada en el Título III de la ley. Esta figura, que supone una importante garantía orgánica en el marco del derecho antidiscriminatorio, reclamada por lo demás con carácter prioritario en el citado informe la ECRI de 2018. Este caso es más grave aún, dado que la propia ley fija un plazo de seis meses para la constitución de la Autoridad independiente (Disposición Adicional Primera), por lo que cabe afirmar sin ambages que el Gobierno está incumpliendo las obligaciones legales en este punto, por más que la actual Ministra de Igualdad ha afirmado recientemente que se pondría en marcha "lo antes posible" la creación de la Autoridad independiente[2].

4. Diferencia de trato por razón de sexo y género. Estudio jurisprudencial

El objetivo de este apartado es reflexionar sobre algunos de los supuestos que mayores desafíos han planteado a la concepción del derecho a la igualdad de trato en nuestro ordenamiento, y que se han visto rodeados de un gran debate social y jurídico que ni siquiera parece cerrado a pesar del juicio de constitucionalidad que han merecido por

[2] https://www.igualdad.gob.es/comunicacion/notasprensa/ministra-igualdad-ana-redondo-comparecencia-congreso-lineas-generales/

parte del Tribunal Constitucional (GIMÉNEZ GLUCK, 1999; LÓPEZ GUERRA, 2000). En primer lugar se abordarán las políticas de acción positiva y, a continuación, se estudiarán dos casos concretos –la legislación sobre violencia de género y la legislación electoral- partiendo de la consideración de que ambos supuestos no encuentran acomodo en la categoría general de las acciones positivas, sino que plantean una problemática específica diferenciada desde el punto de vista de la igualdad y la no discriminación, que obligan a reflexionar sobre el margen de libertad del que disfruta el legislador a la hora de adoptar decisiones en las que el sexo sea un factor relevante (cosa distinta, que será desarrollada al hilo de su estudio, es si el sexo resulta el factor determinante –el *por qué* del trato normativo–, toda vez que la legitimidad constitucional del trato normativo "atento" al sexo reside, a mi juicio, en el concepto de género). En último término, lo que tienen en común estas tres cuestiones estudiadas es la duda que suscitan: ¿se trata de supuestos en los que, para corregir una situación de desigualdad social de las mujeres, se estaría vulnerando la prohibición de discriminación contenida en el art.14 CE?

4.1. La constitucionalidad de las acciones positivas

A los efectos de estas páginas, se considera incluido en el concepto de "acción positiva" todas las medidas adoptadas con la finalidad de corregir situaciones de desigualdad material, y en las que justamente se verán afectadas personas en las que concurran algunos de los rasgos que previamente se han definido como factores sospechosos de discriminación.

En todo caso, las dificultades terminológicas –y un cierto uso tendencioso denunciado por la doctrina (BARRÈRE, 1997 y 2003; BALLESTRERO, 2006, p. 60)- han permitido que en muchos casos se haya generalizado el concepto de discriminación inversa o positiva, buscando con ello subrayar que la medida tiene como fin revertir los efectos de una discriminación (negativa, se entiende) pretérita. En muchos casos se entiende que la discriminación positiva posee rasgos diferenciadores respecto de la acción positiva, al implicar no una igualdad de oportunidades sino de resultados (por ejemplo, en la reserva de puestos de trabajo) que perjudican intereses legítimos de las personas no pertenecientes al grupo al que se dirige la medida. Al objeto de reflexionar sobre la constitucionalidad de estas medidas no parece relevante la discusión terminológica, por lo que mi planteamiento es hablar en todo momento de acciones positivas en favor de la igualdad, en el entendido de que lo relevante es que la medida adoptada supere el escrutinio fijado por el Tribunal Constitucional. Rechazo, en todo caso, utilizar el término "discriminación", al entender que cualquier medida que pueda calificarse de discriminatoria ha sido proscrita por el art.14 de la CE, incluso a pesar de que pudiéramos aceptar que su objetivo es "positivo" (algo de por sí difícil de aceptar, pues si realmente se trata de una discriminación sería tanto como decir que el fin constitucionalmente lícito justifica medios constitucionalmente ilícitos). La CE permite tratos normativos diferenciados, incluso cuando afectan a mujeres, etnias, "razas", etc., siempre y cuando, como se ha visto al hablar de la igualdad, esta razón no constituya el *porqué* de la diferencia, sino más bien la nota que permite identificar a los sujetos que, precisamente por ser portadores de tal rasgo identitario, sufren –o tienen mayor riesgo de sufrir- determinadas vulneraciones de sus derechos (por ejemplo: un trato discriminatorio en el acceso al trabajo, o en la configuración de las listas electorales, o en el derecho a la integridad física en las relaciones de pareja), debido a factores sociales que establecen estereotipos a partir de prejuicios y, sobre esta base, dan un trato diferente y perjudicial a esas personas. La discriminación será siempre el *límite* para cualquier diferencia de trato, incluidas las acciones positivas a favor de la igualdad, esto es, las que tienen en cuenta la situación de desigualdad "real y efectiva" y pretenden corregirla a través de normas.

Así, cuando ha tenido ocasión, nuestro TC ha señalado la legitimidad de estas medidas sin ningún género de dudas: *"La discriminación, tal como es prohibida por el art. 14 de la Constitución, impide la adopción de tratamientos globalmente entorpecedoras de la igualdad de trato o de oportunidades de ciertos grupos de sujetos, teniendo dicho tratamiento su origen en la concurrencia en aquéllos de una serie de factores diferenciadores que expresamente el legislador considera prohibidos, por vulnerar la dignidad humana. No siendo cerrado el elenco de factores diferenciales enunciado en el art. 14 C.E., es claro que la minusvalía física puede constituir una causa real de discriminación. Precisamente porque puede tratarse de un factor de discriminación con sensibles repercusiones para el empleo de los colectivos afectados, tanto el legislador como la normativa internacional (Convenio 159 de la O.I.T.) han legitimado la adopción de medidas promocionales de la igualdad de oportunidades de las personas afectadas por diversas formas de discapacidad, que, en síntesis, tienden a procurar la igualdad sustancial de sujetos que se encuentran en condiciones desfavorables de partida para muchas facetas de la vida social en las que está comprometido su propio desarrollo como personas. De ahí la estrecha conexión de estas medidas, genéricamente, con el mandato contenido en el art. 9.2 C.E., y, específicamente, con su plasmación en el art. 49 C.E. Lógicamente, la legitimidad constitucional de medidas de esta naturaleza equiparadora de situaciones sociales de desventaja, sólo puede ser valorada en el mismo sentido global, acorde con las dimensiones del fenómeno que trata de paliarse, en que se han adoptado, adecuándose a su sentido y finalidad. Por ello no resulta admisible un argumento que tiende a ignorar la dimensión social del problema y de sus remedios, tachando a éstos de ilegítimos por su impacto desfavorable, sobre sujetos individualizados en los que no concurren los factores de discriminación cuyas consecuencias se ha tratado de evitar"* (STC 269/1994, FJ 4).

En la sentencia que acaba de ser extractada el TC tuvo ocasión de conocer –y denegar- un recurso de amparo interpuesto por una persona que, a pesar de haber obtenido mejor puntuación- no había obtenido un puesto de trabajo en una convocatoria en la que un porcentaje de las plazas estaba reservado para personas con discapacidad. La reflexión del Tribunal sobre la igualdad de oportunidades de las personas con diversidad funcional (discapacidad) es igualmente válida para cualquier otra circunstancia de las que tienen encaje en la cláusula antidiscriminatoria del art.14. De hecho, las últimas palabras de este fragmento de la Sentencia del TC son fundamentales para poder comprender, con plenitud, dos de las decisiones normativas relacionadas con los factores de sexo/género que mayor trascendencia han tenido en nuestro ordenamiento en los últimos años, y seguramente que mayor debate político y jurídico han suscitado, tanto dentro del Tribunal Constitucional como en la doctrina especializada. Como puede apreciarse, el Tribunal enfatiza en su razonamiento la dimensión social del problema –el grupo o colectivo al que va dirigida la medida de acción positiva se encuentra, socialmente, en peor situación, al margen de la situación real y concreta de las personas individuales que puedan compartir ese rasgo identitario- y lo que se busca es un trato que tenga el mismo alcance "global", dirigido por tanto no a resolver la situación individual de una persona, sino el propio posicionamiento y consideración social del grupo. De esta manera el Tribunal Constitucional rechaza que, frente a una medida de acción positiva, el término de comparación para determinar si existe un trato normativo diferente que no resulte justificado desde el punto de vista constitucional pueda ser la situación personal de un individuo que, al no compartir la nota identitaria seleccionada por la medida de acción positiva, no resulta beneficiado por sus previsiones específicas. Podría decirse que la finalidad de la acción positiva no es tanto, o no solo, la consecución de una igualdad real para el individuo concreto que comparte el rasgo seleccionado (sexo, orientación sexual, etc.), sino la lucha contra el estereotipo social que subyace a la situación de desventaja que puede sufrir el individuo precisamente por pertenecer a dicho grupo. De manera muy sintética (e inexacta) podría decirse que lo que se pretende alterar es el prejuicio social sobre el colectivo, a partir de la inclusión de miembros concretos de dicho colectivo en los espacios de los que, precisamente por los estereotipos que pesan sobre el grupo, han sido excluidos. De esta manera, la inclusión de las personas con diversidad funcional en el ámbito laboral puede tener como objetivo la concreta mejora de las condiciones de vida del individuo que efectivamente acceda a un puesto de trabajo, en diversos niveles de su vida: integridad moral, desarrollo de la personalidad, mejora de las condiciones económicas... Pero creo que teniendo en cuenta el análisis social que hace el Tribunal Constitucional, no puede negarse que existe un objetivo de más largo alcance –y que legitima las acciones positivas y condiciona el análisis de constitucionalidad- que se traduce en la creencia de que la integración de los individuos concretos en los ámbitos de exclusión tiene virtualidad para modificar la percepción social de los mismos, de manera que a medio plazo las medidas de acción positiva dejarían de ser necesarias al haber desaparecido los obstáculos y prejuicios que impedían el pleno disfrute de los derechos por parte de tales individuos. En este sentido, la integración laboral de las personas con diversidad funcional debe conducir, a medio plazo, a que la sociedad compruebe que tienen competencia plena para desarrollar de manera autónoma una gran variedad de trabajos, lo que debería permitir superar el rechazo inicial en la contratación que los excluye del mercado laboral. En la misma línea, y tomando como ejemplo una de las medidas que se estudiarán a continuación, la obligación de establecer listas electorales paritarias no tiene como finalidad primordial permitir que una mujer concreta se convierta en parlamentaria, sino revertir la estadística que señala que la presencia de mujeres en los órganos de representación parlamentaria es minoritaria. De esta manera, se buscan modificar paulatinamente los estereotipos que han excluido a las mujeres de la vida pública institucional, cuyo origen se remonta al propio nacimiento del Estado moderno rastreándose en los fundamentos filosóficos y políticos del pensamiento ilustrado mayoritario (AMORÓS PUENTE, 1990; ESQUEMBRE VALDÉS, 2008 y 2010).

4.2. Las acciones positivas ante el Tribunal de Justicia de la Unión Europea

Debe tenerse presente que, cuando por razones competenciales sea de aplicación el derecho de la Unión Europea (UE), el Tribunal de Justicia de la UE (TJUE) posee una visión más restrictiva a la hora de abordar el derecho a la igualdad y a la no discriminación. El derecho a la igualdad se encuentra recogido en la normativa europea, inicialmente regulado merced a las competencias sobre libre circulación de trabajadores, siendo justo reconocer la temprana atención a las diferencias que en el ámbito laboral existían entre mujeres y hombres, y la respuesta normativa tanto en lo relativo a la retribución salarial, como en cuestiones vinculadas con el igual acceso a bienes y servicios, recogidos en las directivas comunitarias que posteriormente han informado gran parte de la legislación española en materia de igualdad. Actualmente, el principio de igualdad también se encuentra recogido en la Carta de Derechos Fundamentales de la UE, y su art. 23 contiene una referencia específica a la igualdad entre hombres y mujeres que expresamente señala que “el principio de igualdad no impide el mantenimiento o la adopción de medidas que ofrezcan ventajas concretas en favor del sexo menos representado”.

Sin embargo, y pese a que teniendo en cuenta simplemente la expresión normativa podríamos pensar que el resultado de la aplicación de las normas relativas a la igualdad y no discriminación podría ser similar al caso español, lo cierto es que la interpretación jurisprudencial de la igualdad dista de llegar a los mismos resultados. Podría decirse que para el TJUE la igualdad se concibe primordialmente como un derecho subjetivo eminentemente individual, desplazando la concepción de la igualdad como principio que permite un análisis de las desigualdades “reales yefectivas”. A partir de ahí, y *como una excepción al principio de igualdad* (lo que de por sí resulta suficientemente expresivo de la limitación con la que se concibe la igualdad) se permite a los Estados de la UE que adopten medidas destinadas a promover la igualdad entre mujeres y hombres. Así lo expresa el Tribunal al señalar, en el asunto Kalanke (1995), que la norma que permite el establecimiento de las medidas encaminadas a promover la igualdad de oportunidades supone "una excepción a un derecho individual" (esto es, el derecho a la igualdad), por lo que ha de ser interpretado de manera restrictiva. Dicha interpretación restrictiva conduce al Tribunal a considerar contrarias al derecho de la Unión todas aquellas previsiones legislativas en las que se introduzca una preferencia que considera "automática" por uno de los dos sexos (el infrarrepresentado), convalidando solo aquellas regulaciones que contemplen una "cláusula de apertura" a la toma en consideración de circunstancias individuales que permitan "inclinar la balanza" a favor del candidato que no pertenece al sexo infrarrepresentado (asunto Marschall, 1997). Tal y como ha señalado la doctrina (OTERO GARCÍA-CASTRILLON, 2002), con esta cláusula parece que se abre la puerta a sortear, al menos en muchos casos, las medidas de acción positiva destinadas, en palabras del propio TJUE en el citado caso Marschall, a *"contribuir a servir de contrapeso a los efectos perjudiciales para las mujeres derivados de las actitudes y comportamientos descritos anteriormente y a reducir, de esa forma, las desigualdades de hecho que pudieran existir en la realidad de la vida social".*

4.3. La protección penal frente a la violencia de género

Como se ha adelantado, una de las decisiones legislativas que mayor debate jurídico ha generado en la praxis judicial de los últimos años fue la introducida por la L.O. 1/2004, de medidas de protección integral contra la violencia de género, y en particular, la reforma de determinados preceptos del Código Penal operada por dicha ley. Las modificaciones concretas de los tipos penales se estudian en la contribución de la profesora Sonia Villa en este mismo volumen. Lo relevante, a nuestros efectos, es señalar que, en la reforma de los tipos penales, el legislador optó por establecer unos tipos específicos por razón de violencia de género, de manera que la respuesta punitiva prevista es diferente para aquellos casos en los que, como señala el Código Penal, el agresor (varón) lesione los distintos bienes protegidos de quien es o hubiese sido esposa, o mantuviera o hubiese mantenido una relación de afectividad análoga, incluso sin convivencia. Es decir, la protección penal específica por razón de género establece que esta violencia es la que ejercen los hombres contra las mujeres que son o han sido sus parejas. En palabras de la propia ley: *La presente Ley tiene por objeto actuar contra la violencia que, como manifestación de la discriminación, la situación de desigualdad y las relaciones de poder de los hombres sobre las mujeres, se ejerce sobre éstas por parte de quienes sean o hayan sido sus cónyuges o de quienes estén o hayan estado ligados a ellas por relaciones similares de afectividad, aun sin convivencia (art.1).* La ley pretende afrontar un tipo de violencia muy concreta pero muy extendida en términos cuantitativos y que, en sus manifestaciones más graves, vulnera incluso el propio derecho a la vida de las mujeres que la sufren: la violencia en el ámbito de la pareja.

Abordaré, por razón de la materia objeto de estudio en esta contribución, solamente las cuestiones suscitadas ante el Tribunal Constitucional vinculadas con el problema de la igualdad y la no discriminación, que por lo demás no constituyeron el único alegato de inconstitucionalidad ante el TC, quien tuvo que pronunciarse igualmente sobre la eventual vulneración de la protección de la dignidad humana (art.10 CE), del derecho a la presunción de inocencia (art.24 CE) y del derecho al principio de legalidad penal (art.25 CE). La respuesta del Tribunal será estudiada sobre la base de la STC 59-2008, que constituye la primera de una larga lista de sentencias (SSTC 76-2008, 81/2008, 82/2008, 83/2008, 95/2008, 96/2008, 99/2008, 100/2008, 45/2009) en las que el TC resolvió las numerosas cuestiones de inconstitucionalidad que se le plantearon con ocasión de la aplicación de la ley de violencia de género.

Antes de centrarme en el análisis de la igualdad, quisiera recordar rápidamente que, si bien a mi juicio no nos encontramos ante una medida de acción positiva, no es tampoco el objeto de mi estudio tratar con profundidad el problema terminológico, dejando tan solo constancia de que la propia Ley de 2004 puede resultar equívoca al introducir el tema de las acciones positivas en su Exposición de Motivos de manera generalizada, lo que ha sido puesto de relieve también por la doctrina que, sin embargo, parece estar de acuerdo en que el ámbito penal no parece el apropiado para este tipo de acciones positivas (MIRANDA AVENA, Claudia de; MARTOS MARTÍNEZ, Gonzalo. 2010). Cuestión distinta, y esta es la óptica en la que se sitúan mis reflexiones, es que la diferencia de trato resulte igualmente constitucional.

Al abordar la alegada lesión del derecho a la igualdad del art.14 CE, el Tribunal Constitucional establece que "es palmaria la legitimidad constitucional de la finalidad de la ley", que reside en el refuerzo de la protección de la vida, la integridad física, la salud, la libertad y la seguridad de las mujeres en la búsqueda de una igualdad sustancial (tal vez fuera más clarificador hablar de una libertad y una igualdad "real") como elemento definidor de la noción de ciudadanía, toda vez que a su juicio "no hay forma más grave de minusvaloración que la que se manifiesta con el uso de la violencia con la finalidad de (...) negar su igual e inalienable dignidad" (FJ 8).

Avanzando en el escrutinio "más estricto" al que hice referencia *supra,* entiende el Tribunal que el tratamiento normativo diferenciado es razonable toda vez que existe una "mayor necesidad objetiva de protección de determinados bienes de las mujeres" (basada en las altas cifras de criminalidad en el contexto de la pareja o expareja), y que el trato punitivo diferenciado reposa en la consideración de que las agresiones del hombre hacia la mujer que es o fue su pareja poseen un "mayor desvalor (...) porque corresponden a un arraigado tipo de violencia que es manifestación de la discriminación, la situación de desigualdad y las relaciones de poder de los hombres sobre las mujeres" (FJ 9), por usar las palabras del Tribunal que reproducen el citado art.1 de la ley de 2004. Reconoce el Tribunal legitimidad al legislador para entender que una agresión genera un daño mayor al reproducir la pauta cultural de la desigualdad en el ámbito de la pareja, dando cabida aquí al concepto de *género* utilizado por la ley de manera consciente frente a otras acepciones de la violencia contra las mujeres en la pareja que la califican de violencia intrafamiliar o doméstica. El concepto de género, aceptado por el Tribunal (ALÁEZ, 2008), introduce una categoría de análisis que busca poner de relieve la dimensión social y estructural de la situación de desigualdad de las mujeres, basada en la consideración de su exclusión de ciertos derechos y ámbitos de decisión (por ejemplo, el político, cuestión que será relevante en el siguiente caso objeto de análisis) por corresponder a su "naturaleza femenina" las tareas propias de la vida privada (entendiendo por tal la "doméstica" o familiar), así como su posición de sujeto subordinado al varón en las relaciones sentimentales, consagrado hasta hace no tanto tiempo por los códigos de derecho privado. De esta manera, el Tribunal comparte la convicción de que no es el sexo el criterio relevante para el legislador, sino el género, es decir, la situación de desigualdad estructural de las mujeres que se manifiesta de manera particularmente grave en el ámbito de la violencia de pareja.

También rechaza el Tribunal el segundo elemento del "estricto escrutinio" al que se someten las normas que establecen un trato diferenciado que afecta a alguno de los rasgos del art.14 CE: el respeto de la proporcionalidad. En este caso, señala el Tribunal que las exigencias de proporcionalidad lo son en su "sentido mínimo" al tratarse de una potestad del legislador la de definir los delitos y asignar las penas (FJ 10). Sentido mínimo que a su juicio se respeta por la ley enjuiciada, toda vez que la diferencia de trato punitivo no supera los tres meses de privación de libertad. Asimismo, es relevante para el juicio de proporcionalidad el hecho de que la medida sea idónea para el objetivo que la ley pretende alcanzar, algo indubitado a juicio del TC que señala que la "protección de la libertad, la integridad física, psíquica y moral de las mujeres" tiene lugar a través de "un instrumento preventivo idóneo, cual es la pena privativa de libertad" (FJ 10).

4.4. La democracia paritaria

En 2007 se aprobó la Ley para la igualdad efectiva entre mujeres y hombres, con el declarado objetivo de hacer efectiva la igualdad de trato y de oportunidades que permita remover los obstáculos y los estereotipos que impiden alcanzarla. Para ello se parte de una "ordenación de las políticas públicas bajo la óptica del principio de igualdad y la perspectiva de género", por lo que el legislador retoma la categoría de género (y no de sexo) que ya había contemplado en la ley de 2004 que acaba de ser analizada.

La ley se concibe como una ley transversal, "seña de identidad del moderno derecho antidiscriminatorio", que se corresponde con el impulso internacional a las llamadas políticas de *mainstreaming* de género. Son numerosas las medidas que recoge su articulado –y que, en muchos casos podrían encajar tranquilamente en las llamadas medidas de acción positiva- pero, tal y como se ha adelantado, me centraré en analizar la modificación operada por la Disposición Adicional 2ª de la ley, que introduce un art. 44 bis en la Ley Orgánica de Régimen Electoral General (LOREG), al objeto de conseguir una "composición equilibrada". Este precepto obliga a que en la conformación de las candidaturas en los procesos electorales ninguno de los dos sexos tenga una representación inferior al 40% que, además, debe respetarse no solo en el conjunto total de la candidatura sino en cada tramo de cinco puestos, obviando con ello el peligro de que las mujeres fuera un "cupo" situado en los últimos puestos de la candidatura y con pocas o ninguna posibilidad de que se les asignara un escaño de manera efectiva. La medida pretende instaurar una democracia paritaria, algo que los movimientos feministas identifican como parte de su historia de "vindicaciones" de derechos, en particular del derecho a la igualdad, y en ese sentido, como "la prolongación de la lucha por el voto del movimiento sufragista" (COBO, 2004, p. 19).

Como puede suponerse, esta decisión legislativa suscitó nuevamente un intenso debate político y jurídico, faceta esta última que será objeto de análisis a partir de la STC 12/2008 que resuelve tanto una cuestión como un recurso de inconstitucionalidad de manera cumulativa. Como ya indiqué en páginas anteriores, no es especialmente relevante para el juicio de constitucionalidad definir si este tipo de decisión constituye una medida de acción positiva. Aunque la mayor parte de la doctrina así lo considera, o lo asume sin plantearse el debate, querría dejar constancia de que, en todo caso, las soluciones normativas que establecen "cuotas" o porcentajes son instrumentos desarrollados por el derecho antidiscriminatorio de las minorías, y como los movimientos feministas y los estudios de género no cesan de repetir, las mujeres no son (somos) minorías y por tanto la remoción de las desigualdades y la eliminación de los obstáculos no puede ser realizada a través de las técnicas que se desarrollan dentro de la dialéctica mayorías/minorías. En palabras de la Abogacía del Estado en la citada sentencia: "las mujeres no son una minoría ni un grupo social que defienda intereses parciales" (Antecedente 7º).

Como en el caso de la ley integral contra la violencia de género, las dudas de inconstitucionalidad suscitadas por la reforma de la LOREG desbordaron el marco del art.14, planteándose la eventual vulneración de la libertad de asociación (en su vertiente de organización de los partidos políticos) así como del propio derecho de participación en los asuntos públicos por la ciudadanía. Nuevamente, me centraré solo en la argumentación relativa al tema de la igualdad y la no discriminación.

A juicio del Tribunal, las previsiones de la ley *"no suponen un tratamiento peyorativo de ninguno de los dos sexos, ya que, en puridad, ni siquiera plasman un tratamiento diferenciado en función del sexo de los candidatos, habida cuenta de que las proporciones se establecen por igual para los candidatos de uno y otro sexo".* De hecho, en una sentencia previa, el TC había anulado una candidatura de las JONS compuesta mayoritariamente por mujeres, con base en la vulneración del principio de representación paritaria impuesta por la LOREG (STC 127/2007). No se trata, continúa el Tribunal en la línea ya apuntada, *"de una medida basada en los criterios de mayoría/minoría", sino que atiende "a un criterio (el sexo) que de manera universal divide a toda sociedad en dos grupos porcentualmente equilibrados".* No está de más recordar aquí la falacia de la neutralidad del sujeto político nacido de las revoluciones liberales, ese sujeto *universal* desprovisto de atributos que representa a todas las personas al margen de sus circunstancias, con las palabras de Adriana Cavarero "ningún neutro de carne y hueso ha sido jamás visto en circulación", citadas por Ferrajoli (1999). Lejos de considerar que se haga efectiva una lesión del derecho de asociación, entiende el Tribunal que exigir a los partidos políticos "que cumplan con su condición constitucional de instrumento para la participación política (art. 6 CE) exigiendo que confeccionen candidaturas equilibradas supone servirse de ellos "para hacer realidad la efectividad en el disfrute de los derechos exigida por el art.9.2 CE" (...) "de un manera constitucionalmente lícita...(que) asegura la incorporación en los procedimientos normativos y de ejercicio de poder público de las mujeres en un número significativo", lo que es coherente "con el principio democrático que reclama la mayor identidad posible entre gobernantes y gobernados" (FJ 5º). Se pretende, en último término, "que la igualdad efectivamente existente en cuanto a la división de la sociedad con arreglo al sexo no se desvirtúe en los órganos de representación política con la presencia abrumadoramente mayoritaria de uno de ellos" (FJ 8º). Palabras sumamente significativas, que evidencian la convicción por parte del Tribunal de la existencia de mecanismos generadores de desigualdad en el acceso a las instituciones representativas, que de manera perfectamente legítima pueden ser –deben ser- corregidos por los poderes públicos para dar cumplimiento al mandato del art.9.2 CE. No es poco el camino que queda por recorrer desde el punto de vista de las instituciones del Estado moderno si se comparte la convicción de que "el modelo constitucional que hemos heredado se apoyó durante siglos en la exclusión de las mujeres del espacio público" (SALAZAR BENÍTEZ, 2010, p. 59; AMORÓS PUENTE, 1990; y en la misma línea ESQUEMBRE VALDÉS, 2008 y 2010). Un análisis de nuestra historia constitucional más reciente puede verse en el trabajo de FIGUERUELO BURRIEZA (2007).

5. La discriminación múltiple o interseccional

Finaliza así el análisis de *case-law* que nos permiten una aproximación a las posibilidades de desarrollo que el marco constitucional ofrece al legislador, partiendo de que, tal y como señala el TC en la sentencia 12/2008 estudiada *supra,* la consideración de la igualdad como valor superior del ordenamiento jurídico recogido por el art.1 de la CE no se traduce solo en la de carácter formal del art.14, "que en principio parece implicar únicamente un deber de abstención en la generación de diferenciaciones arbitrarias", sino también en la sustancial del art.9.2 "que obliga a los poderes públicos a promover las condiciones para que la de los individuos y de los grupos sea real y efectiva" (FJ 4º).

Se han estudiado dos supuestos en los que la perspectiva de género resulta particularmente relevante para el análisis, dado que la comprensión de las razones de la desigualdad tanto en el ámbito político como en el de la violencia en las relaciones de pareja difícilmente puede lograrse sin comprender la posición de desigualdad estructural que determina bien la exclusión de los espacios políticos, bien la posición de subordinación en la pareja. Ha sido igualmente relevante para el estudio de la dialéctica igualdad/no discriminación la consideración de que las mujeres no son una minoría, sino una mayoría, pese a no disfrutar del poder político propio de las mayorías sociales. Sin embargo, esta consideración no excluye el hecho de que dentro del amplio colectivo de mujeres existan grupos particularmente vulnerables, por retomar la categoría de partida, grupos que son vulnerables por compartir un rasgo identitario, este sí, propio de una minoría étnica, racial o religiosa, por poner algún ejemplo. Y es relevante, según ha señalado la doctrina, que se tenga en cuenta que estas mujeres no sufren riesgo de que sus derechos sean vulnerados solo como *gitanas, negras* o *musulmanas,* sino como *mujeres gitanas, mujeres negras* o *mujeres musulmanas.* La discriminación puede ser *doble* (según el texto de la Exposición de Motivos de la LO 3/2007 citada *supra*), *múltiple* (REY MARTÍNEZ, 2008) o *interseccional*, en la terminología anglosajona también recogida en nuestra doctrina (BARRERÉ UNZUETA, 2010).

Al margen de la terminología empleada, este concepto nace –como explican los autores citados- de la reflexión emancipatoria del feminismo afroamericano, en un intento por evitar que la abstracción universal del hombre blanco fuera sustituida por la reivindicación antidiscriminatoria de la mujer blanca, lo que impediría ver otras formas de discriminación que las sufridas por las mujeres blancas. De esta manera, el concepto de interseccionalidad permite preguntarse si una mujer (negra) puede haber sido discriminada, por ejemplo, por una empresa que sí contrata mujeres (blancas) y también hombres (negros), puesto que la mujer negra puede ser objeto de unos prejuicios y estereotipos diferentes de los que soportan los otros dos colectivos con los que comparte rasgos identitarios: el sexo y la *raza*. Como ha señalado la doctrina, se pone así de relieve la interacción entre diversos sistemas de opresión (S. Laurel Weldon, citada por BARRÈRE UNZUETA, 2010, p. 249).

Como ya se ha mencionado, actualmente la ley 15/2022 ha incorporado la categoría de la discriminación múltiple e interseccional a nuestro ordenamiento, por lo que cabe esperar que acabará finalmente permeando la jurisprudencia de nuestro Tribunal Constitucional.

6. Igualdad, dignidad y paternalismo

No querría cerrar estas consideraciones sin una breve mención al debate que habitualmente se suscita cuando se abordan asuntos de desigualdad por razón de sexo o género, ya sea por la adopción de medidas de acción positiva, ya sea por la decisión de establecer límites a las decisiones individuales que se consideren atentatorias contra la igualdad entre mujeres y hombres. Aunque los planteamientos del debate no son idénticos, lo cierto es que se entrecruzan las consideraciones sobre el respeto a la dignidad de la persona y la protección *paternalista* del Estado, por lo que he decidido abordarlas conjuntamente. Estas reflexiones pretenden solamente fijar los planteamientos para un posterior debate crítico en el marco del estudio de la protección a los grupos vulnerables, en particular, de la normativa que afecta a las mujeres.

Tomando en consideración el tema de las acciones positivas en general, no es infrecuente que se plantee que, dirigidas a las mujeres, son contrarias a la dignidad protegida por la propia Constitución. Estas medidas, se argumenta, vulneran la dignidad de la mujer al considerarla como una persona necesitada de protección por ser débil (argumento rechazado en la STC 59/2008 analizada *supra*, FJ 11), y son problemáticas porque o bien permiten que algunas mujeres accedan a determinados puestos de trabajo sin méritos suficientes o, en todo caso, generan siempre la duda sobre sus méritos. Nuestro Tribunal Constitucional se pronunció sobre esta cuestión cuando se impugnaron los resultados de una convocatoria de empleo público que reservaba una parte de las plazas convocadas a personas con discapacidad: “No se ha producido, por tanto, una valoración, como mérito, de una condición del sujeto (su discapacidad física, psíquica o sensorial) que no tiene anclaje con la aptitud para el desempeño del cargo funcionarial; se ha intentado promocionar –reiteramos que legítimamente- la inserción profesional de sujetos con dificultades de acceso al empleo... a través de... la reserva de plazas", un mecanismo en el que los sujetos favorecidas por la reserva "quedan obligadas a poner de manifiesto su aptitud para el desempeño de las plazas y a acreditar su idoneidad para el desarrollo de las funciones que le son inherentes" (STC 269/1994, FJ 5). Es decir, los mecanismos de las acciones positivas se activan en todo caso para personas que satisfacen los requisitos exigidos para poder acceder al bien o servicio solicitado. Resulta difícil, por tanto, sostener que estas medidas dañan la dignidad de las mujeres –o de cualquier otro grupo sobre el que recaigan- por presuponer que no alcanzarían por sí solas los méritos suficientes para el puesto requerido.

El Tribunal Constitucional ha establecido con claridad que las medidas de acción positiva son legítimas y diferenciadas de las llamadas medidas *falsamente protectoras* o paternalistas, que precisamente habían sido utilizadas en nuestra legislación pre-constitucional para consolidar jurídicamente una situación de subordinación de la mujer en el plano de las relaciones familiares, económicas, laborales y políticas. De esta manera, la legislación había excluido a las mujeres del trabajo en el interior de la mina (STC 229/1992), del ingreso en las Fuerzas Armadas (STC 216/1991) o la había animado con indemnizaciones laborales a dejar el trabajo una vez casada para ocuparse de los quehaceres domésticos (STC 317/1994), por citar algunos ejemplos analizados por nuestro Tribunal. En estas sentencias se entendió que dicha legislación era incompatible con el principio de igualdad, al reproducir y consolidar una visión estereotipada de las mujeres sobre las que se asentaba una arraigada discriminación. Una legislación que, en el mejor de los casos, adoptaba una visión paternalista sobre las mujeres al considerarlas necesitadas de protección. Tan necesitadas como para prohibirles el acceso a determinadas profesiones.

Esta consideración enlaza con la última de las reflexiones que me parece oportuno abordar. En los movimientos sociales y políticos siguen abiertos dos grandes debates con profundas aristas jurídicas. Uno de ellos es relativamente antiguo, y en las posiciones más extremas se pregunta si el ejercicio de la prostitución debe ser prohibido al considerar que siempre y en todo caso es contraria a la dignidad de las personas –y las mujeres siguen siendo quienes, con abrumadora mayoría, ejercen la prostitución- y supone una forma de explotación que, una vez más, cosifica el cuerpo de las mujeres; o si, por el contrario, debe regularse con igual consideración que cualquier otro trabajo, siempre que se trate de una libre elección de la persona que decide ejercer la prostitución. Lo contrario, sostienen, sería tanto como negarle a la mujer la posibilidad de decidir qué quiere hacer con su cuerpo. El debate se ha complicado debido a la expansión del fenómeno de la trata de personas, pese a que en todo caso no considero correcto entender que se trate de fenómenos equiparables.

La otra gran cuestión, más reciente –al menos en nuestras sociedades- tiene que ver con el uso de prendas religiosas, y como es sabido, ha sido estimulado también por la globalización del fenómeno migratorio, que ha propiciado que los Estados democráticos respetuosos de la libertad religiosa se encuentren -en sus *otrora* sociedades homogéneas- con mujeres que, apelando precisamente a esa libertad –o a otras igualmente fundamentales, como pueda ser la propia imagen o el libre desarrollo de la personalidad- deciden cubrirse por completo con un velo integral o con un burka. Eso que hemos convenido en llamar *multiculturalismo* está suscitando, a mi juicio, algunos de los debates más interesantes en el ámbito de los derechos fundamentales. Es indiscutible que la libertad religiosa ampara, en un primer momento, el uso de prendas religiosas, aunque ello no significa que no pueda establecerse ningún límite a esta facultad. A mi juicio, los argumentos que instan a prohibir el uso de esta prenda por considerarla vejatoria de la dignidad y la igualdad de género de las mujeres, presentan varios problemas. Por un lado, puede pecar de cierto eurocentrismo: como recuerda Fátima Mernissi, la talla 38 es el burka de la mujer occidental. Es decir, nuestras sociedades no están libres de "costumbres" y prácticas que, desde otros puntos de vista, también podrían considerarse contrarias a la igualdad o atentatorias de la dignidad de las mujeres, y no se prohíben. Igualmente, varios estudios confirman que en muchas ocasiones las mujeres musulmanas que quieren llevar el velo aluden más a razones culturales, de arraigo y de identidad, que a factores religiosos vinculados con una posición subordinada de las mujeres en el Islam. Y, en todo caso, afirman que llevan el velo libremente, porque así lo desean, y no por imposición de su familia o su religión.

Hay una pendiente resbaladiza hacia el paternalismo, tanto en este caso como en el de la prostitución, en decidir por otros lo que es digno o indigno, al margen de su propia consideración. Ambas prohibiciones suponen, como toda prohibición, una limitación del principio general de libertad, y encierran una valoración negativa de la conducta prohibida. Este hecho resulta particularmente problemático cuando es difícil alegar que la prohibición se establece para proteger derechos de terceras personas. En el caso del velo integral y el burka se alegan razones de seguridad, pero el análisis jurídico de este derecho ya ha establecido que la seguridad podría justificar prohibiciones puntuales (ej. en aeropuertos), pero no restricciones generales en la vía pública, pues no parece que haya elementos objetivos que sustenten la idea de que las mujeres portadoras de estas prendas son potenciales terroristas. Al final, la limitación de la libertad reposa de manera fundamental en la prohibición de ejercer un trabajo o usar una prenda que supone un atentado contra la propia dignidad e igualdad de la mujer que toma tal decisión. Es decir, en último término, una prohibición para protegerla de sí misma cuando decide hacer un “mal” uso de su libertad. En el mejor de los casos, no se trataría de un juicio moral sobre la conducta en sí, sino más bien de la consideración del riesgo de una situación de opresión tan fuerte (social, económica o cultural) que justificaría la restricción de determinadas opciones precisamente para excluirlas del ámbito de elección de quien puede encontrarse en tales circunstancias, al objeto de que no acepte tal restricción de sus derechos.

Es cierto, sin embargo, que la Sentencia del Tribunal Europeo de Derechos Humanos SAS c. Francia, dictada en 2014, ha abierto –no sin polémica- una nueva vía de argumentación al considerar que la prohibición general de uso de velo integral decidida por el legislador francés, no vulnera la libertad religiosa protegida por el Convenio para la protección de los derechos humanos y las libertades públicas, toda vez que un Estado tiene legitimidad para imponer tal prohibición al objeto de “garantizar las condiciones de la convivencia” en una sociedad democrática.

En todo caso, y como mencionaba al inicio del epígrafe, se trata tan solo de enumerar dos cuestiones que desde el punto de vista de la igualdad suscitan gran controversia y se prestan a un enriquecedor debate desde la óptica de los derechos fundamentales y la igualdad, y su estudio puede profundizarse a partir de la doctrina especializada citada en el apartado de bibliografía.

7. Bibliografía citada / recomendada

- ALÁEZ CORRAL, Benito (2008), “El reconocimiento del género como fundamento de un trato penal diferenciado: a propósito de la STC 59/2008”, en *Aranzadi Tribunal Constitucional. Revista de actualización,* núm. 12, pp. 13-32.
  - (2011), “Reflexiones jurídico-constitucionales sobre la prohibición del velo islámico integral en Europa”, en *Teoría y realidad constitucional,* núm. 28, pp. 483-520.
- AMORÓS PUENTE, Celia (1990), “El feminismo: senda no transitada de la Ilustración”, en *Isegoría. Revista de Filosofía moral y política,* núm. 1, pp. 139-150.

- ARECES PIÑOL, María Teresa (2011), "¿El velo integral, burka y niqab, queda amparado por el legítimo ejercicio de la libertad religiosa?", en *Revista General de Derecho Canónico y Eclesiástico,* núm. 26, pp. 1-52.
- BALLESTRERO, Maria Vittoria (2006) "Igualdad y acciones positivas. Problemas y argumentos de una discusión infinita", en *Doxa. Cuadernos de Filosofía del Derecho,* núm.29, pp. 59-76.
- BARRÈRE UNZUETA, Mª Ángeles (1997), *Discriminación, derecho antidiscriminatorio y acción positiva en favor de las mujeres*, Civitas.
  - (2003), "Problemas del Derecho antidiscriminatorio: Subordinación versus discriminación y acción positiva versus igualdad de oportunidades", en *Cuadernos electrónicos de Filosofía del Derecho,* núm. 9, pp. 1-26.
  - (2010), "La interseccionalidad como desafío al *mainstreaming* de género en las políticas públicas", en *Revista Vasca de Administración Pública,* núm. 87-88, pp. 225-252.
  - (2011), "Subordiscriminación y discriminación interseccional: elementos para una teoría del derecho antidiscriminatorio", en *Anales de la Cátedra Francisco Suárez,* núm. 45, pp. 15-42.
- COBO, Rosa (2004), "Sexo, democracia y poder político", en *Feminismo/s,* núm. 3: Mujer y participación política, pp. 17-29.
- COBREROS MENDAZONA, Edorta (2007), "Discriminación por indiferenciación: estudio y propuesta", en *Revista Española de Derecho Constitucional,* núm. 81, pp. 71-114.
- ESQUEMBRE VALDÉS, María del Mar (2008), "Género y ciudadanía, mujeres y Constitución", en *Feminismo/s,* núm. 8, pp. 35-51.
  - (2010) "Género, ciudadanía y derechos. La subjetividad política y jurídica de las mujeres como clave para la igualdad efectiva", en *Corts: Anuario de Derecho Parlamentario,* núm. 23, pp. 47-85.
- FERRAJOLI, Luigi (1999), "Igualdad y diferencia", en *Derechos y garantías. La ley del más débil,* Trotta, 1999.
  - (2009), "La igualdad y sus garantías", *Anuario de la Facultad de Derecho de la Universidad Autónoma de* Madrid, núm. 13, pp. 311-325.
- FERRER LLORET, Jaume y SANZ CABALLERO, Susana (eds.) (2008), *Protección de personas y grupos vulnerables. Especial referencia al Derecho Internacional y Europeo,* Tirant lo Blanch.
- FIGUERUELO BURRIEZA, Ángela (2007), "Setenta y cinco años de sufragio femenino en España", en *Criterio Jurídico,* vol. 1, núm. 7, pp. 141-162.
- GIMÉNEZ GLUCK, David (1999), *Una manifestación polémica del principio de igualdad: Acciones positivas moderadas y medidas de discriminación inversa*, Tirant lo Blanch.
  - (2004), *Juicio de igualdad y Tribunal Constitucional*, Bosch.
- INNERARITY, Daniel (2009), "Políticas del reconocimiento", en *Hermes (Revista de pensamiento e historia)*, núm. 30, pp. 4-12.
- LÓPEZ GUERRA, Luis (2000), "Igualdad, no discriminación y acción positiva en la Constitución de 1978", en *Mujeres y Constitución en España,* Centro de Estudios Políticos y Constitucionales.
- MACÍAS JARA, María (2008), "La democracia representativa paritaria: algunas cuestiones en torno a la LO 3/2007, de 22 de marzo", en *Aequalitas: Revista jurídica de igualdad de oportunidades entre hombres y mujeres,* núm. 23, pp. 22-47.
- MARIÑO MENÉNDEZ, Fernando M. (2001), "Introducción: aproximación a la noción de persona y grupo vulnerable en el derecho europeo", en MARIÑO MENÉNDEZ, Fernando M. y FERNÁNDEZ LIESA, Carlos R. (Coord.), *La protección de las*

personas y grupos vulnerables en el derecho europeo, Ministerio de Trabajo y Asuntos Sociales.

- MARTÍNEZ TORRÓN, Javier (2009) "La cuestión del velo islámico en la jurisprudencia de Estrasburgo", en *Derecho y religión,* núm. 4, pp. 87-109.
- MIRANDA AVENA, Claudia de; MARTOS MARTÍNEZ, Gonzalo (2010), "La violencia de género y el principio de igualdad ante la Ley (Comentario a la STC 59/2008, de 14 de mayo)", en *La Ley Penal. Revista de Derecho Penal, Procesal y Penitenciario*, núm. 77, pp. 92-103.
- OLLERO, Andrés (1999), *Discriminación por razón de sexo. Valores, principios y normas en la jurisprudencia constitucional española*, Centro de Estudios Políticos y Constitucionales.
- ORDÓÑEZ GUTIÉRREZ, Ana Luisa (2006), *Feminismo y prostitución. Fundamentos del debate actual en España,* Trabe.
- OTERO GARCÍA-CASTRILLON, Carmen (2002), "Igualdad, género y medidas de acción-discriminación positiva en la política social comunitaria", en *Revista de Derecho Comunitario,* vol. 6, núm. 12, pp.489-502.
- OTTO Y PARDO, Ignacio de (2010), "El principio de igualdad en la Constitución Española", en *Obras completas*, Universidad de Oviedo y Centro de Estudios Políticos y Constitucionales, pp. 1447-1470.
- PEREZ ALVAREZ, Salvador (2011), "Marco constitucional del uso del velo y del pañuelo islámico en la sociedad española contemporánea: ¿señas de identidad ideológica y/o cultural?, en *Foro. Nueva época,* núm. 13, pp. 139-187.
- PERONI, Lourdes y TIMMER, Alexandra (2013), "Vulnerable groups: The promise of an emerging concept in European Human Rights Convention law", *International Journal of Constitutional Law (I·CON)*, Vol. 11, No. 4, 1056-1085.
- REY MARTÍNEZ, Fernando (1995), *El derecho fundamental a no ser discriminado por razón de sexo*, McGraw Hill.
    - (2006), "La prostitución ante el derecho: problemas y perspectivas", en *Nuevas Politicas Públicas: Anuario multidisciplinar para la modernización de las Administraciones Públicas*, núm. 2, pp. 97-118.
    - (2008), "La discriminación múltiple: una realidad antigua, un concepto nuevo", en *Revista Española de Derecho Constitucional,* núm. 84, pp. 251-283.
    - (2009), *Discriminación por razón de género y sistema electoral en Europa y España*, México: Tribunal Electoral del Poder Judicial de la Federación
    - (2010), "El problema constitucional del hijab", en *Revista General de Derecho Constitucional,* núm. 10, pp. 1-11.
    - (2014), "El principio de igualdad en la crisis del Estado social", en *Fundamentos. Cuadernos monográficos de Teoría del Estado, Derecho Público e Historia Constitucional*, núm. 8, pp. 289-312.
- RUIZ MIGUEL, Alfonso (2007), "En defensa de las cuotas electorales para la igualdad de las mujeres", en *Aequalitas: Revista jurídica de igualdad de oportunidades entre hombres y mujeres,* núm. 20, pp. 60-68.
- SALAZAR BENÍTEZ, Octavio (2010), *Cartografías de la igualdad. Ciudadanía e identidades en las democracias contemporáneas,* Tirant lo Blanch, Valencia.
- SUÁREZ LLANOS, Leonor (2013), "Caracterización de las personas y grupos vulnerables", *Procura No. 3: Protección jurídica de las personas y grupos vulnerables,* Procuradora General del Principado de Asturias y Universidad de Oviedo, pp. 37-92.

Medidas penales en respuesta a la violencia de género

Sonia Victoria Villa Sieiro
Profesora ayudante doctora de Derecho Penal

Sumario: 1. Las mujeres como grupo vulnerable ante la violencia de género. 2. Panorama legislativo internacional. 3. Panorama legislativo nacional. 4. Algunos aspectos *problemáticos*. 5. A modo de conclusión. 6. Bibliografía.

"El miedo de la mujer a la violencia del hombre
es el espejo del miedo del hombre a la mujer sin miedo"
(Eduardo Galeano)

1. Las mujeres como grupo vulnerable ante la violencia de género.

Las mujeres, con independencia de su edad y cualquier otro aspecto, pueden ser objeto de hechos delictivos, esto es, víctimas de delitos, al igual que cualquier otro sujeto titular de algún bien jurídico –o bienes- que, en cada caso, se viera atacado en función del suceso acaecido. Sin embargo, su condición de mujer, la convierte en especialmente susceptible de sufrir un tipo de violencia que es consecuencia, precisamente, de esa cuestión neurálgica, esto es: el hecho de ser mujer. Sin duda, determinados hechos delictivos afectan más –o incluso únicamente- a las mujeres por el hecho de serlo. Quizás por ello, sería más interesante comenzar a emplear más la expresión de "violencia contra la mujer" (o alguna de sus variantes) que la de "violencia de género", pues, si bien, como se verá, aún en nuestro ordenamiento jurídico esta expresión prevalece, aunque no es más que una de las posibles formas de violencia contra la mujer, no sólo las mujeres sufren otros tipos de violencia más allá de la de "género" en el sentido que nuestro ordenamiento le otorga, sino que, internacionalmente, se viene insistiendo en la necesidad de afrontar esta violencia no sólo desde todos los ángulos sino en todas sus formas.

Es más, como se podrá imaginar, si una mujer, por el hecho de serlo, es una víctima especialmente vulnerable, cuando a ello le unimos otras características como su edad (por juventud o senectud), la nacionalidad (en especial en los casos de mujeres extranjeras en situación irregular) o la formación (en atención a las que aún están ancladas a las limitaciones propias de un entorno rural, por ejemplo), nos encontramos ante una posible doble o triple victimización; algo mucho más peligroso y difícil de abordar. Ahora bien, cabe tener presente que no se ha de confundir esa reiterada victimización con el hecho de que existan características específicas de las mujeres que estén, sistemáticamente, relacionadas con la violencia sobre ellas o que las predispongan a sufrir esta violencia, pues, como señalábamos, se puede producir con independencia de la edad, nacionalidad, formación o situación económica, por ejemplo. Que suceda, aumenta la situación de desamparo o debilidad que las hace especialmente vulnerables, pues, con carácter general, una víctima especialmente vulnerable es una víctima especialmente indefensa (carece de capacidad de resistencia frente a la comisión del hecho delictivo), resulta un objetivo fácil de un hecho delictivo y dispone de escaso margen de reacción tras el delito; características, todas ellas, habitualmente presentes en las que se pueden denominar "víctimas de violencia de género" y que, como se verá, precisan protección no sólo por vía penal, si bien en la perspectiva penal es en la que nos centraremos en estas páginas.

Cabe, no obstante, tener también presente que, si bien el único riesgo real a valorar en este contexto es el de ser mujer, la Comisión contra la Violencia de Género del Sistema Nacional de Salud (2012) citaba ya algunos factores que podían asociarse con situaciones de mayor vulnerabilidad y dependencia de la mujer, como, por ejemplo: situación de cambio vital (embarazo, noviazgo, separación, jubilación propia o ajena), situaciones que aumentan la dependencia (aislamiento tanto familiar como social, migración, dependencia física o económica), o situaciones de exclusión social (prostitución, drogodependencia, indigencia). Son ejemplos de situaciones en los que la citada vulnerabilidad se puede ver acrecentada, pero no son necesarios para que dicha vulnerabilidad exista.

Finalmente, se he de tener presente que la violencia a la que aludiremos genera unas dinámicas muy concretas que necesitan ser identificadas para poder ser, posteriormente, afrontadas del modo más efectivo posible. En este sentido la victimización de la mujer suele llevar asociado un deterioro psicológico y, en el contexto de las relaciones de pareja, dificultades para abandonar la relación (relacionadas con el carácter cíclico de la violencia y su intensidad creciente). Por lo que respecta a la conducta agresiva existen varias teorías clásicas como la del aprendizaje social de Bandura, la teoría del apego de Bowlby o la, más conocida, teoría feminista de Walker (asociada a diferentes fases –calma, acumulación de tensión, explosión y luna de miel- que, en ocasiones, se relaciona también con el motivo por el que a las mujeres les cuesta abandonar la relación). Sin embargo, las teorías más aceptadas en la actualidad y asumidas por la OMS son las "ecológicas".

2. Panorama legislativo internacional.

Como se ha indicado, ciertamente, entre los factores victimógenos que indican riesgo de vulnerabilidad de las personas se puede hacer mención al sexo, siendo la mujer, de suyo, víctima especialmente vulnerable. Sin embargo, cuando se alude a la violencia "de género" parece claro que se está haciendo referencia a algo distinto al sexo. Así pues, mientras que con el término "sexo" se alude a una categoría orgánica, biológica, con el término "género" se alude a una categoría sociocultural que implica diferencias o desigualdades de índole social, económica, política, laboral, etc. Con el vocablo "género" se pretenden poner de manifiesto desigualdades entre ambos sexos que se han construido históricamente como consecuencia de la estructura familiar-patriarcal y no como fruto de la naturaleza biológica de los sexos. Las dos expresiones, con las diferencias que implican, se empiezan a generalizar a partir de la IV Conferencia Mundial sobre la Mujer, celebrada en Beijing, en 1995, como instrumentos para descubrir, comprender y enfrentar los mecanismos que en la práctica (a pesar de reconocimiento formal del derecho de igualdad) permiten la subsistencia cultural de los valores androcéntricos tanto en la sociedad como en el Derecho. Es más, en esa misma conferencia se hacía referencia a la definición técnica de lo que ya era conocido como un síndrome, el denominado "síndrome de la mujer maltratada" (SIMUM), con el que ese alude a "agresiones sufridas por la mujer como consecuencia de los condicionantes socioculturales que actúan sobre el género masculino y femenino, situándola en una posición de subordinación al hombre y manifestadas en los tres ámbitos básicos de relación de la persona: el maltrato en el seno de una relación de pareja, agresión sexual en la vida en sociedad y acoso en el medio laboral". En consecuencia, a partir de década de los noventa del siglo pasado comienzan a observarse reacciones sociales específicas ante este tipo de violencia que se incrementan en el siglo XXI desde diversos ámbitos de las esferas jurídicas, sociales y políticas.

En el marco de las Naciones Unidas también se enfrentó la cuestión de qué es la violencia contra la mujer. Así, se ha de destacar la Convención de Naciones Unidas sobre la Eliminación de todas las formas de discriminación contra la mujer, de 1979 (BOE 21-3-1984) y la Declaración sobre la eliminación de la violencia contra la mujer de 1993. Y ello sin perder de vista las recomendaciones generales del Comité para la Eliminación de la Discriminación contra la Mujer (CEDAW) de 1989 (nº 12) y de 1992 (nº 19), a la que cabe unir la más reciente la recomendación general sobre la violencia por razón de género contra la mujer de 2017 (nº 35, por la que se actualiza la disposición general nº 19).

A nivel internacional, en esta línea, es especialmente destacable, el Derecho originario (destacando el Tratado de Lisboa de 2007 –en vigor desde 2009- como vía de armonización de las legislaciones de los Estados miembros de la UE en asuntos penales o la Resolución de 21 de enero de 2021 sobre la estrategia de la Unión para la igualdad de género) y derivado (como, entre otras, las directivas 2011/99/UE, 2011/36, 201/29) de la Unión Europea. En el marco del Consejo de Europa, cabría destacar el Convenio para la Protección de los Derechos Humanos y las libertades fundamentales (1950), la Carta Social Europea (Turín, 191, revisada en Estrasburgo en 1996), o la Recomendación de 2002 sobre la protección de las mujeres contra la violencia. Particularmente reseñable en este contexto es lo dispuesto en el Convenio del Consejo de Europa sobre prevención y lucha contra la violencia contra la mujer y la violencia doméstica, realizado en Estambul el 11 de mayo de 2011, que con el objeto de proteger a las mujeres contra todas las formas de violencia así como prevenir, perseguir y eliminar la violencia contra la mujer y la violencia doméstica, diferencia entre la discriminación por razón de "género" y de "sexo" considerando que el género puede suponer un fundamento de acciones discriminatorias diferente del que abarca la referencia al sexo en la medida en que por "género" se entienden "los papeles, comportamientos, actividades y atribuciones socialmente construidos que una sociedad concreta considera propios de mujeres o de hombres". Este texto (en cuyos artículos 33-40 se contemplaban delitos relacionados con la violencia psicológica, el acoso, la violencia física, la sexual, los matrimonios forzosos, la mutilación genital femenina, el aborto y esterilización forzosa y el acoso sexual, además de las sanciones y medidas al respecto -en su artículo 45- y agravantes -en el artículo 46- no sólo ha sido ratificado por España en 2014 sino, en 2017 por los países de la Unión Europea que aún no lo habían hecho. Concretamente, el Convenio de Estambul, un instrumento jurídico que busca prevenir, perseguir y erradicar todas las formas de violencia contra las mujeres y las niñas, entró en vigor el 1 de octubre de 2023 en la Unión Europea, después de que los 27 ratificaron este acuerdo en junio de 2023, tras seis años de la adhesión al instrumento internacional del Consejo de Europa.

Como se pone de manifiesto en la página del Consejo europeo aún no hay ningún acto legislativo específico de la UE que aborde la violencia contra las mujeres y la violencia doméstica, aunque hay algunas Directivas y Reglamentos de la UE, en particular en los ámbitos de la cooperación judicial en materia penal, la igualdad entre mujeres y hombres y la política de asilo. Sin embargo, un paso muy reseñable se dio desde que el Consejo y el Parlamento de la UE están tramitando una Directiva en materia de violencia de género sobre la que no se ha logrado llegar a un acuerdo en algunos extremos, por lo que aún no ha sido aprobada, pero que es esperable que en un futuro cercano entre en vigor. Esta propuesta de una nueva Directiva sobre la lucha contra la violencia contra las mujeres y la violencia doméstica (cuyo objeto es garantizar un nivel mínimo de protección contra este tipo de violencia en toda la UE) es del 8 de marzo de 2022. Recientemente, en febrero de 2024, se hizo público que la Presidencia belga y el Parlamento Europeo habían alcanzado un acuerdo acerca del primer acto legislativo de la UE sobre la violencia contra las mujeres y la violencia doméstica. Tal acto legislativo establece normas mínimas relativas a la definición de determinadas infracciones y sanciones penales destinadas a hacer frente a esta forma de violencia, además de establecer los derechos de las víctimas de todas las formas de violencia contra las mujeres o de violencia doméstica, y les ofrece protección. No es particularmente novedoso, por lo que a nuestro país se refiere, pues hay cuestiones que ya fueron abordadas por nuestra legislación interna, que fue considerada, durante años, un referente en la materia. Así pues, aunque el nuevo acto legislativo prevé la tipificación de una serie de delitos en toda la UE, básicamente, todos están ya en nuestro ordenamiento (algunos desde la LO 1/2015, como el matrimonio forzado, la difusión no consentida de imágenes íntimas o el ciberacoso, a los que se aludirá brevemente más adelante).

A nivel europeo interesante es también tener presente la encuesta europea de violencia de género de 2022 y en la que, por lo que respecta a la violencia sufrida por las mujeres entre 16 y 74 años, residentes en España, que han tenido pareja en algún momento de su vida, se alude a tres tipos de violencia: psicológica, física y sexual (incluyéndose las amenazas en la física y no en la psicológica). Destacamos en esta encuesta la diferenciación entre la violencia dentro y fuera de la pareja, así como algunos ítems tenidos en cuenta como su edad o sus características sociodemográficas (grado de urbanización o el país de nacimiento de las mujeres, por ejemplo).

Tampoco se puede olvidar, a nivel internacional, la problemática. Particularmente en Latinoamérica la muerte violenta de mujeres es un problema de gran calado que tiene una denominación propia (que, en ocasiones, se traslada a nuestro país) como es el “feminicidio” o “femicidio”, dependiendo de los países y con sus matices. Sin poder entrar en esta cuestión ahora sí interesa resaltar la necesidad de tener presentes unas aclaraciones terminológicas relacionadas con el origen de estos términos (surgidos a partir del término “femicide”, empelado por Diana Russell a principios de los años 90 del siglo pasado en EEUU) y el papel de las distintas teorías feministas (en este sentido también se puede tener presente la influencia del feminismos de primera y segunda ola, y, más concretamente, de este último en la ONU a través de varias Conferencias mundiales, Convenciones y declaraciones). La clasificación allí permite no sólo tener presentes las muertes cometidas por hombres que tienen o tuvieron relación íntima con la mujer (feminicidio íntimo) sino también el ajeno íntimamente a la mujer (feminicidio no íntimo) o el que suma a la muerte la violación (violación con feminicidio), entre otras conductas relacionadas (y sobre las que en nuestro país se empieza a tomar conciencia como cuestiones diferenciadas, como se verá) . Y a ello se han de sumar los casos de mujeres que mueren por colocarse ellas mismas en una situación de riesgo al intervenir en la defensa de una víctima inicial (los conocidos como feminicidios por conexión).

El papel del feminicidio también alcanza el ámbito político cuando se convierte en un concepto con énfasis en la responsabilidad del Estado (algo relacionado con el contexto de los crímenes producidos desde la década de los 90 del siglo pasado en Ciudad Juárez, Méjico), por su pasividad en la salvaguarda de los derechos humanos de las mujeres y su responsabilidad en la instauración de la misoginia. Resultan claros los factores estructurales de esta violencia y la tolerancia social al respecto. No en vano el Comité Internacional de los Derechos Humanos desarrolla el concepto de debida diligencia de los estados para garantizar los derechos humanos de las mujeres.

Pese a lo anterior, se discute sobre la necesidad de esta figura específica, que no existe en nuestro ordenamiento, como también se verá (en atención a lo previsto en los artículos 138 a 143 bis del vigente CP).

3. Panorama legislativo nacional

En nuestro ordenamiento la protección penal específica de la violencia de género cumplirá pronto dos décadas, ya que, pese a algunos antecedentes, podemos enmarcar su origen en la Ley Orgánica 1/2004, de 28 de diciembre, de protección integral contra la violencia de género (que es, también, la primera de nuestras leyes integrales). Con anterioridad, y entre algunos de sus antecedentes, hay que tener presente la violencia doméstica; violencia a la que también se refiere el Convenio de Estambul citado en el ámbito internacional en relación con esta materia. Sin embargo, la violencia doméstica o familiar goza de un ámbito de aplicación más amplio, pues no se circunscribe a la mujer como expresión del poder de dominación y de superioridad del hombre hacia ella, sino que alude a la violencia ocurrida en el seno del hogar y se dirige hacia cualquiera de sus miembros (en particular, los más débiles el grupo familiar o de convivencia). Esta última violencia, la doméstica, es, pues, multidireccional ya que en ella los episodios de violencia se dirigen de unos a otros sin consideración de expresiones de género sino simplemente como reflejo de la superioridad de unos miembros de la familia sobre otros, y no unidireccional como la de género, en la que hay un sujeto activo y pasivo únicos y claramente diferenciados.

Aunque la LO 1/2004 comienza señalando que la violencia de género es el símbolo más brutal de la desigualdad existente en nuestra sociedad y que trata de una violencia que se dirige sobre las mujeres por el hecho mismo de serlo, por ser consideradas, por sus agresores, carentes de los derechos mínimos de libertad, respeto y capacidad de decisión, y, a tal efecto, tiene presentes, en su Exposición de Motivos, distintos textos internacionales (por ejemplo, la Convención sobre la eliminación de todas las formas de discriminación sobre la mujer de 1979, la Declaración de Naciones Unidas sobre la eliminación de la violencia sobre la mujer de 1993, las Resoluciones de la Cumbre Internacional sobre la Mujer celebrada en Pekín en 1995 o la IV Conferencia Mundial de Naciones Unidas de 1995), cuando procede a su definición lo hace de un modo un tanto "restringido", pues, a diferencia de esos textos, no enfrenta todo tipo de violencia contra la mujer fruto de la desigualdad sino que en su artículo 1.1 afirma que la ley "tiene por objeto actuar contra la violencia que, como manifestación de la discriminación, la situación de desigualdad y las relaciones de poder de los hombres sobre las mujeres, se ejerce sobre éstas por parte de quienes sean o hayan sido sus cónyuges o de quienes estén o hayan estado ligados a ellas por relaciones similares de afectividad, aun sin convivencia". El mismo artículo, en su segundo apartado, indicaba en su redacción original que por la ley se establecían medidas de protección integral con la finalidad de prevenir, sancionar y erradicar dicha violencia y prestar asistencia a "sus víctimas". No especificaba ahí quiénes eran "sus víctimas", pero la LO 8/2015, de 22 de julio, de modificación del sistema de protección a la infancia, cambió la redacción del precepto que ahora finaliza del siguiente modo: "y prestar asistencia a las mujeres, a sus hijos menores y a los menores sujetos a su tutela, o guarda y custodia, víctimas de esta violencia". En cuanto al objeto de la ley, se ha de subrayar que el tercer apartado del mismo artículo primero alude específicamente a que la violencia de género a que se refiere la ley y que comprende "todo acto de violencia física y psicológica, incluidas las agresiones a la libertad sexual, las amenazas, las coacciones o la privación arbitraria de libertad". De nueva incorporación, por LO 8/2021, de 4 de junio, de protección integral a la infancia y la adolescencia frente a la violencia, es el apartado cuarto de este primer artículo, según el cual "La violencia de género a que se refiere esta Ley también comprende la violencia que con el objetivo de causar perjuicio o daño a las mujeres se ejerza sobre sus familiares o allegados menores de edad por parte de las personas indicadas en el apartado primero", incluyendo así un fenómeno que se ha dado en llamar "violencia vicaria".

Esta redacción suscitó diversos problemas. Más allá de la cuestión de inconstitucionalidad por posible vulneración del principio de igualdad recogido en el artículo

14 de nuestra Constitución además de, posiblemente, otros principios como el de proporcionalidad (sobre la que el Tribunal Constitucional se pronunció, sistemáticamente a partir de su Sentencia 59/2008, de 14 de mayo, a favor de la en contra) objeto de otro capítulo de la obra, podemos mencionar, por ejemplo, las dificultades aparejadas a acotar en qué consiste la "análoga relación de afectividad" o si podía darse esta violencia entre menores. En todo caso, de lo que no cabe duda es de que ni se protegía a todas las mujeres ni se protegía frente a todos los posibles modos de violencia, pues en su redacción vemos tipos de violencia que, posteriormente, no encuentran reflejo en el articulado (como la muerte de una mujer o, incluso, originariamente la violencia sexual) y se echan en falta otros tipos de violencia (como, por ejemplo, la económica). Quizás por ello, no es extraño encontrar legislación autonómica que sigue las indicaciones nacionales y no lo dispuesto en este primer artículo de la LO 1/2004.

Sobre la estructura de la ley se ha de señalar, brevemente, que constaba de 72 artículos agrupados en seis títulos, además de disposiciones adicionales, transitorias y finales y una derogatoria de todas las normas, de igual o inferior rango, que se opusieran a lo establecido en ella. Concretamente, y además del Título Preliminar, que se centra en el objeto de la ley y al que ya hemos hecho referencia, esta ley integral, a lo largo de los diferentes títulos: prevé una serie de medidas de sensibilización prevención y detección (Título I en el que se alude expresamente a los ámbitos de educación, de la publicidad y de los medios de comunicación y al sanitario); indica los derechos de las mujeres víctimas de violencia de género (Título II, en el que se trata: el derecho a la información, a la asistencia social integral y a la asistencia jurídica gratuita, los derechos laborales y prestaciones de la Seguridad Social, los derechos de las funcionarias públicas y los derechos económicos); regula una tutela institucional (Título III, en el que se crea la Delegación Especial del Gobierno contra la Violencia sobre la Mujer y el Observatorio Estatal de Violencia sobre la misma además de aludirse a la especialización de las Fuerzas y Cuerpos de Seguridad del Estado y a los planes de colaboración "que garanticen la ordenación de sus actuaciones en la prevención, asistencia y persecución de los actos de violencia de género"); aborda la Tutela Penal (Título IV en que se introducen modificaciones del Código Penal así como la previsión de que la Administración penitenciaria realizará programas específicos para internos condenados por delitos relacionados con la violencia de género), y establece la Tutela Judicial (Título V, por el que se crean y tratan cuestiones relevantes sobre los Juzgados de Violencia sobre la Mujer, se indican normas procesales civiles y penales, se abordan medidas judiciales de protección y de seguridad de las víctimas y se señala la creación de la figura del Fiscal contra la Violencia sobre la Mujer).

Aunque no cabe duda de que todas estas cuestiones son relevantes y dignas de análisis en la lucha contra el tipo de violencia que nos afecta, lo cierto es que desde una perspectiva penal sustantiva nos afecta particularmente el Título IV ya que directamente aborda la tutela penal en los artículos 33 a 42. No obstante, el contenido de dicho capítulo se ha visto significativamente variado por ulteriores modificaciones del Código penal, y, muy especialmente, por lo que a las figuras delictivas se refiere (aunque con matices) por las reformas operadas por la LO 1/2015, de 30 de marzo, por la que se modifica el Código Penal (y que ha supuesto no sólo modificaciones estructurales del mismo o cambios en relación con cuestiones reguladas por la Ley, sino también en los Libros I, II y III del Código penal), y por la más reciente, y polémica, LO 10/2022, de 6 de septiembre, de garantía integral de la libertad sexual.

La LO 1/2004 afectó, en relación con la parte general, a la suspensión y sustitución de las penas (modificando los artículos 83.1.6ª, 84.3 y 88.1 CP), y, en relación a la parte especial, afectó a la protección contra las lesiones (modificando el artículo 148 CP), los malos tratos (modificando el artículo 153 CP), las amenazas (añadiendo al artículo 171 CP los apartados cuarto, quinto y sexto), las coacciones (añadiendo un segundo apartado al artículo 172 CP), las vejaciones leves (modificando el artículo 620 CP, que se incardinaba en el desaparecido Libro III del CP, relativo a Las Faltas) y, además, supuso la modificación de la regulación del quebrantamiento de condena (artículo 468 CP).

De la modificación operada por la LO 1/2015, en relación con esta temática y en la parte general destaca la incorporación de una nueva circunstancia agravante de comisión del hecho delictivo por razones de género (art. 22.4 CP), así como la posibilidad de aplicar en ciertos casos la libertad vigilada. Por lo que respecta a la parte especial, y si bien, estrictamente, sólo hay cuatro tipos de violencia de género, se incorporaron nuevas figuras delictivas que pueden conectarse con este tipo de violencia, aunque sea por la vía, abierta por el Convenio de Estambul, de tratarse de hechos delictivos que sufren, mayoritariamente, las mujeres (caso de los matrimonios forzados, el delito de acecho u hostigamiento -*stalking*-, la inutilización o perturbación del normal funcionamiento de los dispositivos técnicos dispuestos para controlar el cumplimiento de las penas, la difusión de imágenes obtenidas con consentimiento de la víctima, pero sin haber autorizado su difusión –modificada ulteriormente- o los cambios en el delito de trata de seres humanos con fines de explotación sexual).

En relación con lo anterior cabe señalar que, entre otras posibilidades de agravación, la discriminación por motivo de sexo ya existía, lo que hace manifiesto que la incorporación de la agravación por motivo de género busca proteger algo diferente. En este caso habrá que acreditar el elemento subjetivo de que se actuó "por motivos de género", a diferencia de lo que sucede en los delitos específicos con contenido de género en los que basta la condición de hombre en el autor y de mujer en la víctima y una relación de pareja entre ellos, pasada o presente (al menos, después de discusiones doctrinales y jurisprudenciales al respecto). Por otra parte, la agravante no será de aplicación en aquellos delitos propios de violencia de género en los que ese ya es un elemento del tipo que se ha tenido en cuenta para un mayor agravamiento penológico. Así, podrá usarse, por ejemplo, para los supuestos de homicidio, asesinato, aborto ilegal, lesiones tipificadas en los artículos 149 y 150, lesiones al feto, detenciones ilegales, los delitos de amenazas y coacciones más graves (tipificados en los artículos 169, 171 y 172 CP). También, en origen, cabía en las agresiones sexuales cometidas entre cónyuges o parejas de hecho, pero la LO 10/2022 ha procedido a contemplar sanción específica para estos casos, por lo que ya no es posible emplearla en este supuesto. Quizás, el supuesto de homicidio (feminicidios a los que se aludía en el apartado anterior), en los que la circunstancia puede convivir con la mixta de parentesco (art. 23 CP) es el supuesto que queda, atendiendo a lo dispuesto en el artículo 1 de la LO 1/2004, especialmente después de las modificaciones incorporadas por la LO 10/2022, donde más "necesaria" sea la presencia de esta agravación, pues resulta complejo entender que la forma más extrema de violencia física no tenga una agravación específica ante estos supuestos.

En el marco de la suspensión de las penas se prevé que cuando se trate de delitos cometidos sobre la mujer por quien sea o haya sido su cónyuge o por quien esté o haya estado ligado a ella por una relación similar de afectividad, aun sin convivencia, para que sea posible la suspensión siempre se han de imponer las prohibiciones y deberes indicados en las reglas 1ª, 4ª y 6ª del artículo 83.1 CP, esto es, en esencia, prohibición de aproximación a la víctima o ciertos familiares, prohibición de residir en un determinado lugar o de acudir al mismo y deber de participar en determinados programas (en nuevos términos a raíz de la modificación del apartado 6 del 83.1 por la LO 8/2021). Además, la LO 10/2022 incorporó un segundo párrafo en el artículo 83.2 CP por el cual las prohibiciones y deberes aludidos se "impondrán asimismo cuando se trate de delitos contra la libertad sexual, matrimonio forzado, mutilación genital femenina y trata de seres humanos"

La imposición de cualquiera de las dos primeras reglas ha de ser comunicada a las Fuerzas y Cuerpos de Seguridad del Estado (art. 83.3 CP) y la última se controlará por los servicios de gestión de penas y medidas alternativas de la Administración penitenciaria (art. 83.4 CP). Además, aunque de acuerdo con el artículo 84.1 CP el Juez puede condicionar la suspensión de la ejecución de la pena al cumplimiento de ciertas prestaciones o medidas una de las cuales es el pago de una multa, el apartado segundo del mismo artículo dispone que cuando se trate de un delito cometido sobre la mujer por quien sea o haya sido su cónyuge, o por quien esté o haya estado ligado a ella por una relación similar de afectividad, aun sin convivencia, entre otros sujetos, dicha multa (que previamente no era una opción para la sustitución de la pena de prisión) sólo se puede imponer si queda acreditado que no hay vínculos económicos entre las partes que se deriven de una relación conyugal, de convivencia o filiación o de la existencia de una descendencia común. Conviene destacar, también, que con la nueva redacción de los artículos 83 y 84 CP se ha prescindido de la referencia a "violencia de género" que se ha sustituido por la referencia a "delitos cometidos sobre la mujer" (hecho también destacable en la LO 10/2022 y que permite entrever el problema, ya referido, sobre la terminología empleada y lo que, en realidad, se pretende proteger). Además desapareció por completo la previsión del artículo 84.3 CP que afectaba al incumplimiento de la pena suspendida cuando ésta fuera de prisión por supuestos de violencia de género, por lo que se si se incumplen de modo grave o reiterado las prohibiciones y deberes impuestos en virtud del artículo 83 CP o si se incumplen del mismo modo las condiciones que para la suspensión se hubieran impuesto de conformidad con el artículo 84 CP, cabrá la revocación de la suspensión y ejecución de la pena (art. 86.1 CP, que también contempla la revocación si el sujeto es condenado por delito cometido durante el periodo de suspensión).

El empleo de la medida de libertad vigilada (artículo 106 CP), que anteriormente estaba prevista para los delitos de terrorismo y los delitos contra la libertad e indemnidad sexual, se amplía, pudiéndose aplicar, con carácter facultativo, en determinados casos de violencia de género.

En relación con la protección contra las lesiones vinculadas a la violencia de género se han de tener presentes los artículos 148.4º y 153.1 CP. En el primero, si la víctima es o ha sido esposa o mujer que esté, o hubiere estado, ligada al autor por análoga relación de afectividad aún sin convivencia (o persona especialmente vulnerable en el apartado quinto del artículo 148 CP en relación con la violencia doméstica), se podrá agravar la pena de prisión prevista para los comportamientos tipificados en el artículo 147.1 CP (causar, por cualquier medio o procedimiento, una lesión que menoscabe la integridad personal o salud física o mental siempre que la lesión requiera objetivamente para su sanidad, además de una primera asistencia facultativa, tratamiento médico o quirúrgico). El artículo 153.1 CP, por su parte, sanciona de modo agravado al que por cualquier medio o procedimiento causa a otro menoscabo psíquico o lesión de menor gravedad de las previstas en el artículo 147.2 CP (que alude a las lesiones que no puedan ser incluidas en el 147.1 CP) o golpeare o maltratare de obra a otro sin causarle lesión "cuando la ofendida sea o haya sido esposa, o mujer que esté o haya estado ligada a él por una análoga relación de afectividad aun sin convivencia" (o persona especialmente vulnerable que conviva con el autor, motivo por el cual en este precepto también se regulan caso que se situarían en la esfera de la violencia doméstica).

En relación con la protección contra los malos tratos es necesario aludir al artículo 173 CP, apartados segundo y tercero, en el que se contempla el delito de violencia habitual. En este caso no se agrava un comportamiento delictivo común, sino que se crea una figura legal especial para combatir la violencia de género y doméstica. Lo que se castiga es el ejercicio de violencia física o psíquica habitual contra personas del entorno de convivencia del sujeto (en nuestro caso, de nuevo, sobre quien sea o haya sido su cónyuge o sobre persona que esté o haya estado ligada a él por una análoga relación de afectividad, aun sin conveniencia) con independencia del castigo que corresponda por los actos de violencia individualmente contemplados (tal y como se prevé en el artículo 177 CP). La pena prevista para el delito tipificado en el artículo 172.2 CP se agravará si el delito se perpetra en presencia de menores o tiene lugar en el domicilio común o de la víctima o se realiza quebrantando una pena de las contempladas en el artículo 48 CP o una medida cautelar o de seguridad de la misma naturaleza. En el caso del apartado tercero la agravación se producirá cuando la conducta se lleve a cabo contra alguna de las personas a las que alude el apartado segundo.

En este tema interesa subrayar que para apreciar la "habitualidad" se ha de estar al número de actos de violencia acreditados y a su proximidad temporal. En principio se entendió que hacían falta en torno a tres, pero se ha impuesto entre la doctrina y la jurisprudencia la idea de que lo decisivo no es el número de agresiones sino el estado o clima de violencia permanente creado. Por otra parte, problema importante, con frecuencia, es el de determinar la responsabilidad de quien no ejerce actos de violencia, pero tampoco los impide, que, en principio, serán autores o partícipes en comisión por omisión en el delito.

El nuevo delito de matrimonio forzado (artículo 172 bis CP, ubicado, pues, entre las coacciones -Capítulo III del Título VI del Libro II del Código Penal-), aunque controvertido, se defiende que responde a la necesidad de dar respuesta a un fenómeno que se reconoce como una forma de esclavitud y que está relacionado, además de con la trata de seres humanos, con la violencia sobre la mujer. Con esa forma de matrimonio se vulnera un bien jurídico como es el derecho a contraer matrimonio en situación de libertad e igualdad y se atenta contra los derechos humanos y, conviene destacar, España ha suscrito diversos compromisos internacionales para perseguir tal tipo de vulneraciones. Ahora bien, se ha puesto de manifiesto por la doctrina que únicamente el engaño al que se alude en el párrafo segundo del artículo es realmente novedoso pues las demás conductas podían castigarse por la vía de aplicación de otros tipos antes de la aparición de este nuevo artículo y, paradójicamente, de un modo menos privilegiado que el que permite este artículo. En todo caso, se ha de añadir, que, según la LO 10/2022, se introduce un apartado cuarto en el artículo 172 bis, según el cual: "En las sentencias condenatorias por delito de matrimonio forzado, además del pronunciamiento correspondiente a la responsabilidad civil, se harán, en su caso, los que procedan en orden a la declaración de nulidad o disolución del matrimonio así contraído y a la filiación y fijación de alimentos".

El *stalking* (artículo 172 ter CP, por tanto, ubicado en el mismo capítulo, título y libro que los matrimonios forzados) también afecta a la libertad y busca proteger en aquellos casos en los que, aunque no se anuncie necesariamente la intención de causar algún mal (amenazas) o el empleo de la violencia (coacciones), sí se producen conductas reiteradas a través de las cuales se menoscaba el sentimiento de seguridad de la víctima, sometida a persecuciones o vigilancias constantes, entre otros actos de hostigamiento. Se trata de un artículo en el que recogen de manera exhaustiva las conductas reprochables siendo preciso que el acoso sea constante y no aislado. Aunque en la redacción original se aludía a una grave alteración del desarrollo de la vida cotidiana de la persona, a raíz de la LO 10/2022, que también incorpora un apartado quinto al artículo, se cambia la terminología resultando suficiente con una alteración "del normal desarrollo de su vida cotidiana". Interesa matizar que cuando la persona sea una de las previstas en el artículo 173.2 CP cabrá, como alternativa a la multa, la pena de trabajos en beneficio de la comunidad. En estos casos, además, para su perseguibilidad no será precisa la denuncia de la persona agraviada o de su representante legal. Por último, si la situación de acoso fuera acompañada de otros comportamientos delictivos se procederá de conformidad con las reglas concursales.

La LO 4/2022, de 12 de abril, por la que se modifica la LO 10/95, de 23 de noviembre, del Código penal, para penalizar el acoso a las mujeres que acuden a clínicas para la interrupción voluntaria del embarazo, introduce un artículo 172 quater, que también puede ser tenido en cuenta en este contexto ya que prevé sanción para quien "para obstaculizar el ejercicio del derecho a la interrupción voluntaria del embarazo acosare a una mujer mediante actos molestos, ofensivos, intimidatorios o coactivos que menoscaben su libertad".

La difusión de imágenes obtenidas con consentimiento de la víctima, pero sin haber autorizado su difusión se ha incorporado en el apartado séptimo del artículo 197 CP. El 197. 7 CP protege la intimidad personal en relación con materiales fotográficos o audiovisuales cuya difusión pueda generar un menoscabo grave y su tipificación se hacía necesaria porque otras conductas como el descubrimiento o revelación de secretos no cubrían estos comportamientos dado el consentimiento inicial prestado, aunque se les intentaba encontrar respuesta por la vía del recurso al artículo 173 CP como delito contra la integridad moral. En estos supuestos, de nuevo, si el sujeto activo fuera el cónyuge u otra persona que esté o haya estado unida a él por análoga relación de afectividad, aun sin convivencia (además de si la víctima fuera, por ejemplo, menor de edad, supuesto también contemplado en los matrimonios forzados y el *stalking*), la pena se agravaría. Esta agravación también se produciría en el caso del nuevo tipo "atenuado" (tan controvertido, al menos, como la propia redacción del apartado séptimo) incluido por la LO 10/2022 en el segundo párrafo del artículo, en el que, concretamente, se dispone que: "Se impondrá la pena de multa de uno a tres meses a quien habiendo recibido las imágenes o grabaciones audiovisuales a las que se refiere el párrafo anterior las difunda, revele o ceda a terceros sin el consentimiento de la persona afectada".

La inutilización o perturbación del normal funcionamiento de los dispositivos técnicos dispuestos para controlar el cumplimiento de las penas, se incorpora introduciendo un tercer párrafo en el artículo 468 CP, del quebrantamiento de condena, que ya, con carácter general, es particularmente problemático en los supuestos de violencia de género. Es frecuente, en particular por lo dispuesto en los artículos 64.3, 48.4 CP y 57.3 CP, la utilización de los dispositivos telemáticos para controlar las medidas cautelares y las penas de alejamiento en materia de violencia de género. De hecho, se puso en marcha el "Sistema de Seguimiento por Medios Telemáticos de las Medidas y Penas de Alejamiento en materia de Violencia de Género" con el objetivo de mejorar la protección y seguridad de sus víctimas. No obstante, al no ser los dispositivos telemáticos en sí el contenido de la pena o medida sino meramente un instrumento para controlar su cumplimiento, tales comportamientos no eran susceptibles de canalizarse a través del quebrantamiento de condena antes de la incorporación del apartado tercero del artículo 468 CP, aunque sí era posible aplicar un delito de desobediencia ya que se imponen en resolución judicial. En la actualidad, como consecuencia de la adición del citado párrafo tercero en el artículo 468 CP, los casos en los que, por ejemplo, el sujeto haga que el dispositivo no funcione bien (por ejemplo, no cargando su batería) o en los que fracture intencionadamente el brazalete, pero no invada las zonas de exclusión establecidas en la resolución judicial se aplicará lo dispuesto en el 468.3 CP.

No obstante, como se avanzó, el artículo 468 CP plantea, con carácter general, otras dificultades en relación con la violencia de género. Así, se ha planteado la posible responsabilidad penal de la víctima de violencia de género en aquellos casos en los que fuera ella quien animara o permitiera a su pareja o expareja retomar el contacto con ella cuando éste hubiera sido prohibido. Se trata de una cuestión muy debatida y que plantea desde su responsabilidad como inductora o cooperadora necesaria del delito de quebrantamiento de condena de su pareja, hasta, según cierto sector, la completa ausencia de responsabilidad en la medida en que se diera valor a su consentimiento.

Por lo que respecta a las vejaciones leves que la LO 1/2004 incluyó entre las faltas en el artículo 620 CP cabe señalar que no han desaparecido pese a la supresión del Libro III. Ciertamente, la LO 1/2015 ha hecho desaparecer tal Libro (en virtud del principio de intervención mínima alegado en relación con esta cuestión), pero no todo su contenido. De hecho, en ocasiones, como la que nos ocupa lo que ha sucedido es que el comportamiento ha pasado a constituir un delito leve. En este caso, concretamente, la que fuera falta de amenazas y coacciones ha pasado a los artículos 171.7 CP (amenaza leve, también cuando se trate de personas mencionadas en el 173.2 CP, que antes se situaba en el 620.1 CP) y 172.3 CP (coacciones leves, también cuando se trate de personas mencionadas en el 173.2 CP, que antes se situaba en el 620.2 CP). Con estos cambios la penalidad experimenta cierta agravación (además de incorporarse la posibilidad de la pena de multa, aunque sólo en los supuestos en los que concurran las circunstancias expresadas en el 84.2 CP). Aún en relación con el otrora artículo 620 CP se ha de aludir a un nuevo delito leve que se ha incluido creando un apartado cuarto en el artículo 173 CP, en el cual se tipifica la injuria o vejación injusta de carácter leve cuando el ofendido fuera una de las personas a las que se refiere el artículo 173.2 CP. Este apartado cuarto se ha visto modificado, también, por la LO 10/2022 que, en concreto, ha incorporado un segundo apartado, que, como el primero, sólo es perseguible mediante denuncia de la persona agraviada o su representante legal. El tipo, que se ha dado en llamar **acoso callejero** establece las mismas penas del apartado primero (localización permanente de cinco a treinta días, siempre en domicilio diferente y alejado del de la víctima, o trabajos en beneficio de la comunidad de cinco a treinta días, o multa de uno a cuatro meses, esta última únicamente en los supuestos en los que concurren las circunstancias expresadas en el apartado 2 del artículo 84) "a quienes se dirijan a otra persona con expresiones, comportamientos o proposiciones de carácter sexual que creen a la víctima una situación objetivamente humillante, hostil o intimidatoria, sin llegar a constituir otros delitos de mayor gravedad"

Como se desprende del análisis de los artículos vinculados con supuestos de violencia de género, la tendencia general del Derecho penal sustantivo (cuya función principal es la de protección de los bienes jurídicos más importantes para una pacífica convivencia, siempre respetando una serie de principios limitadores y con la finalidad, fundamental, de impedir delitos o, en su defecto, sancionar y resocializar –cuando sea posible- al delincuente, de acuerdo con la previsión constitucional) ha sido en esta materia la de la agravación, bien aumentando las penas, bien ampliando el catálogo de conductas tipificadas o creando penas y medidas orientadas a la disuasión y prevención de agresiones, así como la adaptación de su ejecución a tales necesidades. Desde la perspectiva de las consecuencias jurídicas ya hemos hecho alusión a algunas cuestiones, como la incorporación de la medida libertad vigilada para determinados supuestos o la nueva posibilidad de aplicar la pena de multa en ciertos casos, pero conviene también aludir a otras penas que son particularmente relevantes. Como de la lectura de los artículos tratados se desprende son diversas las penas que se pueden aplicar con carácter principal destacando la prisión, trabajos en beneficio de la comunidad, localización permanente, multa, privación del derecho a la tenencia y porte de armas o la inhabilitación para el ejercicio de la patria potestad, tutela, curatela, guarda o acogimiento. Ahora bien, alguna, como los trabajos en beneficio de la comunidad, resulta especialmente relevante porque no sólo es posible su aplicación como pena principal sino también como forma sustitutiva de la ejecución de las penas privativas de libertad a través, actualmente, de la suspensión de su ejecución. Se trata de una sanción particularmente interesante (y que requiere el consentimiento del penado) en este contexto por su doble efecto resocializador ya que obliga al sujeto a enfrentarse a las consecuencias de sus actos y a reconocer que ha dañado a otras personas lo que conduce a un proceso de reconocimiento de errores que lleva a la reintegración social pues el sujeto se da cuenta de su necesidad de cambio. A ello se ha de unir la posibilidad de planes formativos y de rehabilitación de los maltratadores como alternativa al ingreso en prisión (y aún hoy posibles en el marco de las suspensiones - artículo 83.1. 6ª CP-) sobre los que muchos estudios se han realizado.

De particular relevancia es, también, la posibilidad (obligación en el caso de la suspensión de la pena privativa de libertad cuando se den los requisitos para ello; caso en el que también habrá de imponerse, recordemos, el deber de participar en programas formativos, laborales, culturales, de educación vial, sexual, de defensa del medio ambiente, de protección de los animales, de igualdad de trato y no discriminación, y otros similares) de imponer dos prohibiciones concretas en el contexto de violencia de género: la de residencia (art. 48.1 CP) y la de aproximación (art. 48.2 CP). Y ello sin olvidar, tampoco, la posible imposición de la prohibición de comunicación con la víctima o determinados familiares en ciertos supuestos. En consecuencia, y además de las penas principales, se han de tener presentes las accesorias. Al respecto, es importante destacar, en particular, lo dispuesto en el artículo 57.2 CP, que supone la obligación de aplicar, por un tiempo que no exceda de diez años si el delito fuera grave o de cinco si fuera menos grave, la pena del 48.2 CP (recordemos, prohibición de aproximarse a la víctima o aquellos de sus familiares u otras personas que determine el juez o tribunal, lo que impide al penado acercarse a ellos, en cualquier lugar donde se encuentren, así como acercarse a su domicilio, a sus lugares de trabajo o a cualquier otro que sea frecuentado por ellos, quedando en suspenso, respecto de los hijos, el régimen de visitas, comunicación y estancia que, en su caso, se hubiere reconocido en sentencia civil hasta el total de cumplimiento de esta pena) cuando los delitos del primer párrafo del artículo 57. 1 CP (esto es, homicidio, aborto, lesiones, contra la libertad, de torturas y contra la integridad moral, trata de seres humanos, contra la libertad e indemnidad sexuales, el derecho a la propia imagen y a la inviolabilidad del domicilio, el honor, el patrimonio, el orden socioeconómico y, desde la reforma operada por LO 8/2021 también las relaciones familiares -que, de por sí, permiten la imposición en sentencia de una o varias de las prohibiciones contempladas en el artículo 48 CP), fueran cometidos "contra quien sea o haya sido el cónyuge, o sobre persona que esté o haya estado ligada al condenado por una análoga relación de afectividad aun sin convivencia". Y ello, por supuesto, sin perjuicio de lo dispuesto en el párrafo segundo del apartado primero del artículo 57 CP (que alude a la imposición de prohibiciones del artículo 48 CP en los casos en los que la persona condenada –antes de la reforma por LO 8/2021 se aludía a "condenado"- lo hubiera sido a la pena de prisión). Así, la prohibición de aproximación, como pena accesoria, es de gran importancia en la violencia de género y también controvertida. En este sentido, por ejemplo, se ha de señalar que algunos autores afirman que conviene que para la decisión sobre su imposición se tenga en cuenta la voluntad de la persona que se pretende proteger, aunque no sea de modo vinculante, ya que las políticas penales basadas en ignorar la voluntad de la víctima de este tipo de violencia incrementan las posibilidades de que se sancione al agresor, pero a cambio de limitar el control ejercido por la mujer como individuo. Es más, su obligatoria imposición ha sido cuestionada incluso por la Fiscalía General del Estado. Por otra parte, y por lo que respecta a la distancia mínima de prohibición de aproximación, se ha de subrayar que no se ofrecen pautas al juez para establecerla por lo que se fijan muy variadas. No obstante, el Protocolo de actuación de las Fuerzas y Cuerpos de seguridad para la protección de esta violencia aconsejaba, al menos, 500 metros.

4. Algunos aspectos *problemáticos*

Aunque no es posible abordar en estas páginas todos los aspectos llamativos sobre esta cuestión, sí cabe, al menos, hacer referencia, brevemente, a algunos aspectos, incluso de índole procesal.

Partimos de que nos encontramos ante hechos que, aún hoy, se producen en la intimidad del hogar y que ello conlleva dificultades probatorias; dificultades especialmente acuciantes cuando la víctima es la única testigo, que puede presentar problemas para realizar una declaración "al uso", y que, por la situación en la que está, no pocas veces quiere retirarse del procedimiento en virtud de la dispensa de la obligación de declarar, prevista en el artículo 416 LECrim. En relación con esto conviene señalar que por lo que respecta a la credibilidad del testimonio, con carácter general, se tienen en cuenta pautas para objetivar la eficacia del testimonio que se centran en la ausencia de incredibilidad subjetiva, la verosimilitud el testimonio y la persistencia en la incriminación. Ello lleva, en ocasiones, a resoluciones judiciales que, siguiendo los estándares marcados por el Tribunal Supremo, descartan declaraciones de víctimas aludiendo a su inconsistencia o diferencias en detalles en los relatos, lo cual desconoce los mecanismos que producen la violencia de género y su funcionamiento, interacciones y nocivos efectos no sólo en relación con las lesiones físicas o psíquicas, sino, muy especialmente, en lo que implica de sufrimiento emocional, cuando resultan precisos conocimientos para no interpretar de un modo inadecuado testimonios que, en ocasiones, pudieran no parecer ajustados a la realidad, por ejemplo, por falta de coherencia. Por ello, los citados estándares tenían que tomarse con cautela en estos casos; casos en los que la correcta valoración del testimonio de la víctima ha de ir acompañada de los adecuados informes periciales sobre los daños de toda índole que ha sufrido y, muy particularmente, tener presente el "síndrome de la mujer maltratada". En estos años las sentencias se han hecho eco de esta necesidad y ha de mencionarse el importante papel de la STS 119/2019, de 6 de marzo, de la Sala de lo penal, que fija los 11 criterios orientativos a valorar en las declaraciones de víctimas de violencia de género, atendiendo, así, a las particularidades que estas declaraciones tienden a presentar.

Por su parte, la aplicación del artículo 416 LECrim ha variado notablemente, como se desprende de dos acuerdos del pleno (de 24 de abril de 2013 y 23 de enero de 2018) y la STS 389/2020 de 10 de julio, del Pleno de la Sala II. Al respecto también se pronunció la Fiscalía en su Circular 6/2011. La reforma realizada por la LO 8/2021 procedió a modificar su redacción, introduciendo cinco excepciones a la dispensa contenida en el párrafo primero.

Otro punto controvertido es el de la posibilidad de mediación. Ésta se sitúa en el marco de la justicia restaurativa como fórmula de resolución de conflictos no sólo generados en la esfera civil sino también en la penal y llega del ámbito europeo a través de la Decisión Marco de la Unión Europea 2001/220/JAI por la que se aprueba el Estatuto de la Víctima en el Proceso Penal. Sin embargo, la LO 1/2004, en su artículo 44.5, así como la LOPJ, en su artículo 87 ter 5, son claras al respecto: no cabe. Y parece lógico en atención a la diferencia que se presentaría casi siempre entre las partes en cuestión. Ahora bien, cada vez más en los últimos años algunos autores defienden las bondades de la mediación (de forma plena o en casos concretos) para estos supuestos, pues con ella se pretende dar voz a la víctima en el proceso respetando sus intereses en cuanto sean cohonestados con el orden público y hacer, en el marco de la rehabilitación del condenado agresor, que se corresponsabilice de lo realizado y repare el daño, lo que exige darle la oportunidad de ofrecer algo a la víctima que ella admita como reparación.

Menos controvertida resulta la cuestión de la mediación en la fase de ejecución penal, que sería una forma de canalizar una pena oyendo a víctima y condenado, esto es, tras la aplicación del derecho penal, abriéndose con ello, una alternativa entre cumplir de forma efectiva los pactos e imposiciones derivados de la mediación o cumplir en sus propios términos la sentencia dictada por el Juez.

Especial interés suscitan también las particularidades presentes en la violencia de género entre menores, o en la que se encuentran implicados menores. A diferencia de las personas de la tercera edad, que también pueden presentar necesidades especiales en atención al factor edad, el sistema de menores, si bien permite sancionar por los mismos hechos previstos en el Código penal, tiene su propia ley (Ley Orgánica 5/2000, de 12 de enero, reguladora de la responsabilidad penal de los menores) y sus propios principios orientadores, del que es "el interés superior del menor" su mayor representante. Se aplica a personas de entre 14 y 18 años, y, si bien, también ha sufrido un endurecimiento en la línea de lo que sucede en materia penal, y diferencia sanciones entre los 14 y los 16 años y entre estos y los 18 años (al margen también de los problemas que la edad mínima plantea cada cierto tiempo en atención a determinados sucesos delictivos particularmente mediáticos cometidos por menores de 13 años, lamentablemente, cada vez más frecuentes), todavía le da un margen de maniobra al juez, en función del principio de flexibilidad, imposible en la legislación de adultos.

Podemos considerar superadas las dudas sobre si esta violencia se puede producir entre las parejas de adolescentes (en este sentido, la Circular 6/2011 de la Fiscalía General del Estado) y destacar lo preocupante que resulta en este colectivo, después de 20 años de concienciación muy activa, y que, por tanto, ha crecido en una sociedad concienciada y en proceso de cambio, no sólo el problema persista, sino que los casos sean elevados e, incluso, con finales trágicos como la muerte. Ello, sin perjuicio, de otros problemas o dudas procesales que se pueden suscitar en los procedimientos de menores por estos delitos y de la problemática sobre su custodia o de la supresión de patria potestad.

En general, también se puede destacar que es frecuente que la violencia entre los jóvenes se produzca especialmente aprovechando las nuevas tecnologías (la que algunos, como Sanz Mulas, denominan "violencia 2.0"), así como el hecho de que sigue existiendo un problema con la toma de los datos, que no es tan exhaustiva como se podría desear. En este sentido, cabe destacar que estamos en una fase en la que se están produciendo novedades sobre el proceso estadístico ya que, desde el año 2022 el Ministerio de Igualdad está recogiendo datos de las muertes de mujeres no sólo sucedidas en el contexto de pareja o expareja, sino por otros sujetos. En concreto se alude a feminicidios familiares, sexuales, sociales y vicarios. De ellos desde que se inició el cómputo en 2022 hasta el 3 de marzo de 2024 el número de feminicidios es: 33 familiares, 8 sexuales y 15 sociales (cifras provisionales, según el Ministerio de Igualdad).

La cifra de menores de edad víctimas mortales en casos de violencia de género contra su madre en España en 2024 (hasta el 11 de abril de 2024, sin que consten casos en investigación en tal fecha) son, según fuentes oficiales, 7, lo que resulta preocupante pues 2023 terminó con *sólo* 2 casos. La cifra más alta, desde que hay registros -2013- hasta la actualidad se produjo en 2015 con 9 fallecidos. Y la cifra acumulada en estos poco más de diez años en los que existen registros asciende a 60 menores fallecidos en ese contexto de violencia vicaria (sobre la que se publicó un estudio en 2021 por Sonia Vaccaro, quien acuñó el término). Así pues, los menores han de ser tenidos en cuenta como víctimas directas e indirectas. Y la violencia vicaria requiere ser atendida más allá de su incorporación en el objeto de la LO 1/2004, tal y como se ha visto por reformas operadas en la misma LO 8/2021; ley que, conviene tener presente, surge en el marco de las Estrategias proyectadas por el Pacto de Estado contra la Violencia de Género (2018-2022). Este Pacto se conformó con 10 ejes y casi 300 medidas, de las que algunas tienen relación con temática penal, como las relativas a modificaciones en algunos tipos penales, la propuesta de desaparición de algunas atenuantes en contexto de violencia de género o, sin ir más allá, la necesidad de ampliar el concepto de violencia de género a todos los tipos de violencia contra las mujeres contenidos en el Convenio de Estambul (medida 102). Una vez finalizado el Pacto, y tal como se preveía en él, se realizó una valoración de las medidas ligadas a la Administración General del Estado, que permitió comprobar qué medidas se llegaron a implementar y cuáles no. Como es de imaginar, no todas pudieron ser cumplidas, si bien, quizás la más llamativa de las *incumplidas* es la relativa a la ampliación del concepto. El hecho de que no se iban a poder cumplir todos los objetivos resultó evidente antes de la finalización del período de vida previsto para el Pacto, pues un año antes ya se estaba planteando su prórroga.

Entre otros de los problemas a tener en cuenta en esta materia está la protección que reciben en el exterior las mujeres víctima de género. Es una cuestión también más de índole procesal, pero no resulta sencilla su puesta en práctica, por más que se asevere que los consultados pueden tramitar su repatriación o ayudarlas en gestiones varias. Además, no podemos olvidar que hay víctimas, con nacionalidad española, que sufren violencia en otros países, pero también víctimas de violencia en nuestro país que deciden trasladarse (a veces con orden de protección viva) no a otra zona del territorio nacional, sino al extranjero, con las dificultades adicionales que su protección conlleva. Últimamente, se alude al trabajo por una mejor comunicación de los servicios consulares en relación a la protección frente a la violencia de género para que las mujeres que residan en el exterior puedan conocerlos y utilizarlos. De hecho, La Comisión Delegada de Jóvenes y Mujeres del Consejo General de la Ciudadanía Española en el Exterior (CGCEE) anunció, en 2023, la presentación de ocho propuestas en el marco del III Pleno del VIII mandato del CGCEE.

La situación de las personas transgénero también presenta particularidades. Al margen de algún caso mediático en el que el hombre argumentó sentirse mujer para intentar evitar una condena por violencia de género (con nula suerte pues, como es sabido, el momento a tener en cuenta para la comisión del hecho delictivo está marcado por el artículo 7 CP), las modificaciones sobre la regulación de los requisitos para el cambio de género han variado en las últimas décadas, y, con ello, los posibles problemas en esta materia. En este sentido es destacable lo dispuesto por la Circular 4/2005, de 18 de julio en relación con el ámbito de aplicación de la LO 1/2004, según la cual las parejas de distinto sexo formadas por transexuales reconocidos legalmente entran en el ámbito de la ley si el agresor es el varón y la víctima la mujer. Por su parte, la Circular 6/2011, de 2 de noviembre, recoge que no es un problema para la aplicación de la ley que la mujer transexual no hubiera acudido al Registro Civil para rectificar el asiento relativo a su sexo "si se acredita su condición de mujer a través de los informes médico-forenses e informes psicobiológicos por su identificación permanente con el sexo femenino". Mayores problemas podrían plantearse atendiendo a la más reciente Ley 4/2023, de 28 de febrero, para la igualdad real y efectiva de las personas trans y para la garantía de los derechos de las personas LGTBI, que entró en vigor el 2 de marzo de 2023, y en la que no se requiere informe alguno para proceder al cambio registral, tal y como se desprende del artículo 44. 3, según el cual "el ejercicio del derecho a la rectificación registral de la mención relativa al sexo en ningún caso podrá estar condicionado a la previa exhibición de informe médico o psicológico relativo a la disconformidad con el sexo mencionado en la inscripción de nacimiento, ni a la previa modificación de la apariencia o función corporal de la persona a través de procedimientos médicos, quirúrgicos o de otra índole". Y ello al margen de otros puntos controvertidos como la edad a partir de la cual este cambio es posible y el modo de llevarlo a cabo.

5. A modo de conclusión

No cabe ninguna duda de que se han producido avances en la lucha contra esta lacra social (más recursos, más estadísticas, ampliación de las violencias perseguidas, ayudas a las víctimas, concienciación social, etc.), pero tampoco cabe duda de que aún queda mucho por hacer (buena muestra de ello es esta violencia entre los más jóvenes) y no sólo en el marco penal, si bien, por lo que aquí nos afecta, se ha de destacar que no dejará de ser necesario.

Desde la LO 1/2004 ésta y otras leyes han trabajado para evitar la violencia contra las mujeres, porque, en realidad, ese es el objetivo final, sin perjuicio de que aún se circunscriba terminológicamente, en muchos casos, como violencia de género. Cada vez son más las mujeres que piden y reciben ayuda, pero todavía se pueden mejorar los sistemas de valoración del riesgo policial. En esta línea es interesante mencionar también la reciente puesta en marcha por el Ministerio del Interior del "Protocolo cero", enfocado en orientar la actuación de las Fuerzas y Cuerpos de Seguridad del Estado ante el conocimiento de un caso de violencia de género o el quebrantamiento de una medida de protección, independientemente de que la víctima no quiera presentar una denuncia; algo que resulta necesario cuando se manejan datos según los cuales aproximadamente el 80% de las víctimas de violencia de género no denuncia, y cuando lo hacen, tardan 9 años de media (según la Macroencuesta de Violencia contra la Mujer de 2019).

Así pues, LO 1/2004, que fue una aportación claramente positiva, pero aún insuficiente, se ha visto seguida por otras estrategias, nacionales e internacionales, más o menos efectivas, pero casi siempre necesarias. Y se necesitarán aún más. Por este motivo ni es extraño que se haya prorrogado el Pacto de Estado contra la Violencia de Género ni que, entre otros instrumentos, se haya aprobado el actualmente vigente texto sobre Estrategias contra la violencia machista 2022-2025 (nótese la diferente terminología empleada aquí), dividida en seis bloques, que se considera un nuevo instrumento de planificación y ordenación de actuaciones en el ámbito de las políticas públicas para contribuir de forma decidida a la *prevención, detección, erradicación, y reparación de todas las violencias contra todas las mujeres* en un escenario que exige ampliar la mirada y conseguir resultados más eficaces y eficientes *a corto, medio y largo plazo.*

6. Bibliografía

- CASTILLEJO MANZANARES, Raquel (Dir.), *Justicia restaurativa y violencia de género. Más allí de la Ley Orgánica 1/2004,* Universidade de Santiago de Compostela, Santiago de Compostela, 2014.
- ESPINOSA CEBALLOS, Elena Marín, "*El marco normativo de la violencia de género: un estudio de Derecho comparado acerca de las leyes de segunda generación y de la ley integral española",* en Revista de Derecho Penal y Criminología nº 17, 2017, pp. 93-126.
- FERNÁNDEZ DÍAZ, Carmen Rocío, "*Efectos de las penas limitadoras de la patria potestad en el Código Penal español. Especial referencia a los casos de violencia de género",* en Revista General de Derecho Penal, nº 33, 2020, 1-30
- FERNÁNDEZ TERUELO, Javier Gustavo, *Análisis de feminicidios de género en España en el período 2000-2015*, Thomson Reuters Aranzadi, Navarra, 2015.
- GARCÍA ÁLVAREZ, Pastora, *La víctima en el Derecho penal español,* Tirant lo Blanch, Valencia, 2014.
- GONZÁLEZ TASCÓN, María Marta, *A propósito de la trata de seres humanos: análisis de la modalidad básica del delito de trata de seres humanos,* Revista Aranzadi de Derecho y Proceso Penal, nº 59, 2020, pp. 59-98.

- GRANDE SEARA, Pablo y PILLADO GONZÁLEZ, Esther, *La Justicia Penal ante la violencia de género ejercida por menores*, Tirant lo Blanch, Valencia, 2016.
- MAGRO SERVET, Vicente, *Guía práctica de delitos de violencia de género y contra la libertad sexual (adaptada a la Ley Orgánica 4/2023, de 27 de abril)*, La Ley, Madrid, 2023.
- MANZANARES SAMANIEGO, José Luís, *La reforma del Código Penal de 2015 conforme a las Leyes Orgánicas 1 y 2/2015, de 30 de marzo,* La Ley, Madrid 2015.
- MAQUEDA ABREU, María Luisa, *"¿Es la estrategia penal una solución a la violencia contra las mujeres?",* en InDret 4/2007, 1-43.
- ROCA AGAPITO, Luis, *Las consecuencias jurídicas del delito,* Tirant lo Blanch, Valencia, 2022.
- SAN SEGUNDO MANUEL, Teresa, *A vueltas con la violencia. Una aproximación multidisciplinar a la violencia de género*, Tecnos, Madrid, 2016.
- SANZ MULAS, Nieves, *Violencia de género y pacto de Estado,* Tirant lo Blanch, Valencia, 2019.
- VÁZQUEZ-PORTOMEÑE SEIJAS, F. (Dir.), *Violencia contra la mujer: manual de derecho penal y proceso penal: adaptado a la LO 1/2015, de reforma del Código penal,* Tirant lo Blanch, Valencia 2016.
- VIDALES RODRÍGUEZ, Caty, *"La generalización del género: reflexiones en torno a la agravante de discriminación por razón de género"*, en Revista General de Derecho Penal, nº 32, 2019, 2-25.
- VILLA SIEIRO, Sonia Victoria, *Violencia de género, Justicia Penal y Pacto de Estado,* Tirant lo Blanch, Valencia, 2023.
- VILLACAMPA ESTIARTE, Carolina, *Pacto de estado en materia de violencia de género: ¿más de lo mismo?,* Revista Electrónica de Ciencia Penal y Criminología, 20-04 (2019), 1-38.
- VILLACAMPA ESTIARTE, Carolina, y TORRES, Nuria, *"El matrimonio forzado y su tratamiento institucional: visión profesional y victimal",* en Revista General de Derecho Penal, nº 32, 2019, 6-63.

Medidas sociales de protección frente a la pobreza y la exclusión social

Diego Álvarez Alonso
Profesor Titular de Derecho del Trabajo y de la Seguridad Social
ORCID ID: https://orcid.org/0000-0001-8559-8520

Sumario: 1. Las nociones de pobreza y exclusión: dos realidades diferentes, aunque íntimamente relacionadas. 2. Medidas sociales frente a la pobreza y la exclusión: definición de políticas y estrategias, y clases de actuaciones. 3. Políticas activas de empleo, formación e inserción para personas en situación o riesgo de exclusión. 4. Fomento del empleo de personas en situación de exclusión o vulnerabilidad: bonificaciones en las cotizaciones a la Seguridad Social. 5. Fomento del empleo a través de modalidades singulares de contratación: el contrato temporal de fomento del empleo de personas en situación de exclusión social. 6. Fomento del empleo de personas con discapacidad o diversidad funcional. 7. Las empresas de inserción. 8. Subsidio(s) de desempleo. 9. Prestaciones no contributivas de la Seguridad Social: pensiones de invalidez y jubilación, y protección familiar. 10. El ingreso mínimo vital. 11. Bibliografía.

1. Las nociones de pobreza y exclusión: dos realidades diferentes, aunque íntimamente relacionadas

Las de "pobreza" y "exclusión social" son dos nociones difíciles de delimitar con exactitud. Se trata de realidades distintas, aunque íntimamente relacionadas. No todas las personas pobres son necesariamente excluidas, ni tampoco la exclusión puede contemplarse exclusivamente como un problema de penuria económica. Ahora bien, entre ambas circunstancias existen evidentes inferencias: la pobreza es una de las principales causas de la exclusión, y, de otro lado, la situación de exclusión conlleva obstáculos de integración en el ámbito económico y social, y en particular en el mercado de trabajo, que pueden generar dificultades para obtener ingresos y mejores condiciones de vida, desencadenando o acentuando las condiciones de privación material en que la persona excluida tiende a situarse. Además, no se trata sólo de una relación de causa-efecto, sino de una dinámica de mutua retroalimentación, en forma de "círculo vicioso". Tal vez por la apuntada complejidad, no existe una definición única y universal ni de pobreza ni de exclusión, y menos aún un concepto legal de aplicación general. Por el contrario, cabe encontrar una pluralidad de definiciones próximas, pero distintas, en los diversos marcos de análisis, regulación o actuación referidos al tema (documentos de la UE, OCDE, OIT, ONU; Estrategia Nacional de Prevención y Lucha contra la Pobreza y la Exclusión Social; legislación sobre empleo y prestaciones sociales, entre otros), cada uno de los cuales utiliza su propia delimitación conceptual a los concretos efectos de los específicos objetivos que persigue.

Sí parece convenirse generalmente en definir la pobreza como carencia de recursos económicos o medios materiales suficientes para hacer frente a las necesidades básicas de la vida (alimentación, vivienda, vestimenta, suministros esenciales, etc.), si bien hay divergencias en cuanto al punto exacto en que se sitúan el "umbral de suficiencia" y el "umbral de pobreza", que cada instrumento político o normativo suele fijar con unos u otros criterios a sus propios efectos. Es más, se distingue en ocasiones entre las situaciones de "pobreza absoluta" o "pobreza extrema", "pobreza relativa" y "riesgo de pobreza". La primera haría referencia al grado de carencia material más grave y universalmente reconocible como situación de pobreza, habitualmente identificado con la obtención de ingresos por debajo de 1,25 dólares al día, o también, en una redefinición actualizada, con una condición caracterizada por la privación severa no sólo en cuanto al nivel de ingresos, sino asimismo en lo que se refiere al acceso a los servicios encaminados a satisfacer necesidades humanas básicas, tales como las de alimento, agua potable, atención sanitaria, salud, refugio, educación e información. La "pobreza relativa" hace referencia a una medición comparativa en un determinado contexto social (localidad, país, región, continente), entendiéndose entonces como pobres quienes perciben ingresos normalmente por debajo del 50% de la media o mediana del conjunto de la sociedad, si bien caben otras formas de delimitación y medición multidimensional más complejas. El "riesgo de pobreza" se mide comparativamente, de manera similar a la "pobreza relativa", aunque estableciendo un umbral más elevado que permite englobar en esta categoría no sólo a quienes padecen de manera efectiva carencias materiales más graves, sino también a quienes, aun sin estar todavía en tal situación, se encuentran próximos y podrían caer fácilmente en ella, ubicándose en una posición de vulnerabilidad. Concretamente, en la Unión Europea, el umbral del "riesgo de pobreza" se establece en el 60% de la mediana de ingresos en el conjunto de la sociedad.

Más difícil aún resulta definir la exclusión social, pues se trata de un fenómeno "multidimensional" que se manifiesta de muy variadas formas en muy diversos ámbitos. En efecto, se trata de una ausencia o pérdida de integración de la persona que puede proyectarse sobre todas o sobre algunas de las distintas esferas que componen la vida social en su conjunto (la economía, el mercado de trabajo, la participación política, el ejercicio activo de la ciudadanía, el acceso a la educación y la cultura, las relaciones sociales y familiares, etc.). Esta complejidad hunde sus raíces en el origen "multicausal" de la exclusión, en la medida en que esta puede derivarse de múltiples factores distintos, aunque a menudo relacionados entre sí, tal y como se sintetiza en la Figura 1.

Fuente: Elaboración propia.

Figura 1. Carácter "multicausal" de la exclusión social.

Así pues, partiendo de la imposibilidad de ofrecer una delimitación conceptual cerrada y de validez universal sobre las nociones de pobreza y exclusión social, procede al menos dar cuenta de aquellas definiciones utilizadas más habitualmente, o las incorporadas a sus propios efectos en los instrumentos de mayor alcance orientados a hacer frente a estas situaciones de vulnerabilidad. En este sentido, un indicador ampliamente reconocido y de uso generalizado en la Unión Europea es la llamada Tasa AROPE ("*At risk of poverty or social exclusion*"), que mide conjuntamente pobreza y exclusión a través de tres indicadores combinados: 1) la tasa de riesgo de pobreza, que mide la renta, y que constituye el factor más importante dentro del índice AROPE, pues supone entre el 60% y el 65% del peso del indicador; 2) la privación material severa, que considera determinados factores concretos de privación y las posibilidades de consumo, y que supone en torno al 11% del peso del indicador; finalmente, 3) la baja intensidad de empleo en el hogar, que representa, aproximadamente, el 25% del peso del indicador. En definitiva, la población AROPE estaría formada por las personas que viven en hogares en los que se den, al menos, una de las tres circunstancias siguientes: están en riesgo de pobreza, sufren privación material severa y/o hay una baja intensidad de empleo en la unidad de convivencia.

En el ámbito nacional, el instrumento de alcance general más destacado en la materia es la Estrategia nacional de prevención y lucha contra la pobreza y la exclusión social. Según esta, en términos monetarios, se consideran en riesgo de pobreza aquellas personas que viven en hogares donde la renta disponible por unidad de consumo es inferior al 60% de la mediana de la renta nacional. El porcentaje de personas por debajo de dicho umbral constituye lo que se denomina tasa de riesgo de pobreza. No obstante, junto a la pobreza relativa medida a partir de los ingresos, este documento atiende también a la pobreza o privación material, que hace referencia a un estado de dificultad económica que se traduce en la incapacidad de acceder a determinados bienes o servicios que se consideran deseables o necesarios para llevar una vida con un nivel de bienestar adecuado. Además, se utiliza asimismo el indicador AROPE antes mencionado, referido conjuntamente al riesgo de pobreza y de exclusión social.

Por otra parte, la técnica de la enumeración expresa de las clases de personas consideradas vulnerables y merecedoras de especial protección es también la utilizada mayoritariamente por las normas que, dentro del Derecho del Empleo, se refieren específicamente a la situación o riesgo de exclusión social, efectuando un listado de los sujetos y colectivos que se consideran como posibles beneficiarios de las medidas legales que tales disposiciones articulan para promover su inserción sociolaboral. Así, la más específica definición en este campo puede encontrarse en la Ley 44/2007, de 13 de diciembre, para la regulación del régimen de las empresas de inserción (art. 2.1), a la que habitualmente se remiten también otras normas de fomento del empleo (por ejemplo, el Real Decreto-Ley 1/2023, de 10 de enero, de medidas urgentes en materia de incentivos a la contratación laboral y mejora de la protección social de las personas artistas). Esta definición legal considera en situación o riesgo de exclusión social a los siguientes colectivos: perceptores de rentas mínimas de inserción o análogas (por ejemplo, salario social básico del Principado de Asturias); personas que no pueden acceder a dichas prestaciones por falta del tiempo de residencia o empadronamiento requerido o haber agotado el periodo máximo de percepción; jóvenes mayores de 18 y menores de 30 procedentes de instituciones de protección de menores; personas con problemas de drogodependencia y otras adicciones en proceso de rehabilitación o reinserción; reclusos y exreclusos (con posibilidad de acceder al empleo); menores que están o han estado situación de internamiento; personas procedentes de centros de alojamiento alternativo de las comunidades autónomas; finalmente, personas procedentes de servicios de prevención e inserción social de las comunidades autónomas.

En cualquier caso, dada la complejidad del fenómeno, cualquier intento de definición taxativa puede resultar arriesgado y ser susceptible de crítica. Ahora bien, las medidas normativas de protección social frente a la pobreza y la exclusión requieren, como punto de partida, una delimitación precisa de su campo de aplicación, así como de las personas, colectivos y situaciones a las que se dirigen. En el estudio que sigue del régimen jurídico de tales medidas, se verá cómo, más allá de la noción legal más general recién mencionada, el marco regulador aplicable en cada caso establece sus propias previsiones al respecto.

2. Medidas sociales frente a la pobreza y la exclusión: definición de políticas y estrategias, y clases de actuaciones

Las políticas y estrategias en la lucha contra la exclusión social vienen predefinidas en algunas de sus líneas maestras por determinados instrumentos y políticas de la Unión Europea al respecto. En la actualidad, las aportaciones de la UE en este campo se enmarcan en el *Pilar Europeo de Derechos Sociales* establecido en 2017 (Tercer Capítulo) y se integran en el *Plan de Acción del Pilar Europeo de Derechos Sociales.* No obstante, los objetivos incluidos en tales instrumentos en relación con la pobreza y la exclusión continúan basándose en la denominada *Estrategia Europa 2020* establecida con anterioridad, que incorporaba ya una *Estrategia europea para la inclusión social.* Aunque ha habido también actualizaciones posteriores como el llamado *Compromiso Social de Oporto* acordado en 2021 conjuntamente por el Consejo, la Comisión, el Parlamento Europeo, los interlocutores sociales y entidades de la sociedad civil, estableciendo unos objetivos determinados para 2030. Con ese marco, la UE apoya, complementa e incluso orienta hasta cierto punto las actividades de los Estados miembros en los ámbitos de la protección social y la inclusión. También juega un papel aquí la creciente coordinación de las políticas económicas generales y las actuaciones desarrolladas por los países pertenecientes a la Unión en el terreno de la política social, a través de métodos como el denominado *Semestre Europeo.* Dentro de esas coordenadas, en el ámbito nacional, el diseño estratégico de las actuaciones frente a la pobreza y la exclusión ha ocupado un lugar de cierta importancia en los sucesivos "programas nacionales de reformas" presentados por España en el contexto de la coordinación europea de las políticas económicas de los Estados.

Ahora bien, el documento gubernamental español más sobresaliente en este campo, y en el que se ha pretendido ofrecer un planteamiento de conjunto de mayor alcance sobre la cuestión es la *Estrategia nacional de prevención y lucha contra la pobreza y la exclusión social.* Partiendo de un notable diagnóstico de la situación, en dicho documento se plantean metas estratégicas, objetivos, prioridades y líneas de actuación, incluyendo indicaciones sobre las concretas medidas sociolaborales llamadas a jugar un papel en la lucha contra la pobreza y la exclusión, e incluso sobre correspondencias con otros planes o normativa relevantes. Cabe destacar que el empleo se considera un factor clave en relación con la pobreza y la exclusión, así como un eje vertebrador fundamental para las políticas de inclusión activa. En consecuencia, buena parte de las actuaciones y medidas sociolaborales contempladas se refieren precisamente a la inclusión en el empleo y el acceso al mercado de trabajo. Las orientaciones estratégicas apuntadas tienden a poner el acento en las medidas de inclusión social activa, aunque sin descuidar las medidas de protección social compensatoria, especialmente las de protección ante la pérdida del empleo y las de garantía de ingresos mínimos, como el ingreso mínimo vital.

Dentro de estos planteamientos, las medidas sociolaborales de protección frente a la pobreza y la exclusión pueden clasificarse en dos grandes categorías, medidas de inclusión activa y medidas de protección pasiva, compensatoria o paliativa, sin perjuicio de las mutuas interconexiones entre ellas, que la Estrategia nacional, y anteriormente los planes nacionales de inclusión, siempre han tratado de enfatizar. Dentro del primer grupo, y de acuerdo con la consideración de la integración laboral como clave fundamental de la inserción social, la mayoría de las medidas para la inclusión activa se encuadran en el ámbito de la política de empleo, orientándose específicamente a favorecer la incorporación al trabajo de las personas en situaciones de vulnerabilidad vinculadas a la pobreza y la exclusión.

En este terreno, la Ley 3/2023, de 28 de febrero, de Empleo (en adelante, LEm), acoge entre sus objetivos el de asegurar políticas y actuaciones adecuadas, así como una atención especializada, para aquellos colectivos que presenten mayores dificultades de inserción laboral (arts. 3, 4, 5 y 50). Asimismo, sitúa entre los ejes articuladores de la Estrategia Española de Apoyo Activo al Empleo el denominado “Eje 3 - Oportunidades de empleo”, en el que se incluyen “las actuaciones que tienen por objeto incentivar la contratación, la creación de empleo o el mantenimiento de los puestos de trabajo, especialmente para aquellos colectivos que tienen mayor dificultad en el acceso o permanencia en el empleo, con especial consideración a la situación de las personas en situación de exclusión social, de las personas con responsabilidades familiares, de las víctimas del terrorismo y de las mujeres víctimas de violencia de género”, así como el “Eje 4 - Oportunidades de empleo para personas con discapacidad” (art. 12 LEm). Finalmente, la centralidad del tema se refleja en la delimitación legal de los “colectivos de atención prioritaria para la política de empleo”, esto es, aquellos donde suele haber un mayor número de “personas con especiales dificultades para el acceso y mantenimiento del empleo y para el desarrollo de su empleabilidad”. Entre otros varios “colectivos vulnerables de atención prioritaria”, la ley sitúa a “las personas jóvenes especialmente con baja cualificación”, “personas en desempleo de larga duración”, “personas con discapacidad”, “personas con capacidad intelectual límite”, “mayores de cuarenta y cinco años”, “víctimas de trata de seres humanos”, “víctimas de violencia de género”, “personas en situación de exclusión social”, “personas afectadas por drogodependencias y otras adicciones” y “víctimas del terrorismo” (art. 50 LEm).

De acuerdo con este marco, las personas vulnerables, y especialmente quienes se encuentran en situaciones de pobreza y exclusión o riesgo de caer en ellas, resultan beneficiarias preferentes o destinatarias específicas de los distintos tipos de medidas estudiadas en los siguientes apartados: por una parte, las integradas en la política de empleo; por otra parte, las medidas de protección pasiva o compensatoria, esto es, un variado elenco de mecanismos y recursos públicos, normalmente en forma de prestaciones sociales, encaminados a evitar o paliar situaciones de pobreza.

3. Políticas activas de empleo, formación e inserción para personas en situación o riesgo de exclusión

La Ley de Empleo dedica su Título III a las “Políticas activas de empleo” (arts. 31 a 54), siendo asimismo de relevancia al respecto lo establecido en el Título IV sobre “Servicios garantizados” (arts. 55 a 61). Estas previsiones son objeto de desarrollo ulterior a través de normativa reglamentaria, y concretamente la que aprueba para periodos plurianuales la Estrategia Española de Apoyo Activo al Empleo (para el periodo en que se publica esta edición, Real Decreto 1069/2021, de 4 de diciembre, por el que se aprueba la Estrategia Española de Apoyo Activo al Empleo 2021-2024). En este marco normativo se insertan distintas clases de actuaciones: orientación profesional, formación y recualificación, garantía de la igualdad de oportunidades en el empleo, fomento del empleo, fomento del autoempleo, fomento de la movilidad y, en lo que aquí interesa especialmente, la promoción de oportunidades para colectivos con especiales dificultades, mencionándose explícitamente, entre otras circunstancias de vulnerabilidad, la discapacidad, la exclusión social y la violencia de género.

A efectos de todas esas distintas clases de actuaciones, los grupos de población con mayores dificultades para el acceso al mercado de trabajo o para el mantenimiento del empleo, y particularmente las personas en situación o riesgo de exclusión, se declaran colectivos prioritarios de la política de empleo (art. 50 LEm), lo que se traduce en la adopción de medidas específicamente dirigidas a ellos (por ejemplo, en el caso de las medidas de fomento del empleo de las que se trata posteriormente), o bien en una consideración prioritaria o preferente, transversalmente aplicable, en el acceso a las medidas y servicios que se ofrecen con carácter general para cualquiera que se encuentre en desempleo. Este segundo enfoque es el que se utiliza en relación con las acciones de formación, recualificación, orientación e inserción laboral para las personas desempleadas. Ello se refleja en la configuración jurídica de los servicios e instrumentos de mejora de la empleabilidad y orientación para el empleo personalizada, integral e inclusiva que, tras las últimas reformas, se han establecido como vehículo central para el desenvolvimiento del proceso de apoyo a la integración laboral del desempleado: a) elaboración de un perfil individualizado de usuario que permita la evaluación de la persona demandante de los servicios de empleo, con el soporte de evidencias estadísticas para la mejora de su empleabilidad, y que facilite el ulterior diseño de un itinerario personalizado formativo o de búsqueda activa de empleo o emprendimiento adecuado; b) tutorización individual y asesoramiento continuado y atención personalizada, presencial y no presencial, durante las transiciones laborales, bien entre la educación y el empleo o entre situaciones de empleo y desempleo; c) diseño y seguimiento de un itinerario o plan personalizado de empleo adecuado al perfil individualizado que exigirá la formalización de un acuerdo de actividad entre el servicio público de empleo y la persona usuaria (art. 56 LEm). Con estos instrumentos y procedimientos se pretende la individualización y personalización del apoyo a la persona desempleada en la mejora de la empleabilidad y la búsqueda de empleo, lo que constituye un derecho para los desempleados, y un deber para los servicios públicos de empleo.

Los servicios e instrumentos que se acaban de mencionar no son exclusivamente para los grupos identificados como vulnerables o con mayores dificultades de empleabilidad. Ahora bien, los colectivos de atención prioritaria para la política de empleo, entre los que se incluyen quienes se encuentran en situación o riesgo de exclusión social, tienen prioridad o preferencia en relación con el acceso a las mencionadas medidas de orientación y acompañamiento individualizado en la mejora de la empleabilidad, incluida la elaboración y puesta en práctica de sus itinerarios o planes y personalizados de empleo. Además, el diseño y puesta en práctica de estos itinerarios para el caso de los colectivos prioritarios se somete a exigencias particulares o reforzadas de atención a las circunstancias y necesidades específicas de la persona en función de su perfil y situación, así como a una preceptiva y más rigurosa programación de objetivos y evaluación (art. 50.2 LEm).

4. Fomento del empleo de personas en situación de exclusión o vulnerabilidad: bonificaciones en las cotizaciones a la Seguridad Social

El grueso de las medidas de fomento del empleo relacionadas con la materia de que aquí se trata consiste en ofrecer incentivos económicos a las empresas para el estímulo de la contratación de personas pertenecientes a colectivos vulnerables o con especiales dificultades de acceso al empleo identificados como tales en la Estrategia nacional de prevención y lucha contra la pobreza y la exclusión social. Tales incentivos se traducen en bonificaciones o reducciones de las cotizaciones a la Seguridad Social correspondientes a los contratos de trabajo que se celebren con estas personas, pretendiendo hacer más atractiva para las empresas su contratación, por la vía de reducir los costes sociales asociados. Las clases de bonificaciones, los colectivos destinatarios y las cuantías suelen actualizarse o modificarse con cierta frecuencia, pues se trata de un campo con gran propensión al cambio normativo y a la frecuentemente necesaria actualización de los importes económicos. Por ello, es recomendable la consulta de información actualizada, siendo útil al efecto la que ofrecen en su web oficial, a veces a través de cuadros resumen, las entidades públicas con responsabilidades en la materia, por ejemplo, en la siguiente página del Servicio Público de Empleo Estatal (SEPE): https://www.sepe.es/HomeSepe/empresas/informacion-para-empresas/bonificaciones-ayudas/bonificaciones-contratos.html. Aun teniendo presente tal advertencia, procede describir a continuación el elenco de incentivos aplicable al momento de escribirse este texto, de conformidad con el marco legislativo en materia de fomento del empleo vigente en la fecha de cierre de esta publicación, contenido en las siguientes disposiciones: Ley 43/2006, de 29 de diciembre, para la mejora del crecimiento y del empleo; Ley 44/2007, de 13 de diciembre, para la regulación del régimen de las empresas de inserción; Ley 5/2011, de 29 de marzo, de Economía Social; finalmente, Real Decreto-ley 1/2023, de 10 de enero, de medidas urgentes en materia de incentivos a la contratación laboral y mejora de la protección social de las personas artistas.

En primer lugar, se establecen bonificaciones a la contratación de *personas en situación de exclusión social.* El colectivo destinatario de la medida abarca a los sujetos siguientes: perceptores de rentas mínimas de inserción o análogas (por ejemplo, el IMV o el salario social básico del Principado de Asturias); personas que no pueden acceder a dichas prestaciones por falta del tiempo de residencia o empadronamiento requerido, o que hayan agotado el periodo máximo de percepción; jóvenes mayores de 18 y menores de 30 procedentes de instituciones de protección de menores; personas con problemas de drogodependencia y otras adicciones en proceso de rehabilitación; reclusos y exreclusos (con posibilidad de acceder al empleo); menores que están o han estado situación de internamiento; personas procedentes de centros de alojamiento alternativo de las comunidades autónomas; por último, personas procedentes de servicios de prevención e inserción social de las comunidades autónomas.

En estos casos, el empleo con contrato indefinido se incentiva con una bonificación de la cotización a la Seguridad Social de 128 euros/mes, por un periodo de 4 años. En el supuesto particular de que la contratación se haga específicamente por parte de empresas de inserción, de las que luego se tratará, o bien por parte de una empresa ordinaria, pero incorporando a una persona procedente de una empresa de inserción, las cuantías de los incentivos se incrementan. Los contratos formalizados por empresas de inserción para personas inscritas como demandantes de empleo menores de 30 años (o de 35 años si son personas con discapacidad) se bonifican en la cuantía de 147 euros/mes, durante tres años si el contrato es indefinido, y durante toda la vigencia del contrato si es temporal. Los contratos formalizados por empresas de inserción para personas inscritas como demandantes de empleo mayores de 30 años son objeto de bonificación por una cuantía anual de 850 euros, durante 3 años en caso de contratos indefinidos, y durante toda la vigencia del contrato si es temporal. Finalmente, la incorporación por empresa ordinaria de personas procedentes de empresas de inserción con contrato indefinido se bonifica en la cantidad de 147 euros/mes el primer año, y 120 euros/mes del segundo al cuarto año.

Se establecen también bonificaciones a la contratación de *víctimas de violencia de género, trata, violencias sexuales o terrorismo*. Ser o haber sido víctima de violencia de género, trata, violencias sexuales o terrorismo puede colocar a la persona en una situación de especial vulnerabilidad, generar dificultades y necesidades específicas a propósito de la búsqueda o mantenimiento del empleo (o incluso del cambio a otro puesto de trabajo) y ser un factor clave en la posible generación de una situación de exclusión social. Para contribuir a evitar que las dificultades laborales puedan obstaculizar el acceso a la protección y la asistencia integral requerida por la víctima o comportar revictimización, se establecen incentivos tendentes a promover el empleo de las víctimas, teniendo en cuenta que su inclusión laboral puede ser un mecanismo poderoso para impedir su aislamiento y garantizarles medios de vida propios que les permitan alejarse de los entornos de violencia sufridos y, en muchos casos, romper situaciones de dependencia económica del agresor, sin verse por ello abocadas a la pobreza.

Para poder acceder a estos beneficios, es preciso que esté acreditada la condición de víctima a través de los mecanismos y procedimientos judiciales o administrativos que correspondan en cada caso, según lo dispuesto en el artículo 6 del del Real Decreto-Ley 1/2023, de 10 de enero, de medidas urgentes en materia de incentivos a la contratación laboral. En este sentido, se consideran mujeres víctimas de violencia de género aquellas que acrediten dicha situación de conformidad con lo previsto en el artículo 23 de la Ley Orgánica 1/2004, de 28 de diciembre, de Medidas de Protección Integral contra la Violencia de Género. Mujeres víctimas de trata de seres humanos, de explotación sexual o laboral y mujeres en contextos de prostitución serán aquellas que acrediten dicha situación mediante informe de un servicio público encargado de la atención integral a las víctimas de trata, explotación sexual o laboral y mujeres en contextos de prostitución o por entidades sociales especializadas debidamente reconocidas por las administraciones públicas competentes en la materia, de acuerdo con lo dispuesto en el artículo 47 del Real Decreto-Ley 6/2022, de 29 de marzo. Mujeres víctimas de violencias sexuales son aquellas mayores de 16 años que acrediten dicha situación de conformidad con lo previsto en el artículo 37 de la Ley Orgánica 10/2022, de 6 de septiembre, de Garantía Integral de la Libertad Sexual. Finalmente, son víctimas del terrorismo a estos efectos aquellas personas que acrediten dicha condición de acuerdo con lo dispuesto en el artículo 34 de la Ley 29/2011, de 22 de septiembre, de Reconocimiento y Protección Integral a las Víctimas del Terrorismo.

La contratación indefinida de mujeres que tengan acreditada la condición de *víctimas de violencia de género, de violencias sexuales o de trata de seres humanos, de explotación sexual o de explotación laboral, y de mujeres en contextos de prostitución*, conforme a las definiciones que se acaban de exponer, dará derecho a una bonificación en la cotización de 128 euros/mes durante cuatro años. Igualmente, la contratación indefinida de personas que tengan acreditada la *condición de víctima de terrorismo* dará derecho a una bonificación en la cotización de 128 euros/mes durante cuatro años.

También se bonifica (en un 100% de la cuota empresarial por contingencias comunes) la celebración de contratos de sustitución para suplir a trabajadoras víctimas de violencia de género o víctimas de violencias sexuales que, por tal causa, hayan ejercido sus derechos de suspensión de su contrato de trabajo, movilidad geográfica o cambio de centro de trabajo. En este último caso, no se persigue promover la incorporación de las víctimas a un nuevo puesto de trabajo, sino facilitar el disfrute de los derechos laborales de las que ya se encontraban trabajando, favoreciendo la compatibilidad entre el mantenimiento del empleo y las necesidades derivadas de la situación padecida, incluido lo relativo a la asistencia social integral.

Por otra parte, habida cuenta de los elevados índices de desempleo juvenil, las personas *jóvenes* se consideran como uno de los grupos vulnerables al riesgo de exclusión en la Estrategia Nacional de Prevención y Lucha contra la Pobreza y la Exclusión Social. Ello ha llevado a establecer incentivos a la contratación de personas jóvenes, a menudo en interconexión con otras medidas y en el marco del denominado Sistema Nacional de Garantía Juvenil, esto es, una iniciativa financiada con fondos de la Unión Europea cuyo objetivo es garantizar que todos los jóvenes menores de 25 años reciban una oferta de empleo, educación continua, formación de aprendiz o un periodo de prácticas en un plazo de cuatro meses tras acabar la educación formal o quedar desempleados. Ahora bien, las fórmulas utilizadas al efecto han sido plurales y variables, en un terreno expuesto a frecuentes reformas sucesivas y, por tanto, de escasa estabilidad normativa. Al cierre de esta edición, cabría destacar como principales medidas de incentivo en relación con la población joven las siguientes: bonificación a la contratación de personas jóvenes menores de 30 años con baja cualificación y que sean beneficiarias del Sistema Nacional de Garantía Juvenil (275 euros/mes durante 3 años); diversas bonificaciones para la formación en alternancia, y, en particular, bonificación de la contratación de personas desempleadas menores de 30 años para formación en alternancia (91 euros/mes durante toda la vigencia del contrato; asimismo, el citado contrato dará derecho a una bonificación de 28 euros/mes en las cuotas de la persona trabajadora a la Seguridad Social y por los conceptos de recaudación conjunta); con especial incidencia (aunque no exclusivamente) en el sector de la población joven, los incentivos a la conversión de contratos formativos y contratos de relevo en contratos indefinidos ordinarios; finalmente, recuérdese lo dicho ya anteriormente sobre la bonificación para la contratación por empresas de inserción, que se incrementa en caso de personas desempleadas jóvenes.

El riesgo de pérdida involuntaria del empleo y el desempleo tienen una especial incidencia en las *personas de "edad madura"*, especialmente expuestas a la expulsión prematura del mercado de trabajo en contextos de crisis, transformaciones tecnológicas y productivas aceleradas (especialmente en el marco de la digitalización y la revolución industrial 4.0) o reestructuraciones empresariales. Así, las personas de una cierta edad pueden encontrar más dificultades para mantener su empleo o para encontrar un nuevo puesto de trabajo tras haber perdido su empleo anterior, especialmente cuando acusan un déficit de formación, situándose entonces en una situación de vulnerabilidad frente al riesgo de pobreza y exclusión. Por ello, tanto los ejes de actuación de la Estrategia Nacional de Prevención y Lucha contra la Pobreza y la Exclusión Social como los instrumentos de política de empleo contemplan a este colectivo entre los destinatarios prioritarios de medidas de inclusión activa orientadas a la promoción de su inserción laboral (véase art. 50 LEm).

En la regulación de incentivos al fomento del empleo, la edad superior a 45 o 52 años aparece frecuentemente como elemento determinante de la aplicabilidad de la medida, o bien como factor que incrementa las cuantías aplicables. Así sucede con las bonificaciones para la contratación indefinida de parados de larga duración (personas desempleadas e inscritas en la oficina de empleo al menos doce meses en los dieciocho meses anteriores a la contratación), colectivo en el que la presencia de mayores de 45 años es significativa. Aunque la bonificación es aplicable en todo caso de paro de larga duración con independencia de la edad, el ser mayor de 45 años es un dato que se toma a efectos de incrementar la cuantía de las bonificaciones (hombres menores de 45 años: 110 euros/mes; mujeres menores de 45 años: 128 euros/mes; hombres mayores de 45 años: 128 euros/mes; mujeres mayores de 45 años: 128 euros/mes), que se aplican durante un periodo de tres años. Se opera de manera similar, incrementando la cuantía aplicable en caso de mayores de cierta edad, en la aplicación de varias de las bonificaciones o reducciones específicas que se analizan en otros apartados de este capítulo, tal y como se expone en el lugar respectivo. Por otra parte, las personas desempleadas mayores de 52 años y beneficiarias de los subsidios de desempleo pueden contabilizar su percepción con el trabajo por cuenta ajena, aplicándose la bonificación que corresponda según el programa de fomento de empleo vigente en cada momento. Cabría citar también algunos otros estímulos para mantenimiento del empleo aplicables a situaciones más específicas, como en el caso de la continuación de la vida laboral para mayores de 65 años con 38 años y 6 meses de cotización efectiva a la Seguridad Social o 67 años y 37 años de cotización, o bien los incentivos a la contratación indefinida de personas trabajadoras readmitidas tras haber cesado en la empresa por incapacidad permanente total o absoluta.

5. Fomento del empleo a través de modalidades singulares de contratación: el contrato temporal de fomento del empleo de personas en situación de exclusión social

Otra fórmula habitualmente utilizada en el contexto del fomento del empleo con el propósito de incentivar selectivamente la contratación laboral de personas pertenecientes a grupos vulnerables o con especiales dificultades de inserción laboral es el establecimiento de modalidades especiales de contratación para tales colectivos, que, en algún aspecto de su regulación, se apartan en cierta medida de las reglas generales establecidas para las modalidades ordinarias de contrato de trabajo. Esa diferenciación normativa pretende ofrecer a las empresas que utilicen estas modalidades singulares para la contratación de colectivos específicos alguna clase de ventaja específica con respecto al régimen jurídico general de los contratos laborales, pretendiendo así estimular o hacer más atractivo el empleo de estas personas con mayores problemas para el acceso a un puesto de trabajo.

En relación con las causas de vulnerabilidad que aquí interesan, procede citar, como forma específica de contratación actualmente existente, el contrato temporal de fomento del empleo de personas en situación de exclusión social, regulado en el art. 15 de la Ley 44/2007, de 13 de diciembre, para la regulación del régimen de las empresas de inserción, y en la Disposición adicional primera de la Ley 43/2006 de 29 de diciembre, para la mejora del crecimiento y del empleo. Las ventajas que para la empresa ofrece este contrato son las siguientes: en primer lugar, se permite que se concierte la relación laboral por una duración determinada al margen de las causas de temporalidad del art. 15 del Estatuto de los Trabajadores, esto es, sin necesidad de justificar la naturaleza temporal del trabajo; en segundo lugar, la duración del contrato también cuenta con un régimen jurídico específico que se aparta de las reglas del citado precepto del Estatuto de los Trabajadores, evitando la aplicación de las reglas limitativas que este establece al respecto; finalmente, este tipo de contratos se beneficia de las ya antes aludidas bonificaciones en la cotización a la Seguridad Social. Ahora bien, este contrato, que necesariamente debe formalizarse por escrito y en modelo oficial, solo puede ser concertado para la incorporación del trabajador a un tipo particular de empresas: las empresas de inserción, de las que luego se tratará en detalle.

Por otra parte, el contrato sólo puede celebrarse con una específica clase de destinatarios, las personas en situación de exclusión, entendiéndose a estos efectos por tales quienes pertenezcan a alguno de los siguientes colectivos: perceptores de rentas mínimas de inserción o análogas (por ejemplo, IMV o Salario Social Básico del Principado de Asturias); personas que no pueden acceder a dichas prestaciones por falta del tiempo de residencia o empadronamiento requerido o haber agotado el periodo máximo de percepción; jóvenes mayores de 18 y menores de 30 procedentes de instituciones de protección de menores; personas con problemas de drogodependencia y otras adicciones en proceso de rehabilitación; reclusos y exreclusos (con posibilidad de acceder al empleo); menores que están o han estado situación de internamiento; personas procedentes de centros de alojamiento alternativo de las comunidades autónomas, y, finalmente, personas procedentes de servicios de prevención e inserción social de comunidades autónomas.

En cuanto al régimen jurídico específico de este contrato, se establece que podrá concertarse por un período mínimo de doce meses y máximo de tres años. No obstante, podrá celebrarse por una duración menor si, de acuerdo con lo aconsejado por los servicios sociales públicos competentes, ello conviene al proceso de inserción de la persona contratada, sin que en ningún caso dicha duración pueda ser inferior a seis meses. A la extinción del contrato, el empleado tendrá derecho a recibir una indemnización en cuantía equivalente a 12 días de salario por año de servicio.

6. Fomento del empleo de personas con discapacidad o diversidad funcional

Como se ha visto ya en los apartados anteriores, la discapacidad es un factor tenido en cuenta por algunas de las medidas ya comentadas para, por ejemplo, elevar el umbral de edad para poder beneficiarse de tales previsiones o modular su alcance. De otro lado, específicamente, la normativa de fomento del empleo ofrece incentivos económicos directamente orientados a promover la contratación de personas con discapacidad. Para delimitar el campo de aplicación de dichas medidas, en primer lugar, se hace una remisión a la definición de las personas con discapacidad en Real Decreto Legislativo 1/2013, de 29 de noviembre, por el que se aprueba el Texto Refundido de la Ley general de derechos de las personas con discapacidad y de su inclusión social. A partir de ahí, en segundo lugar, se precisa quienes son las "personas con discapacidad que presentan mayores dificultades de acceso al mercado de trabajo": "las personas con parálisis cerebral, con trastorno de la salud mental, con discapacidad intelectual o con trastorno del espectro del autismo, con un grado de discapacidad reconocido igual o superior al 33 por ciento; así como las personas con discapacidad física o sensorial con un grado de discapacidad reconocido igual o superior al 65 por ciento".

Partiendo de esta delimitación legal de lo que se entiende por personas con discapacidad, se ofrecen en primer lugar incentivos a su contratación con carácter indefinido. Al cierre de esta edición, los establecidos son los reflejados en la Tabla 1 que se muestra a continuación, que resultan aplicables siempre que el contrato, necesariamente por escrito y en modelo oficial, se mantenga por un tiempo mínimo de tres años, de conformidad con lo establecido en la Ley 43/2006, de 29 de diciembre, y en el Real Decreto-Ley 1/2023, de 10 de enero.

Tabla 1. Incentivos a la contratación indefinida de personas con discapacidad.

Bonificaciones (durante toda la vigencia del contrato)	En general	Mujeres	Mayores de 45 (hombres y mujeres)
Discapacidad	4500 euros/año	5350 euros/año	5700 euros/año
Discapacidad severa	5100 euros/año	5950 euros/año	6300 euros/año

Fuente: Elaboración propia a partir de Ley 43/2006, de 29 de diciembre, y Real Decreto-Ley 1/2023, de 10 de enero.

Pueden resultar aplicables también subvenciones a tanto alzado de carácter adicional por la contratación con carácter indefinido de personas con discapacidad. Además, las empresas que contraten personas con discapacidad también pueden obtener subvenciones para la adaptación de puestos de trabajo, eliminación de barreras o dotación de medios de protección personal.

Por otro lado, si la contratación se produce por parte de un centro especial de empleo para personas con discapacidad, mediante la relación laboral especial establecida al efecto, se aplica una bonificación del 100% de las cuotas empresariales por todos los conceptos durante toda la vigencia del contrato. Esta última bonificación es aplicable a la contratación indefinida o temporal, y también a la conversión de los contratos temporales en indefinidos por parte un centro especial de empleo.

Con cuantías algo inferiores, dada la preferencia por el empleo indefinido, se incentiva asimismo la contratación temporal de personas con discapacidad, efectuada a través del contrato temporal de fomento del empleo al que luego se hará referencia específicamente. Los incentivos establecidos al cierre de esta edición son los recogidos en la Tabla 2, de acuerdo con lo dispuesto en el programa de fomento del empleo de la Ley 43/2006, y de conformidad asimismo con el Real Decreto-Ley 1/2023, de 10 de enero.

Tabla 2. Incentivos a la contratación temporal de personas con discapacidad.

Bonificaciones (durante toda la vigencia del contrato)	Hombres menores de 45	Hombres mayores de 45	Mujeres menores de 45	Mujeres mayores de 45
Discapacidad	3500 euros/año	4100 euros/año	4100 euros/año	4700 euros/año
Discapacidad severa	4100 euros/año	4700 euros/año	4700 euros/año	5300 euros/año

Fuente: Elaboración propia a partir de Ley 43/2006, de 29 de diciembre, y Real Decreto-Ley 1/2023, de 10 de enero.

La contratación temporal mediante contratos de sustitución de personas con discapacidad con el objeto de sustituir coyunturalmente a otras personas trabajadoras con discapacidad durante situaciones de incapacidad temporal se beneficia de una bonificación del 100 % de las cuotas empresariales por todos los conceptos.

La contratación de personas con discapacidad mediante la específica fórmula de los contratos formativos (contrato para la adquisición de práctica profesional y contrato de formación en alternancia) también es objeto de una bonificación del 50 % de la cuota empresarial por contingencias comunes durante toda la vigencia del contrato.

Además de las contrataciones iniciales, la conversión de contratos temporales de fomento del empleo, contratos para la adquisición de práctica profesional y de formación en alternancia de personas con discapacidad en contratos indefinidos ordinarios en empresas ordinarias también se beneficia de esta clase de incentivos. Las bonificaciones o, en su caso, reducciones a aplicar son las mismas que hubieran correspondido en el caso de contratación indefinida inicial, según grado de discapacidad, sexo y edad de la persona contratada.

Más allá de los referidos incentivos económicos, se establecen a favor de las personas con discapacidad otras medidas de política de empleo aún más específicas. Muy en particular, la regulación sobre empleo protegido de las personas con discapacidad en los denominados centros especiales de empleo y sobre los llamados "enclaves laborales" (Real Decreto Legislativo 1/2013, de 29 de noviembre, por el que se aprueba el Texto Refundido de la Ley general de derechos de las personas con discapacidad y de su inclusión social; Real Decreto 2273/1985, de 4 de diciembre, por el que se aprueba el Reglamento de los Centros Especiales de Empleo; Real Decreto 1368/1985, de 17 de julio, por el que se regula la relación laboral de carácter especial de los minusválidos que trabajen en los Centros Especiales de Empleo; Real Decreto 290/2004, de 20 de febrero, por el que se regulan los enclaves laborales como medida de fomento del empleo de las personas con discapacidad). Aunque probablemente la medida más ambiciosa es el establecimiento de una cuota de reserva de empleo para su cobertura por personas con discapacidad del 2% de la plantilla en empresas de 50 o más trabajadores (Real Decreto Legislativo 1/2013, de 29 de noviembre, por el que se aprueba el Texto Refundido de la Ley general de derechos de las personas con discapacidad y de su inclusión social), si bien es cierto que esta obligación admite modalidades alternativas de cumplimiento en ciertos casos en que, excepcionalmente, no resulte factible dar satisfacción al mandato legal mediante la contratación directa (Real Decreto 364/2005, de 8 de abril, por el que se regula el cumplimiento alternativo con carácter excepcional de la cuota de reserva en favor de los trabajadores con discapacidad). Entre estas medidas de cumplimiento alternativo se cuentan la celebración de contrataciones de obras o servicios con centros especiales de empleo, o la formalización de los antes aludidos enclaves laborales. Asimismo, cabe citar aquí también el programa de empleo con apoyo, mediante el que se pretende promover la inserción laboral asistida de personas con discapacidad en empresas ordinarias (Real Decreto 870/2007, de 2 de julio, por el que se regula el programa de empleo con apoyo como medida de fomento de empleo de personas con discapacidad en el mercado ordinario de trabajo).

Finalmente, también existe una modalidad particular de contratación “ventajosa” a propósito de este colectivo. Se trata del contrato temporal de fomento del empleo de personas con discapacidad, regulado en la Disposición adicional primera de la Ley 43/2006. Las ventajas que para la empresa ofrece este contrato son las siguientes: en primer lugar, se permite que se concierte la relación laboral por una duración determinada al margen de las causas de temporalidad del art. 15 del Estatuto de los Trabajadores, esto es, sin necesidad de justificar la naturaleza temporal del trabajo; en segundo lugar, la duración del contrato también cuenta con un régimen jurídico específico que se aparta de las reglas del citado precepto del Estatuto de los Trabajadores, evitando la aplicación de las reglas limitativas que este establece al respecto; finalmente, este tipo de contratos se beneficia de las ya antes aludidas bonificaciones en la cotización a la Seguridad Social para la contratación temporal de personas con discapacidad. Este contrato, que necesariamente debe formalizarse por escrito y en modelo oficial, podrá concertarse por un período mínimo de doce meses y máximo de tres años. A la extinción de la relación laboral por expiración del tiempo convenido, el empleado tendrá derecho a recibir una indemnización en cuantía equivalente a 12 días de salario por año de servicio.

Por su parte, el Real Decreto 368/2021, de 25 de mayo, sobre medidas de acción positiva para promover el acceso al empleo de personas con capacidad intelectual límite contempla el establecimiento de mecanismos de apoyo a la empleabilidad de dicho colectivo. Entre estas, cabe destacar la extensión también a estas personas del programa de empleo con apoyo y el establecimiento de incentivos económicos a la contratación. Estos últimos toman cuerpo a través de subvenciones a tanto alzado por la contratación indefinida y subvenciones para adaptación del entorno laboral, así como de una bonificación de 128 euros/mes en la cotización de Seguridad Social aplicable por 4 años, conforme a lo dispuesto en el Real Decreto-Ley 1/2023, de 10 de enero.

7. Las empresas de inserción

En el ámbito de la política de empleo, las denominadas empresas de inserción destacan de manera especial como instrumento específicamente dirigido a promover la integración laboral de las personas en situación de exclusión social. Se trata de empresas que, como las demás, realizan una actividad económica de producción de bienes y servicios, pero que, sobre todo, se caracterizan porque su finalidad primordial es facilitar a las personas excluidas la oportunidad de empleo que por lo general se les niega, si bien únicamente de manera transitoria, por cuanto el objetivo último es que dichas personas adquieran o recuperen a través de esta experiencia laboral competencias, formación y hábitos profesionales que les permitan posteriormente integrarse (o reintegrarse) con normalidad en el mercado de trabajo ordinario. Estas empresas, cuya constitución viene promovida por entidades sin ánimo de lucro, ya existían en España desde la década de los ochenta del pasado siglo. El marco normativo actualmente vigente en la materia está en la Ley 44/2007, de 13 de diciembre, para la regulación del régimen de las empresas de inserción (en adelante, LEI). Con el propósito de favorecer la integración de las personas en situación de exclusión en el mercado de trabajo ordinario, mediante el trabajo de tránsito en la empresa de inserción y diversas acciones de formación y orientación desarrolladas en este contexto, la citada disposición asume los cometidos siguientes: a) establecer una regulación propia para las empresas de inserción, que posibilite su desarrollo y consolidación; b) determinar para las empresas de inserción los requisitos necesarios y el procedimiento a seguir, a través de los itinerarios de inserción, para la incorporación al mercado ordinario de las personas en situación de exclusión social, y c) establecer un conjunto de medidas para la promoción de la inserción sociolaboral a través de las empresas de inserción y delimitar las situaciones que, en su caso, puedan determinar la adopción de tales medidas (art.1 LEI).

De acuerdo con el art. 4 LEI, tendrá la consideración de empresa de inserción aquella sociedad mercantil o sociedad cooperativa legalmente constituida que, debidamente calificada por los organismos autonómicos competentes en la materia, realice cualquier actividad económica de producción de bienes y servicios, y cuyo objeto social tenga como fin la integración y formación sociolaboral de personas en situación de exclusión social como tránsito al empleo ordinario. A estos efectos, se prescribe que tales entidades deberán proporcionar a los trabajadores en situación de exclusión itinerarios de inserción que comprendan procesos personalizados y asistidos de trabajo remunerado, formación en el puesto de trabajo y habituación laboral y social, debiendo para ello contar con servicios de intervención o acompañamiento para la inserción sociolaboral que faciliten la posterior incorporación al mercado de trabajo ordinario. Además, el art 5 LEI impone varios requisitos en cuanto a su constitución y funcionamiento: a) estar promovidas y participadas por entidades sin ánimo de lucro en un determinado porcentaje mínimo legalmente fijado (51% del accionariado en sociedades mercantiles, art. 5 LEI); b) encontrarse inscritas en el registro correspondiente a su forma jurídica, así como en el registro administrativo de empresas de inserción de la comunidad autónoma en que se establezcan; c) mantener un número mínimo de trabajadores en proceso de inserción (al menos el treinta por ciento de la plantilla durante los primeros tres años de actividad y el cincuenta por ciento a partir del cuarto año, no pudiendo ser en ningún caso inferior a dos); d) no realizar actividades económicas distintas a las de su objeto social; e) reinvertir el 80% de resultados o excedentes en la mejora y ampliación de estructuras productivas y de inserción; f) presentar anualmente un balance social de la actividad de la empresa, y g) contar con los medios necesarios para cumplir con los compromisos derivados de los itinerarios de inserción sociolaboral.

La acción de inserción desarrollada por estas empresas se dirige obviamente a las personas en situación de exclusión social. Más exactamente, de acuerdo con una delimitación legal ya antes aludida, a las personas desempleadas inscritas en los servicios públicos de empleo con especiales dificultades de integración en el mercado de trabajo acreditadas por los servicios sociales, pertenecientes a los siguientes colectivos (art. 2 LEI): perceptores de rentas de garantía de ingresos mínimos o análogas (por ejemplo, el IMV); personas que no pueden acceder a dichas prestaciones por falta del tiempo de residencia o empadronamiento requerido, o que hayan agotado el periodo máximo de percepción; jóvenes mayores de 18 y menores de 30 procedentes de instituciones de protección de menores; personas con problemas de adicciones; reclusos y exreclusos (con posibilidad de acceder al empleo); menores que están o han estado situación de internamiento; personas procedentes de centros de alojamiento alternativo de las comunidades autónomas; por último, personas procedentes de servicios de prevención e inserción social de las comunidades autónomas.

Siendo el objetivo primordial el de actuar como “puente” para favorecer el tránsito hacia la inserción en el mercado ordinario de trabajo, las claves en la dinámica de funcionamiento de las empresas de inserción son las siguientes: de una parte, simultanear el efectivo desempeño de un trabajo remunerado con el seguimiento por el trabajador de un itinerario individualizado y personalizado de inserción, adecuado a sus propias circunstancias, que le permita mejorar su situación presente y su empleabilidad futura; de otro lado, la permanente colaboración triangular entre las distintas entidades implicadas, es decir, la empresa de inserción, los servicios públicos de empleo y los servicios sociales, contando evidentemente con la implicación del propio trabajador. El eje central en torno al que se articula el desarrollo del proceso para la integración, con la participación de todas las partes, es el itinerario de inserción sociolaboral (art. 3 LEI).

Este itinerario de inserción ofrecerá una programación de las acciones y medidas a adoptar con el propósito último de favorecer el tránsito de la persona hacia el empleo ordinario, debiendo estar debidamente individualizado y personalizado en atención a su específica situación. Su fijación corresponde, conjuntamente, a los servicios sociales de la comunidad autónoma o corporaciones locales, los servicios públicos de empleo y las mismas empresas de inserción. Deberá ser aceptado por el trabajador, constituyendo a partir de entonces una obligación laboral el cumplimiento de lo establecido en él. En cuanto al contenido, el itinerario deberá recoger las medidas de intervención y acompañamiento que resulten pertinentes (art. 3.2 LEI), que pueden consistir, entre otras, en “servicios, prestaciones, acciones de orientación, tutoría y procesos personalizados y asistidos de trabajo remunerado, formación en el puesto de trabajo, y habituación laboral y social”. Todas estas acciones, prestaciones y servicios se harán efectivos a través de los denominados servicios de intervención y acompañamiento (tutoría, orientación, seguimiento, formación, etc.), ya sean los propios con que cuente la empresa de inserción o los que pongan a disposición los servicios sociales, los servicios públicos de empleo u otras entidades públicas o privadas colaboradoras. En lo que se refiere a los medios propios de la empresa de inserción, esta debe contar con ciertos recursos tales como tutores, orientadores y personal de acompañamiento (art. 16 LEI), para cuya contratación puede contar frecuentemente con subvenciones autonómicas. La puesta en práctica del itinerario será objeto de seguimiento por servicios sociales y los servicios públicos de empleo.

Con el fin de impulsar el desenvolvimiento de la actividad de interés social desarrollada por las empresas de inserción, el marco normativo vigente en la materia ofrece una serie de medidas de promoción y ventajas económicas (arts. 16 y 17 LEI). De entrada, las empresas de inserción pueden beneficiarse de subvenciones y ayudas de diverso tipo, incluidas las dirigidas a la contratación de personal antes mencionadas. Por otra parte, la contratación, indefinida o temporal, de personas desempleadas en situación de exclusión por parte de las empresas de inserción se beneficia de bonificaciones en la cotización a la Seguridad Social particularmente generosas, en los términos ya expuestos con anterioridad al tratar de las medidas de fomento del empleo. De otra parte, el contrato temporal para fomento del empleo de personas en situación de exclusión –objeto de consideración previa en un apartado propio - es una modalidad de contratación ventajosa precisamente dirigida a favorecer la contratación de personas en situación de exclusión por las empresas de inserción, las únicas que pueden recurrir a dicha figura contemplada en el art. 15 LEI.

Por último, debe hacerse aquí alguna consideración sobre el régimen jurídico de la relación laboral de los trabajadores en situación de exclusión en empresas de inserción. Esta constituye indudablemente una prestación de trabajo asalariado subordinado que se realiza en virtud de un contrato de trabajo y se halla sometida a la legislación laboral, si bien con ciertas peculiaridades derivadas de las singulares circunstancias que puede revestir la situación personal de estos trabajadores, de la específica finalidad de tránsito hacia la integración laboral en el mercado ordinario de trabajo subyacente y de las exigencias ligadas al itinerario de inserción. La LEI ha optado por considerar la prestación de trabajo en empresas de inserción como relación laboral común, sometida en consecuencia a la legislación laboral general (art. 11), sin perjuicio de la aplicación de ciertas reglas especiales concretas, explícitamente recogidas en dicha disposición (Capítulo IV LEI, arts. 11 a 15). Según este marco normativo, el contrato de trabajo podrá celebrarse con arreglo a cualquier modalidad contractual admitida por la legislación laboral general, de acuerdo con las prescripciones legales correspondientes (art. 12 LEI). Adicionalmente, también será posible emplear la modalidad específica del contrato temporal para el fomento del empleo de las personas en situación de exclusión, prevista precisamente para su utilización a estos efectos por las empresas de inserción. Por otra parte, en cualquier caso, el contrato necesariamente incorporará en el correspondiente anexo la expresión de las obligaciones que las partes asumen en el desarrollo del itinerario personal de inserción y las medidas concretas a poner en práctica (art. 12.2 LEI).

En cuanto a la regulación de condiciones de trabajo, deben tenerse en cuenta algunas particularidades recogidas en el art. 13 LEI. El contrato podrá concertarse a tiempo completo o a tiempo parcial, debiendo en este segundo caso establecerse una jornada diaria o semanal superior a la mitad de la jornada de trabajo de un trabajador a tiempo completo comparable. En el supuesto de modificación de la jornada inicialmente pactada, la empresa de inserción comunicará dicha modificación realizada a los servicios sociales públicos competentes. El trabajador, previo aviso y justificación, tendrá derecho a ausentarse del trabajo, sin pérdida de remuneración, para asistir a tratamientos de rehabilitación, participar en sesiones de formación y readaptación profesional o realizar cualquier otra medida de acompañamiento prevista en su itinerario personalizado de inserción, con las pautas que en el mismo se establezcan. Asimismo, las ausencias o faltas de puntualidad al trabajo motivadas por la situación física o psicológica derivada de la situación de exclusión social del trabajador se considerarán justificadas cuando los servicios sociales públicos competentes así lo determinen, y sin perjuicio de que sean comunicadas por el trabajador a la empresa. Si al término de un contrato ligado a un proceso de inserción el trabajador continuase en la empresa, no podrá concertarse un nuevo período de prueba y se computará el tiempo de servicios prestados a efectos de antigüedad. También se aplican reglas especiales en materia de extinción y suspensión del contrato de trabajo (arts. 13 y 14 LEI).

8. Subsidio(s) de desempleo

En nuestro sistema se articulan dos niveles de protección por desempleo, el contributivo (prestación de desempleo) y el "no contributivo" o "asistencial" (subsidio de desempleo), siendo el segundo de carácter subsidiario respecto al primero, pues sólo entra en juego cuando no pueda gozarse del primero por falta cumplimiento de los requisitos exigidos o por haberse agotado ya el tiempo máximo de percepción de la prestación. Así pues, la prestación de desempleo regulada en los artículos 266 a 273 del Real Decreto Legislativo 8/2015, de 30 de octubre, por el que se aprueba el texto refundido de la Ley General de la Seguridad Social (en adelante, LGSS) actúa como primera barrera para evitar que las personas desempleadas se vean abocadas a un escenario de pobreza. Ahora bien, no puede decirse que este nivel de protección se dirija específicamente a las personas pobres o excluidas, porque no se requiere que se acredite una particular situación de necesidad en este sentido, y, además, sus beneficiarios no deberían considerarse en situación de exclusión, sino, más bien al contrario, en situación de integración en la red protectora que les ofrece su plena inclusión en el campo de aplicación de la Seguridad Social contributiva.

Por el contrario, el nivel asistencial de la protección por desempleo se caracteriza precisamente por estar dirigido selectivamente a quienes se encuentran ya en una situación de necesidad especialmente cualificada de carencia de ingresos, a veces agravada por otras circunstancias personales concurrentes. Por ello, en este segundo nivel de protección se aprecia un vínculo mucho más directo con la protección frente a la pobreza y la exclusión social, como por otro lado puede deducirse fácilmente al examinar los colectivos que pueden resultar beneficiarios. El marco normativo del nivel asistencial de la protección por desempleo se contiene fundamentalmente en los arts. 274 a 280 LGSS, así como en el Real Decreto 625/1985, de 2 de abril. Esa normativa ha sido objeto de una importante reforma mediante Real Decreto-Ley 2/2024, de 21 de mayo, por el que, entre otras cosas, se adoptan medidas para la simplificación y mejora del nivel asistencial de la protección por desempleo. Este Decreto-Ley entró en vigor el 23 de mayo de 2024, con las salvedades indicadas en la disposición final 14.2 y 3, pero cabe advertir que se encontraba aún pendiente de convalidación al cierre de este texto. Por otra parte, las reformas introducidas en materia de subsidio de desempleo se prevé que resulten plenamente aplicables a partir de 1 de noviembre de 2024, manteniéndose hasta 31 de octubre de 2024 la aplicabilidad de la mayoría de reglas del régimen jurídico anterior, que incluso podrían desplegar transitoriamente algunos efectos tras las fechas indicadas (véanse Disposición transitoria primera y segunda, Disposición derogatoria única, y Disposición final cuarta del Real Decreto-Ley 2/2024).

La acción protectora del nivel asistencial de protección por desempleo comprende una prestación económica, el subsidio por desempleo, y también el derecho a otras prestaciones como la asistencia sanitaria y, en su caso, las prestaciones familiares, así como acciones específicas de formación, perfeccionamiento, orientación, reconversión e inserción profesional en favor de los trabajadores desempleados y aquellas otras que tengan por objeto el fomento del empleo estable (art. 265 LGSS). La normativa garantiza a los beneficiarios de los subsidios de desempleo el acceso a los itinerarios personalizados de empleo con el fin de mejorar su empleabilidad y fomentar de su inserción laboral (Disposición adicional quincuagésima cuarta LGSS). Estas previsiones reflejan la orientación de política legislativa en el sentido de vincular estrechamente la "protección pasiva" con las políticas activas de empleo.

Aunque hay aspectos que conforman un tronco normativo común, el régimen jurídico de la protección asistencial por desempleo aparece fragmentado en la regulación, no de un único subsidio, sino de diversos tipos de subsidio distintos, cada uno de ellos en atención a las diferentes circunstancias de las personas beneficiarias y de las variadas situaciones que pueden dar lugar al disfrute del derecho. No obstante, como exigencias comunes que han de darse en todo caso para poder acceder a estos subsidios, se establecen los siguientes requisitos (art. 274 LGSS): a) ser persona desempleada con inscripción como demandante de empleo en los servicios públicos de empleo, exigiéndose asimismo suscripción del acuerdo de actividad regulado en el art. 3 de la Ley 3/2023, de 28 de febrero, de Empleo; b) no tener derecho a prestación contributiva por desempleo, y c) carecer de suficientes rentas propias, o bien, alternativamente, acreditar responsabilidades familiares.

Ese requisito clave relativo a la situación de necesidad o vulnerabilidad, ahora referido alternativamente bien a la carencia de rentas propias suficientes, bien a las responsabilidades familiares, se delimita con mayor precisión en el art. 275 LGSS. Según este, se entenderá cumplido el requisito de carencia de rentas propias en la fecha de la solicitud del alta inicial o de las prórrogas o reanudaciones del subsidio cuando las rentas de cualquier naturaleza de la persona solicitante o beneficiaria durante el mes natural anterior a dichas fechas no superen el 75 por ciento del salario mínimo interprofesional, excluida la parte proporcional de dos pagas extraordinarias (art. 275.1 LGSS). Por su parte, se entenderá cumplido el requisito de responsabilidades familiares en la fecha de la solicitud del alta inicial o de las prórrogas o reanudaciones del subsidio cuando la suma de las rentas obtenidas durante el mes natural anterior a dichas fechas por el conjunto de la unidad familiar, incluida la persona solicitante o beneficiaria, dividida entre el número de miembros que la componen, no supere el 75 por ciento del salario mínimo interprofesional, excluida la parte proporcional de dos pagas extraordinarias (art. 275.2 LGSS). Estos requisitos de carencia de rentas o, en su caso, de existencia de responsabilidades familiares deberán concurrir en la fecha de la solicitud del subsidio, así como en la fecha de la solicitud de sus prórrogas o reanudaciones (art. 275.7 LGSS). Ahora bien, el cumplimiento de los requisitos generales hasta aquí mencionados no es por sí sólo suficiente para generar el derecho al subsidio, pues a tal efecto es necesario adicionalmente que se den asimismo otras circunstancias y condiciones, que a su vez varían en función del tipo de subsidio y de colectivo beneficiario (arts. 274 y 280 LGSS), en los términos que se exponen a continuación.

Así, en primer lugar, el subsidio por agotamiento de la prestación contributiva de desempleo requiere haber agotado previamente un periodo de percepción de dicha prestación contributiva. Esto último supone implícitamente la exigencia de haber cotizado por desempleo al menos 360 días. En caso de tratarse de persona menor de cuarenta y cinco años sin responsabilidades familiares se exigirá, además, que la prestación por desempleo agotada haya tenido una duración igual o superior a trescientos sesenta días, lo que implica haber cotizado por desempleo al menos 1080 días [art. 274.1.a) LGSS]. De este modo, tras la reforma de 2024, las personas menores de 45 también pueden acceder a esta modalidad del subsidio aun cuando no tengan responsabilidades familiares, pero siendo los requisitos de mayor entidad que para personas mayores de 45 o con responsabilidades familiares. En segundo lugar, la modalidad del subsidio por pérdida del empleo sin tener cubierto el periodo mínimo de cotización para tener derecho a la prestación contributiva de desempleo puede percibirse si la persona se encuentra en situación legal de desempleo y, aun siendo insuficiente para para acceder a la protección del nivel contributivo, acredita un mínimo de cotización por dicha contingencia de 90 días [art. 274.1.b) LGSS].

La particular modalidad del subsidio para mayores de 52 años (art. 280 LGSS) establece una forma de protección específica para quienes tengan cumplida dicha edad en la fecha de agotamiento de la prestación contributiva o del subsidio por desempleo, en el momento de reunir los requisitos para acceder a alguno de los otros subsidios, o bien la cumplan durante la percepción de éstos, siempre que además se den fundamentalmente las siguientes condiciones: a) cumplir todos los requisitos salvo la edad, para acceder a la pensión de jubilación contributiva en el sistema de Seguridad Social; b) haber cotizado por desempleo un mínimo de 6 años a lo largo de su vida laboral, y c) que la persona solicitante cumpla con el requisito de carecer de rentas propias superiores al 75% del salario mínimo interprofesional.

Junto a las modalidades del subsidio ordinarias antes mencionadas, se establecen otras de carácter más particular para personas o colectivos vulnerables específicos. Así, la Disposición adicional quincuagésima séptima LGSS regula el acceso al subsidio por desempleo de emigrantes retornados, procedentes de países no pertenecientes a la Unión Europea o al Espacio Económico Europeo, o con los que no exista convenio de protección por desempleo, y que hayan trabajado en dichos países como mínimo doce meses en los últimos seis años desde la última salida de España. Por su parte, la Disposición adicional quincuagésima octava LGSS contempla el acceso al subsidio por desempleo por las personas víctimas de violencia de género o sexual, con lo que se pretende ofrecer una malla de seguridad económica ante tales situaciones.

El subsidio consiste en una prestación económica de carácter temporal que se abona por el Servicio Público de Empleo Estatal mensualmente. La cuantía del subsidio será igual a los siguientes porcentajes del indicador público de rentas de efectos múltiples mensual (IPREM) vigente en cada momento: el 95 por ciento durante los ciento ochenta primeros días, el 90 por ciento desde el día ciento ochenta y uno al día trescientos sesenta, y el 80 por ciento a partir del día trescientos sesenta y uno (art. 278 LGSS). Sin embargo, en el caso del subsidio para mayores de 52 años, la cuantía será igual al 80 por ciento del indicador público de rentas de efectos múltiples mensual vigente en cada momento. Con respecto a esa menor cuantía, se entiende que se compensa por la mayor duración de este tipo de subsidio y por las cotizaciones por la contingencia de jubilación a cargo del sistema, que sólo se produce en dicho supuesto. En efecto, en el caso de los perceptores del subsidio para mayores de 52 años, el Servicio Público de Empleo Estatal ingresará la cotización a la Seguridad Social correspondiente a la contingencia de jubilación, siendo posible además para la persona beneficiaria suscribir un convenio especial con la Seguridad Social para complementar dicha aportación.

En cuanto al tiempo de percepción de la prestación, el régimen de la duración del subsidio es variable según el tipo o modalidad de que se trate, y de la incidencia de distintos factores. En el caso del subsidio por agotamiento de la prestación contributiva, la duración se determina a partir de la edad de la persona solicitante en la fecha de agotamiento de la prestación por desempleo (mayor o menor de 45), la acreditación o no de responsabilidades familiares y la duración de la prestación por desempleo previamente agotada. En el caso del subsidio por cotización insuficiente, la duración máxima del subsidio se determinará en función del periodo previo de ocupación cotizado y de la acreditación o no de responsabilidades familiares. Todo ello de acuerdo con las reglas y tablas que pueden consultarse en el art. 278 LGSS. El subsidio para emigrantes retornados y el de víctimas de violencia de género o de violencia sexual cuentan con sus propias reglas de duración (DA 57ª y DA 58ª LGSS, respectivamente). De otro lado, el subsidio para mayores de 52 años tiene una duración indefinida, que puede extenderse hasta el momento que la persona beneficiaria acceda a la pensión contributiva de jubilación, habiendo cumplido la edad establecida al efecto. En fin, el nacimiento, suspensión, reanudación y extinción del derecho se regulan detalladamente en los arts. 276, 277 y 279 LGSS.

La reforma introducida por Real Decreto-Ley 2/2024 ha intentado también ampliar los supuestos y posibilidades de compatibilización de los subsidios de desempleo con el trabajo por cuenta ajena, a tiempo completo o a tiempo parcial, estableciendo la compatibilidad durante un máximo de ciento ochenta días, en una o varias relaciones laborales, con el objetivo de no desincentivar ni penalizar la reincorporación al trabajo. En estos supuestos de compatibilidad del subsidio con el trabajo por cuenta ajena, éste se percibirá como un complemento de apoyo al empleo, sin que cambie su naturaleza jurídica, siendo realmente una nueva forma de compatibilidad del subsidio con el trabajo (véase, en particular, art. 282.3 LGSS). Además, se establece la compatibilidad del subsidio con las percepciones económicas obtenidas por asistencia a acciones de formación profesional o en el trabajo o para realizar prácticas académicas externas (art. 275.5 y 282.5 LGSS).

9. Prestaciones no contributivas de la Seguridad Social: pensiones de invalidez y jubilación, y protección familiar

El marco normativo en materia de pensiones no contributivas, cuyo hito legislativo inicial se sitúa en la Ley 26/1990, de 20 de diciembre, y que hasta hace poco adolecía de cierta dispersión, encuentra hoy una mejor ordenación sistemática en los Capítulos II y III del Título VI del Texto Refundido de la Ley general de la Seguridad Social aprobado mediante Real Decreto Legislativo 8/2015, de 30 de octubre (arts. 363-373), siendo aún de aplicación -aunque con reformas y actualizaciones- el desarrollo reglamentario correspondiente a la normativa precedente (Real Decreto 357/1991, de 15 de marzo, y Orden PRE/3113/2009, de 13 de noviembre, por la que se dictan normas de aplicación y desarrollo del Real Decreto 357/1991, de 15 de marzo). Se contemplan en esta regulación dos clases de pensiones no contributivas: de una parte, las de invalidez, y, de otra parte, las de jubilación. Las primeras se dirigen a las personas –nacionales o extranjeras- mayores de 18 años y menores de 65 que tengan una discapacidad (o enfermedad crónica incapacitante) en grado igual o superior al 65% (art. 363 LGSS), mientras que las segundas –también sin distinciones por razón de nacionalidad- van destinadas a quienes tengan 65 o más años de edad (art. 369 LGSS).

Partiendo de esos respectivos presupuestos de partida, se exige adicionalmente la concurrencia de dos requisitos legales (arts. 363 y 369 LGSS). El primero, referido a la residencia (legal y efectiva) en España. En este sentido, para las pensiones no contributivas de invalidez se precisa residir en territorio español y haberlo hecho durante un período de 5 años, de los cuales 2 han de ser consecutivos e inmediatamente anteriores a la fecha de la solicitud. Para las de jubilación, residir en territorio español, y haberlo hecho durante 10 años, en el período que media entre la fecha de cumplimiento de los 16 años y la de devengo de la pensión, de los cuales 2 han de ser consecutivos e inmediatamente anteriores a la fecha de la solicitud. Por otra parte, en coherencia con el carácter asistencial propio del nivel no contributivo de la Seguridad Social, el segundo requisito exigido, que opera de manera idéntica para ambos tipos de prestaciones, es el de carencia de rentas o ingresos suficientes. Con carácter general, se entiende que se da esta situación cuando las rentas o ingresos de que se disponga, en cómputo anual, sean inferiores al importe, también en cómputo anual, de la prestación. Dicho umbral de ingresos se suele precisar anualmente en la Ley de Presupuestos Generales del Estado para el correspondiente ejercicio, actualizándose periódicamente en paralelo a la actualización de la cuantía de las prestaciones. En todo caso, a efectos del requisito de carencia de ingresos suficientes, se tienen en cuenta no sólo los ingresos propios del solicitante, sino también los de los familiares que componen la unidad económica de convivencia en el hogar. De este modo, aun siendo las rentas o ingresos individuales del interesado inferiores al límite antes mencionado, únicamente se cumple el requisito cuando la suma de las rentas o ingresos anuales de los convivientes sean también inferiores a los umbrales establecidos para todos ellos considerados conjuntamente, atendiendo al número de integrantes de dicha unidad de convivencia y del tipo de parentesco. Esos umbrales conjuntos aplicables a la unidad de convivencia se determinan conforme a una serie de reglas establecidas en el art. 363 LGSS, y se precisan y actualizan anualmente para cada ejercicio en la Ley de Presupuestos Generales del Estado correspondiente.

La cuantía de estas prestaciones no contributivas, en principio coincidente para las de invalidez y jubilación, se fija también anualmente en la Ley de Presupuestos Generales del Estado (art. 364 y 370 LGSS), actualizándose con respecto al ejercicio anterior, normalmente de conformidad con las reglas y mecanismos preestablecidos de revalorización de las pensiones públicas (aunque históricamente ha habido también fluctuaciones en las pautas a este respecto). La denominada "cuantía íntegra" fijada en la normativa presupuestaria opera como cantidad máxima a percibir con carácter general por las personas beneficiarias, y coincide con el umbral de renta establecido como requisito de acceso a las pensiones no contributivas. Ahora bien, la cantidad final a percibir concretamente por cada persona beneficiaria puede variar dependiendo de otros factores. Cuando en una misma unidad económica concurra más de un beneficiario con derecho a pensión de esta misma naturaleza, la cuantía de cada una de las pensiones vendrá determinada en función de las siguientes reglas: a) al importe de la cuantía íntegra se le sumará el 70 por ciento de esa misma cuantía, tantas veces como número de beneficiarios, menos uno, existan en la unidad económica; b) la cuantía de la pensión para cada uno de los beneficiarios será igual al cociente de dividir el resultado de la suma prevista en la letra anterior por el número de beneficiarios con derecho a pensión (art. 364.1 LGSS). Por otra parte, la cuantía de la pensión también puede ser objeto de ajustes en función de los ingresos propios de la persona beneficiaria y/o de la unidad de convivencia. En este sentido, se deducirá del importe de la pensión la cuantía de las rentas o ingresos que excedan del 35 por ciento del importe, en cómputo anual, de la pensión no contributiva, siendo compatible sin necesidad de ajuste con los ingresos que no excedan de dicho porcentaje (art. 364.2 LGSS). Además, en los casos de convivencia del beneficiario o beneficiarios con personas no beneficiarias, si la suma de los ingresos o rentas anuales de la unidad económica más la pensión o pensiones no contributivas, calculadas conforme a lo dispuesto en los dos apartados anteriores, superara el límite de acumulación de recursos establecido para poder acceder a la condición de beneficiario, la pensión o pensiones se reducirán para no sobrepasar el mencionado límite, disminuyendo en igual cuantía cada una de las pensiones (art. 364.3 LGSS). No obstante, la cuantía individualmente percibida no podrá ser inferior en ningún caso a la mínima del 25% de la establecida como cuantía íntegra (art. 364.3 LGSS). Por último, los pensionistas de invalidez no contributiva cuyo grado de discapacidad sea igual o superior al 75% y acrediten la necesidad del concurso de otra persona para realizar los actos esenciales de la vida, percibirán además un complemento del 50% del importe de la pensión (art. 364.6 LGSS).

El Tit. VI, Cap. I. LGSS contempla otras prestaciones no contributivas de la Seguridad Social asimismo orientadas a evitar o paliar situaciones de pobreza, las denominadas prestaciones familiares en su modalidad no contributiva (arts. 351-362 LGSS). Así, en primer lugar, la prestación por hijos o menores a cargo, que consiste en una asignación económica por cada hijo menor de 18 años o mayor de dicha edad y que esté afectado por una discapacidad en grado igual o superior al 65%, a cargo del beneficiario, cualquiera que sea la naturaleza legal de la filiación, así como por los menores a su cargo en régimen de acogimiento familiar, permanente o guarda con fines de adopción. En este caso, la prestación se dirige a paliar situaciones de ausencia de ingresos suficientes de los progenitores para hacerse cargo de los menores, o bien a atender a la necesidad de ingresos adicionales en caso de que se trate de hijos con discapacidad, sean menores o no. En segundo lugar, se establece la prestación económica por nacimiento o adopción de hijo, en supuestos de familias numerosas, monoparentales y en los casos de madres o padres con discapacidad, que se abona en un pago único a tanto alzado. Por último, se regula la prestación económica por parto o adopción múltiple, también en la forma de un pago único que tiene por objeto compensar, en parte, el aumento de gastos consustancial a esas situaciones.

10. El ingreso mínimo vital

Durante el periodo de la pandemia de COVID-19, en parte como respuesta de política social urgida por esa situación, pero con vocación de permanencia estructural hacia el futuro, se aprobó el Real Decreto-ley 20/2020, de 29 de mayo, por el que se establece el ingreso mínimo vital, creando esta nueva e importante prestación, que actualmente ha pasado a estar regulada mediante la Ley 19/2021, de 20 de diciembre, por la que se establece el ingreso mínimo vital (en adelante, LIMV, que sustituye al derogado Real Decreto-Ley 20/2020). La instauración del ingreso mínimo vital (IMV) supuso una innovación muy importante en materia de legislación social y medidas frente a la pobreza y la exclusión, en tanto que implicaba la puesta en marcha, por primera vez en nuestro país, de una garantía de ingresos mínimos para todas las personas residentes en España, con un alcance ampliamente universalizado y con aplicación uniforme en todo el territorio nacional, frente al panorama previo de dispersión resultante de las variadas prestaciones de ingresos mínimos o rentas de inserción establecidas, con diferencias notables entre ellas, en las distintas comunidades autónomas.

El ingreso mínimo vital es una prestación de Seguridad Social, encuadrada en su nivel no contributivo, dirigida a prevenir el riesgo de pobreza y exclusión social de las personas que vivan solas o integradas en una unidad de convivencia, cuando se encuentren en una situación de vulnerabilidad por carecer de recursos económicos suficientes para la cobertura de sus necesidades básicas. Se configura como derecho subjetivo a una prestación de naturaleza económica que garantiza un nivel mínimo de renta a quienes se encuentren en situación de vulnerabilidad económica, en los términos que la ley establece, a partir de la fijación normativa de unos umbrales por debajo de los que se entiende que concurre efectivamente la insuficiencia de recursos propios. A través de este instrumento se persigue asimismo garantizar una mejora de oportunidades reales de inclusión social y laboral de las personas beneficiarias (arts. 1 y 2 LIMV).

El ingreso mínimo vital presenta las siguientes características básicas (art. 3 LIMV): a) garantiza un nivel mínimo de renta mediante la cobertura de la diferencia existente entre la suma de los recursos económicos de cualquier naturaleza de que disponga la persona beneficiaria individual o, en su caso, los integrantes de una unidad de convivencia, y la cuantía de renta garantizada con arreglo a los criterios legales aplicables a cada supuesto; b) se articula en su acción protectora diferenciando según se dirija a un beneficiario individual o a una unidad de convivencia, en este caso, atendiendo a su estructura y características específicas; c) es una prestación cuya duración y abono se prolongan indefinidamente mientras persista la situación de vulnerabilidad económica y se mantengan los requisitos que originaron el derecho a su percepción; d) se configura como una red de protección dirigida a permitir el tránsito desde una situación de exclusión a una de participación en la sociedad, para lo que se prevé la integración en su diseño de incentivos al empleo y a la inclusión, articulados a través de distintas fórmulas de cooperación entre administraciones; finalmente, e) es intransferible, de modo que no podrá ofrecerse en garantía de obligaciones, ni ser objeto de cesión total o parcial, compensación o descuento, retención o embargo, salvo en los supuestos y con los límites previstos en el artículo 44 LGSS.

El IMV tiene dos modalidades de acceso y regulación: por una parte, la articulada en torno a la unidad de convivencia, esto es, con carácter general, la agrupación constituida por todas las personas que residan en un mismo domicilio y que estén unidas entre sí por vínculo matrimonial, como pareja de hecho o por vínculo hasta el segundo grado de consanguinidad, afinidad, adopción, y otras personas con las que convivan en virtud de guarda con fines de adopción o acogimiento familiar permanente (si bien caben matices y modulaciones, conforme a los arts. 6 a 9 LIMV); por otra parte, cabe el acceso de carácter individual por personas que viven solas o que no se integran en una unidad de convivencia. En este último caso, la doble condición de sujeto titular y beneficiario coincide en la misma persona. Mientras que, en el caso de la unidad de convivencia, será titular la persona integrante de dicha unidad que solicita y percibe la prestación en su nombre, y que asume su representación a estos efectos ante la Seguridad Social, sin perjuicio de que beneficiarias sean también todas las demás personas integrantes de aquella (art. 5 LIMV).

Asimismo, se contemplan algunas “situaciones especiales” (art. 7 LIMV). En este sentido, tendrán la consideración de personas beneficiarias que no se integran en una unidad de convivencia, o en su caso, de personas beneficiarias integradas en una unidad de convivencia independiente, aquellas personas que convivan en el mismo domicilio con otras con las que mantuvieran vínculo afectivo o de parentesco, en las situaciones siguientes: a) cuando una mujer víctima de violencia de género, haya abandonado su domicilio familiar habitual acompañada o no de sus hijos o de menores en régimen de guarda con fines de adopción o acogimiento familiar permanente; b) cuando con motivo del inicio de los trámites de separación, nulidad o divorcio, o de haberse instado la disolución de la pareja de hecho formalmente constituida, una persona ha abandonado su domicilio familiar habitual acompañada o no de sus hijos o menores en régimen de guarda con fines de adopción o acogimiento familiar permanente; finalmente, c) cuando se acredite haber abandonado el domicilio por desahucio, o por haber quedado el mismo inhabitable por causa de accidente o de fuerza mayor, así como otros supuestos que se establezcan reglamentariamente.

En la modalidad de acceso al IMV como unidad de convivencia, las personas titulares deberán tener una edad mínima de 23 años. No obstante, también podrán actuar como titulares en nombre de la unidad de convivencia, siempre que tengan capacidad jurídica, las personas mayores de edad o menores emancipados, cuando tengan hijos o menores en régimen de guarda con fines de adopción o acogimiento familiar permanente o los huérfanos absolutos cuando sean los únicos miembros de la unidad de convivencia y ninguno de ellos alcance la edad de 23 años (art. 5.2 LIMV). La condición de beneficiarias corresponderá a todas las personas integradas en la unidad de convivencia, sin requisitos de edad.

El acceso como persona beneficiaria/titular individual se permite solo para personas de al menos 23 años que, aunque compartan domicilio con una unidad de convivencia, no se integren en ella, siempre que no estén casadas (o estando casadas hayan iniciado los trámites de separación o divorcio), no estén unidas a otra persona como pareja de hecho y no formen parte de otra unidad de convivencia (arts. 4 y 5.2 LIMV). No obstante, no se exigirá el cumplimiento del requisito de edad ni el de haber iniciado los trámites de separación o divorcio en los supuestos de mujeres víctimas de violencia de género o de trata de seres humanos y explotación sexual. Tampoco se exigirá el cumplimiento de este requisito a las personas que simplemente sean mayores de edad y se encuentren en alguna de las siguientes circunstancias: a) que provengan de centros residenciales de protección de menores de las diferentes comunidades autónomas habiendo estado bajo la tutela de entidades públicas de protección de menores dentro de los tres años anteriores a la mayoría de edad, o estén en situación de orfandad absoluta, siempre que vivan en soledad sin integrarse en una unidad de convivencia, o b) que provengan de un centro penitenciario por haber sido liberadas de prisión, siempre que la privación de libertad haya sido por tiempo superior a seis meses (asimismo, arts. 4 y 5.2 LIMV). También podrán ser beneficiarias de la prestación del ingreso mínimo vital las personas que temporalmente sean usuarias de una prestación de servicio residencial, de carácter social, sanitario o sociosanitario (art. 4.2 LIMV).

Partiendo de la delimitación anterior de las personas beneficiarias y titulares, la obtención del IMV se condiciona además a dos requisitos de acceso (art. 10 LIMV): uno de residencia en territorio nacional, y otro de “vulnerabilidad económica por carecer de rentas, ingresos o patrimonio suficientes”. En cuanto al primero de estos requisitos, todas las personas beneficiarias, estén o no integradas en una unidad de convivencia, deberán tener residencia legal y efectiva en España y haberla tenido de forma continuada e ininterrumpida durante al menos el año inmediatamente anterior a la fecha de presentación de la solicitud. Sin embargo, no se exigirá este plazo en algunos supuestos: menores incorporados a la unidad de convivencia por nacimiento, adopción, reagrupación familiar de hijos e hijas, guarda con fines de adopción o acogimiento familiar permanente; personas víctimas de trata de seres humanos y de explotación sexual, y mujeres víctimas de violencia de género [art. 10.1.a) LIMV]. A efectos del mantenimiento del derecho a esta prestación, se entenderá que una persona tiene su residencia habitual en España aun cuando haya tenido estancias en el extranjero, siempre que estas no superen los noventa días naturales a lo largo de cada año natural o cuando la ausencia del territorio español esté motivada por causas de enfermedad debidamente justificadas.

Adicionalmente al requisito general de residencia en territorio español, se imponen también algunos requerimientos adicionales según la modalidad de acceso. En el caso de las unidad de convivencia, se exige que aquella esté constituida en los términos legalmente contemplados y se haya mantenido de forma continuada durante al menos los 6 meses anteriores a la presentación de la solicitud, aunque se contemplan excepciones en los casos de nacimiento, adopción, guarda con fines de adopción o acogimiento familiar permanente de menores, reagrupación familiar de hijas e hijos menores de edad, en los supuestos de mujeres víctimas de violencia de género o víctimas de trata de seres humanos y explotación sexual, o en otros supuestos justificados que puedan determinarse reglamentariamente (art. 10.3 LIMV). Se considerará que no rompe la convivencia la interrupción transitoria por razón de estudios, trabajo, tratamiento médico, rehabilitación, u otras circunstancias similares. Es importante subrayar que una misma persona no puede formar parte de más de una unidad de convivencia.

En el caso de las personas beneficiarias individuales, se establece un requisito específico de vida independiente previa. Si son menores de 30 años en la fecha de la solicitud del ingreso mínimo vital, deberán acreditar haber vivido de forma independiente en España durante al menos los dos años inmediatamente anteriores a la indicada fecha, si bien este requisito no se exigirá a las personas de entre 18 y 22 años que provengan de centros residenciales de protección de menores. Si se trata de mayores de 30 años en la fecha de la solicitud, deberán acreditar que, durante el año inmediatamente anterior a dicha fecha, su domicilio en España ha sido distinto al de sus progenitores, tutores o acogedores. De todos modos, estos requisitos no se exigirán cuando el cese de la convivencia con los progenitores, tutores o acogedores se hubiera debido al fallecimiento de estos. Tampoco se exigirán a las personas que por ser víctimas de violencia de género hayan abandonado su domicilio habitual, a las personas sin hogar, a las que hayan iniciado los trámites de separación o divorcio, a las personas víctimas de la trata de seres humanos y de explotación sexual y personas que provengan de centros penitenciarios por haber sido liberados de prisión siempre que la privación de libertad haya sido por tiempo superior a seis meses o a las que se encuentren en otras circunstancias que puedan determinarse reglamentariamente (art 10.2 LIMV).

El requisito clave de la "vulnerabilidad económica" se regula en el artículo 11 LIMV. Para la determinación de la situación de vulnerabilidad económica se tomará en consideración la capacidad económica de la persona solicitante beneficiaria individual o, en su caso, de la unidad de convivencia en su conjunto, computándose los recursos de todos sus miembros. Se apreciará que concurre este requisito cuando el promedio mensual del conjunto de ingresos y rentas anuales computables de la persona beneficiaria individual o del conjunto de miembros de la unidad de convivencia, correspondientes al ejercicio anterior sea inferior, al menos en 10 euros, a la cuantía mensual de la renta garantizada con esta prestación que correspondería en función de la modalidad y del número de miembros de la unidad de convivencia. También se considera a este propósito el patrimonio neto de la persona o de la unidad de convivencia (exceptuando la vivienda habitual), excluyéndose el acceso al IMV cuando se superan los valores establecidos al efecto en la ley y sus anexos. El texto legal incorpora en esta materia algunas reglas de detalle, así como algunas modulaciones. Por ejemplo, se admite también la posibilidad de solicitud por vulnerabilidad económica sobrevenida durante el año en curso. También destacan algunas previsiones que atienden a la finalidad de que la percepción del ingreso mínimo vital no desincentive la participación en el mercado laboral, posibilitando que la percepción de esta prestación sea compatible con las rentas del trabajo o la actividad económica por cuenta propia de la persona beneficiaria individual o, en su caso, de uno o varios miembros de la unidad de convivencia, en los términos y con los límites que reglamentariamente se establezcan (art. 11.4 LIMV). Como es lógico, los umbrales y valores económicos que delimitan la situación de vulnerabilidad económica pueden ser objeto de actualización periódica, correlativamente a la actualización de las cuantías de la prestación. En la página web de la Seguridad Social puede consultarse información actualizada a este respecto (https://www.seg-social.es/wps/portal/wss/internet/Trabajadores/PrestacionesPensionesTrabajadores/65850d68-8d06-4645-bde7-05374ee42ac7), además de realizarse la solicitud y otras gestiones (https://imv.seg-social.es/).

El contenido protector del IMV consiste fundamentalmente en una prestación económica de abono periódico mensual (art. 12 LIMV). De conformidad con el artículo 13 LIMV, la cuantía del ingreso mínimo vital para el beneficiario individual o la unidad de convivencia será la diferencia entre la renta garantizada y el conjunto de rentas e ingresos de tales personas, siempre que la cuantía resultante sea igual o superior a 10 euros mensuales. La cuantía mensual de la renta garantizada para un beneficiario individual es el 100% del importe anual de las pensiones no contributivas dividido entre doce. Esta cantidad se incrementa un 22% si el perceptor tiene un grado de discapacidad igual o superior al 65% [art. 13.2.a) LIMV]. Para la unidad de convivencia, la cuantía es la correspondiente al beneficiario individual según lo dicho antes, pero incrementada en un 30% por miembro adicional a partir del segundo, con un máximo del 220% [art. 13.2.b) LIMV]. A esta cuantía se sumará un "complemento de monoparentalidad" equivalente a un 22% de la cuantía establecida para beneficiario individual en el supuesto de que la unidad de convivencia sea monoparental [art. 13.2.c) LIMV]. El incremento del 22% para la unidad de convivencia es aplicable también a otros supuestos: descendientes o menores que convivan con ascendientes guardadores o acogedores con un grado relevante de dependencia o incapacidad, violencia de género y presencia en la unidad de algún miembro con discapacidad igual o superior al 65% [art. 13.2.c) y d) LIMV]. Además, se abonará un complemento mensual de ayuda para la infancia por cada menor de edad miembro de la unidad de convivencia, cuya cuantía se modula en función de la edad [art. 13.2.e) LIMV]. Cabe también la posibilidad de que se agreguen otros complementos adicionales por necesidades o circunstancias específicas, como los gastos de alquiler de la vivienda habitual [art. 13.3 LIMV]. La percepción del IMV puede compatibilizarse con la de diversas pensiones, contributivas o no contributivas, del sistema de la Seguridad Social, o con algún subsidio de desempleo. Ahora bien, se establecen reglas limitativas y de articulación a este respecto (art. 13.6 LIMV). Para mantener su funcionalidad en tanto que garantía de ingresos mínimos de suficiencia y recurso efectivo frente a la pobreza, las cuantías del IMV deben en buena lógica ser objeto de actualización periódica. Las cuantías debidamente actualizadas pueden consultarse en la página web de la Seguridad Social (https://www.seg-social.es/wps/portal/wss/internet/Trabajadores/PrestacionesPensionesTrabajadores/65850d68-8d06-4645-bde7-05374ee42ac7/cuantias#Cuantias), donde puede accederse incluso a un "Simulador del ingreso mínimo vital" (https://imv.seg-social.es/).

La acción protectora del IMV incluye también otros contenidos. En primer lugar, se prevé que la percepción de la prestación económica se combine con medidas de inclusión activa, aunque estas corresponde desarrollarlas fundamentalmente a las comunidades autónomas, en virtud de sus competencias en materia de asistencia social y servicios sociales, sin que exista al momento de escribir estas líneas una clara vertebración normativa en la legislación estatal. Por otra parte, las personas beneficiarias del ingreso mínimo vital tienen garantizada la asistencia sanitaria pública gratuita, resultando además exentas de la aportación de los usuarios en el disfrute de la prestación farmacéutica ambulatoria.

Conforme al art. 36 LIMV, las personas titulares y beneficiarias del ingreso mínimo vital estarán sujetas durante el tiempo de su percepción a diversas obligaciones informativas y documentales relacionadas con la gestión de la prestación y la supervisión del cumplimiento de los requisitos, así como a la de reintegro de lo que se hubiese percibido indebidamente. Además, en caso de compatibilizar la prestación del ingreso mínimo vital con las rentas del trabajo o la actividad económica, han de cumplir las condiciones establecidas para el acceso y mantenimiento de dicha compatibilidad. Por otra parte, aunque de manera un tanto diluida o aligerada, se establece la obligación de participar en las estrategias de inclusión que promueva el Ministerio de Inclusión, Seguridad Social y Migraciones, en colaboración con otras administraciones y entidades.

En cuanto a la dinámica del derecho, la ley regula con cierto detalle la duración, suspensión y extinción de la prestación (arts. 15 a 18 LIMV), la modificación y actualización de la cuantía de la prestación (art. 16 LIMV), el reintegro de prestaciones indebidas (art. 19 LIMV), el régimen de compatibilidades e interacciones con otras prestaciones (entre otros, arts. 13 y 20 LIMV) y determinadas transiciones entre situaciones y prestaciones distintas (véase disposición adicional duodécima, sobre transición del subsidio por desempleo a la prestación de ingreso mínimo vital), incluyendo la colaboración entre administraciones a estos efectos (art. 32 LIMV). En particular, cabe destacar que se trata de una prestación de duración indefinida mientras se mantenga el cumplimiento de los requisitos para su obtención.

11. Bibliografía

- AAVV (CARDONA RUBERT, B., Coord.), *Empleo y exclusión social: rentas mínimas y otros mecanismos de inserción laboral*, Bomarzo, 2008.
- AAVV (CARDONA RUBERT, B. / CABEZA PEREIRO, J., Coord.), *Políticas sociolaborales,* Civitas, 2014.
- AAVV (CARDONA RUBERT, B. / CORDERO GORDILLO, V., Coord.), *Cambio laboral y políticas inclusivas,* Universitat de Valencia, 2017.
- AAVV (GARCÍA MURCIA, J., Ed.), *El ingreso mínimo vital en el sistema español de protección social*, KRK, 2022.
- AAVV (MONEREO PÉREZ, J. L., Coord.), *Manual de política y Derecho del Empleo*, Tecnos, 2011.
- AAVV (REQUEJO RODRÍGUEZ, P., Coord.), *Pobreza y exclusión social,* Universidad de Oviedo, 2011.
- AAVV (SAN MARTÍN MAZZUCCONI, C., Coord.), *La política de empleo como instrumento de inclusión social*, Dykinson, 2010.
- AAVV (SEMPERE NAVARRO, A. V./ GARCÍA GIL, M. B., Dir.), *El ingreso mínimo vital*, Aranzadi, 2021.
- AIREF, *Los programas de rentas mínimas en España,* Autoridad Independiente de Responsabilidad Fiscal, 2019.
- ALONSO- OLEA GARCÍA, B. / MEDINA GONZÁLEZ, S., *Derecho de los servicios públicos sociales*, Civitas, última edición.
- ÁLVAREZ ALONSO, D., “Los derechos relativos al trabajo y la protección social en la Declaración Universal de los Derechos Humanos y su proyección frente a la pobreza y la exclusión”, en AAVV (PINTO FONTANILLO, J. A. / SÁNCHEZ DE LA TORRE, A.,

Coord.), *Los derechos humanos en el siglo XXI. En la conmemoración del 70 aniversario de la Declaración, Tomo II: Los Derechos Humanos desde la perspectiva global, humanista y cultural,* Edisofer, 2020.

- AGUILERA IZQUIERDO, R., "La relación laboral de los trabajadores en situación de exclusión social en las empresas de inserción", *Revista del Ministerio de Trabajo e Inmigración*, n. 83, 2009.
- CACHÓN RODRÍGUEZ, L./ ALFARO PERAL, Y./ CRUCES AGUILERA, J., *Colectivos desfavorecidos en el mercado de trabajo y políticas activas de empleo*, Marcial Pons, 2004
- CEINOS SUÁREZ, A., "Políticas sociales de protección de la vulnerabilidad", *Procura,* n. 3, 2013.
- COADY, D./ JAHAN, S./ MATSUMOTO, R./ SHANG, B., *IMF Working Paper - Guaranteed Minimum Income Schemes in Europe: Landscape and Design*, WP/21/179, International Monetary Fund, 2021.
- FRAZIER, H./ MARLIER, E., *Minimum Income Schemes in Europe. A study of national policies*, European Commission, 2016.
- KONLE-SEIDL, R. A., *Strengthening minimum income protection in the EU*, Policy Department for Economic, Scientific and Quality of Life Policies, Directorate-General for Internal Policies – Parlamento Europeo, PE 662.900, IP/A/EMPL/2021-01, 2021.
- LÓPEZ-ARANGUREN MARCOS, L. M., *Las empresas de inserción en España. Un marco de aprendizaje para la inserción laboral*, CES, 2002.
- MARTÍN PUEBLA, E., "Las empresas de inserción", en MORGADO PANADERO, P. (Coord.), *Lecciones sobre Trabajo Autónomo y Economía Social*, Tirant Lo Blanch, 2009.
- MARTÍN VALVERDE, A./ GARCÍA MURCIA, J., *Derecho del Trabajo,* Tecnos, última edición.
- MENDOZA NAVAS, N./ SERRANO GARCÍA, J. M., *Derechos y política social,* Bomarzo, 2012.
- MONEREO PÉREZ, J. L./ RODRÍGUEZ INIESTA, G./ TRILLO GARCÍA, A. R., *El ingreso mínimo vital en el sistema de protección social: estudio de su configuración y régimen jurídico*, Laborum, 2020.
- PERIS-CANCIO, LL. F., "Los esquemas de rentas mínimas en Europa y el Ingreso Mínimo Vital (IMV)", *Revista Española de Sociología*, n. 30 (2), 2021.
- SALA FRANCO, T./ MARTÍN-POZUELO LÓPEZ, A., *El ingreso mínimo vital: el sistema español de rentas mínimas*, Tirant lo Blanch, 2020.
- SELMA PENALVA, A., *Marco normativo de las políticas sociolaborales. La protección jurídico-social de los colectivos especialmente vulnerables*, Universidad de Murcia, 2013
- STANDING, G., *Minimum Income Schemes in Europe*, ILO, 2004.
- STANDING, G., *La renta básica. Un derecho para todos y para siempre*, Ediciones de Pasado & Presente, 2018.
- SUBIRATS, J., *Pobreza y exclusión social: Un análisis de la realidad española y europea,* Fundación La Caixa, 2004.
- VAN LANCKER, A./ ARANGUIZ, A./ VERSCHUEREN, H., *Expert Study on a Binding EU Framework on Adequate National Minimum Income Schemes: Making the Case for an EU Framework Directive on Minimum Income*, Study Commissioned by the European Anty-Poverty Network (EAPN), 2020.

La ejecución en el procedimiento penal de adultos

Laura Álvarez Suárez
Profesora sustituta Derecho Procesal

1. La ejecución penal

La ejecución penal es una actividad jurisdiccional, así se desprende del artículo 117.3 de nuestra Carta Magna que sanciona expresamente que "*el ejercicio de la potestad jurisdiccional en todo tipo de procesos juzgando y haciendo ejecutar lo juzgado, corresponde exclusivamente a los juzgados y tribunales determinados por las leyes, según las normas de competencia y de procedimiento que las mismas establezcan*", en idénticos términos se pronuncia el artículo 2.1 de la Ley Orgánica 6/1985, de 1 de julio, del Poder Judicial (LOPJ). De estos preceptos se deduce que las funciones jurisdiccionales se extienden más allá de la actividad declarativa, pues con frecuencia para hacer efectivos los fallos dictados por los jueces y tribunales se precisa de los recursos coercitivos del Estado para que se materialicen, y en especial en la jurisdicción penal, sobre todo cuando se trata de ejecutar las penas privativas de libertad como la prisión.

En este capítulo se explicará en profundidad como se llevan a cabo las ejecuciones de las sentencias penales, por lo que debemos precisar que ejecución penal no se regula en un solo código o ley, sino que se encuentra dispersa por varios códigos y textos legales procesales, así encontramos preceptos que aluden a la ejecución penal en La Ley de Enjuiciamiento Criminal (LECrim) cuyo Libro VII se denomina "*De la Ejecución de las sentencias*"; en el Código Penal (CP) en cuyo Libro I se regulan las penas, las medidas de seguridad, las responsabilidad civil derivada del delito, las costas procesales y las consecuencias accesorias; en la Ley Orgánica 1/1979, de 26 de diciembre, General Penitenciaria (LOGP) y en el Real Decreto 190/1996, de 9 de febrero, por el que se aprueba el Reglamento Penitenciario (RP) donde se regula la ejecución de las penas privativas de libertad; en la Ley de Enjuiciamiento Civil (LEC) que establece como deben ejecutarse los pronunciamientos civiles de las sentencias penales y; por último, en la LOPJ debido a que regula los Juzgados de Vigilancia Penitenciaria (JVP).

1.1. La ejecución penal: Concepto, caracteres y principios

La ejecución penal se puede definir como el conjunto de actuaciones procesales destinadas a cumplir y hacer efectivos los pronunciamientos de condena recogidos en una sentencia penal firme. Se caracteriza por precisar de un título ejecutivo, por realizarse de oficio, por ser forzosa, por permitir variaciones y, porque en ocasiones puede dar lugar a la ejecución de pronunciamientos civiles. A continuación, se explicará brevemente cada una de estas características.

Para que se pueda iniciar una ejecución penal es necesario que exista un título ejecutivo, esto es, una sentencia condenatoria firme, en la jurisdicción penal éste es el único título ejecutivo posible, a diferencia de lo que ocurre en la jurisdicción civil dónde son títulos ejecutivos todos los fijados en el artículo 517 LEC[3]. Es importante resaltar que cuando se alude a título ejecutivo en el ámbito penal se está pensando en una sentencia condenatoria, pues la ejecución de una sentencia penal absolutoria solo se produce cuando el procesado se encuentra en prisión provisional, disponiendo el artículo 983 de la LECrim que "*todo procesado absuelto por la sentencia será puesto en libertad inmediatamente*". Para llevar a cabo la ejecución de un fallo penal no es necesario que las partes lo soliciten, ya que el órgano jurisdiccional debe actuar de oficio, de forma que cuando la sentencia deviene firme el Tribunal "*debe proceder a ejecutar la sentencia*" (*ex* artículo 988 LECrim). De otro lado, la ejecución penal es siempre forzosa, ya que no cabe un cumplimiento extraprocesal de la pena impuesta. Así, el cumplimiento de la pena impuesta no siempre se lleva a cabo en los términos expresados en la sentencia condenatoria, ya que puede acordarse la sustitución o la suspensión de las penas privativas de libertad o, puede tener lugar la concesión de indultos, a lo que hay que añadir las variaciones que pueden producir las reglas de aplicación de las penas (artículos 61 y siguientes del CP). Por último, cuando se hayan ejercitado acciones de responsabilidad civil junto con la acción penal es evidente que el fallo de la sentencia también contendrá pronunciamientos civiles, como puede ser la cuantía de la indemnización por daños y perjuicios a los perjudicados por el delito, en la ejecución de estos pronunciamientos civiles deben aplicarse las reglas contenidas en la LEC sobre el procedimiento de ejecución.

La ejecución penal se inspira en los principios de legalidad, oficialidad y resocialización. El principio de legalidad en la ejecución penal significa que no puede ejecutarse ninguna pena que no haya sido impuesta en sentencia firme dictada por el Tribunal competente, de conformidad con las leyes procesales; el cumplimiento de las penas debe ser simultáneo y si no fuera posible por la naturaleza de las penas debe ser sucesivo y por orden de gravedad (artículos 73 y 75 del CP). El principio de oficialidad implica que, una vez declarada la firmeza de la sentencia, el órgano jurisdiccional debe proceder de oficio y sin dilación a ejecutar el fallo sin que sea necesario que lo soliciten las partes acusadoras (la víctima o el Ministerio Fiscal), a diferencia de lo que ocurre en la jurisdicción civil (*ex* artículo 988 LECrim). Por último, el principio de resocialización implica que tanto las penas privativas de libertad como las medidas de seguridad impuestas a las personas inimputable o

[3] El artículo 517 LEC establece que son títulos ejecutivos, es decir, títulos de los que se puede obtener el cumplimiento de la obligación que contienen por parte de jueces y tribunales, los siguientes: 1) la sentencia civil condenatoria; 2) los laudos arbitrales y los acuerdos de mediación si se han elevado a escritura pública; 3) las resoluciones judiciales que aprueben u homologuen transacciones judiciales; 4) las escrituras públicas; 5) las pólizas de contrato de seguros; 6) los títulos al portador o nominativos; 7) los certificados no caducados expedidos por las entidades encargadas de los registros contables; 8) el auto que establezca la cantidad máxima reclamable en concepto de indemnización; y por último, 9) el resto de resoluciones procesales y documentos que, por disposición de esta u otra ley, lleven aparejada ejecución.

semiimputables[4] deben estar orientadas hacia la reeducación y la reinserción social (*ex* artículo 25.2 CE).

1.2. El título ejecutivo: la sentencia condenatoria

Como ya se ha puesto de manifiesto, en el proceso penal, a diferencia de lo que ocurre en el proceso civil, el órgano judicial competente debe proceder a la ejecución del título ejecutivo de oficio. Además, hay que tener en cuenta que no todas las resoluciones judiciales son ejecutables sino solo aquellas que pueden ser susceptibles de ejecución. En este sentido, los únicos títulos que permiten al órgano judicial penal proceder a la ejecución son la sentencia condenatoria firme que imponga una limitación de derechos mediante una pena o sus consecuencias accesorias y, las sentencias absolutorias por inimputabilidad o semiimputabilidad, ya que en este último caso el Juez tiene que aplicar alguna de las medidas de seguridad previstas en el artículo 96 del CP, las cuáles pueden consistir en el internamiento en un centro psiquiátrico, de deshabituación o educativo especial. Así como en otras medidas no privativas de libertad como la inhabilitación profesional, la expulsión del territorio nacional si se trata de un extranjero no residente legalmente en España, la custodia familiar[5], la privación del derecho a conducir vehículos a motor y ciclomotores o, en su caso, la privación del derecho a la tenencia y porte de armas.

De otro lado, es necesario que la sentencia condenatoria sea firme, ya sea porque haya transcurrido el plazo para presentar recurso contra la misma o porque el recurso ya se haya resuelto. Es decir, la pendencia de un recurso de apelación o de un recurso de casación contra la sentencia impide la ejecución de la misma, salvo en el caso de que existan varios penados, si el recurso ha sido preparado por uno solo, el fallo de la sentencia se puede ejecutar respecto de los demás (*ex* artículo 861 bis a LECrim). Es importante destacar que la regla de la firmeza no rige respecto de los pronunciamientos civiles, ya que éstos pueden ejecutarse provisionalmente de acuerdo con lo previsto en el artículo 989 de la LECrim que dispone que "*los pronunciamientos sobre responsabilidad civil serán susceptibles de ejecución provisional con arreglo a lo dispuesto en la Ley de Enjuiciamiento Civil*".

1.3. Los sujetos de la ejecución penal

Los sujetos que intervienen en el procedimiento de ejecución penal son el Tribunal sentenciador, el Juez de Vigilancia Penitenciaria (JVP), el Ministerio Fiscal, el penado y, en su caso, los responsables civiles y las víctimas del delito.

Como ya se adelantó la ejecución tiene carácter jurisdiccional y con carácter general, la competencia para conocer de la ejecución penal corresponde al órgano que ha dictado la resolución en primera o única instancia, con independencia de que pudiera haber sido revocada por el órgano superior jerárquico en el caso de haberse planteado recurso de apelación o casación. De forma que el Tribunal superior jerárquico debe devolver los autos originales con certificación de la sentencia al Juzgado de instancia para que ejecute el fallo

[4] Son personas inimputables o semiimputables y, por tanto, están exentas de responsabilidad criminal, las que sufran cualquier anomalía o alteración psíquica, las que se hallen en estado de intoxicación plena por el consumo de bebidas alcohólicas, drogas tóxicas, estupefacientes, sustancias psicotrópicas u otras que produzcan efectos análogos, y por último; las que por sufrir alteraciones en la percepción desde el nacimiento o desde la infancia, tengan alterada gravemente la conciencia de la realidad (*ex* artículo 20 CP).

[5] De acuerdo con lo previsto en el artículo 96 del CP, la custodia familiar es una medida que consiste en que la persona inimputable o semiimputable esté cuidado y vigilado por la familia que se designe y que acepte su custodia, quien la cual la ejercerá en relación con el Juez de Vigilancia Penitenciaria y sin perjuicio de las actividades escolares o laborales del custodiado.

(*ex* artículos 792. 3 y 984 a 986 LECrim)[6]. Sin embargo, en la jurisdiccional penal existe una particularidad, pues la LOGP instauró la figura de los JVP, a los cuáles les atribuyó el control de las penas privativas de libertad, por lo que a *priori* parecía que tras la promulgación de esta ley, la ejecución de este tipo de penas y su control jurisdiccional correspondía a los JVP, salvo algunas competencias residuales que seguían correspondiendo a los Tribunales sentenciadores como el licenciamiento definitivo o la acumulación de penas (*ex* artículo 988 LECrim). No obstante, el límite entre las competencias de los Tribunales que dictan las sentencias penales y los JVP se ha ido nublando con sucesivas reformas y no está del todo claro en la doctrina. Aunque el artículo 76 de la LOGP establece las competencias de los JVP, entre las mismas se encuentran: salvaguardar los derechos de los internos, resolver sobre las propuestas de libertad condicional de los penados y acordar las revocaciones que procedan; aprobar las sanciones de aislamiento en celda de duración superior a catorce días; autorizar los permisos de salida cuya duración sea superior a dos días, excepto de los clasificados en tercer grado; conocer del paso a los establecimientos de régimen cerrado de los reclusos a propuesta del Director del establecimiento; etc.

El Ministerio Fiscal debe intervenir en el procedimiento ejecutivo para velar por la defensa de la legalidad y del interés público, de forma que se le deben notificar todas las resoluciones que se dicten durante la ejecución, emitiendo los informes que sean preceptivos, interponiendo recursos, etc. Además, también puede intervenir en los aspectos relacionados con la responsabilidad patrimonial en los supuestos en que se ejercite la acción civil conjuntamente con la penal y haya recaído pronunciamiento condenatorio.

El penado es el sujeto sobre el que se estructura la actividad ejecutiva, pues es la persona sobre la que ha recaído el fallo condenatorio, es decir, el sujeto pasivo sobre el que se desplegarán los efectos de la condena impuesta. El derecho de defensa en la normativa penitenciaria presenta una doble dimensión, en primer lugar, respecto de los presos o detenidos preventivos como derecho de defensa en estado puro que alude al abogado defensor y tiene su razón de ser en las necesidades y exigencias de la instrucción penal cuando todavía no se ha dictado una sentencia condenatoria. En el segundo lugar, respecto de los penados que ya no tienen una causa penal pendiente y, en consecuencia, no precisan una defensa en sentido estricto, sino de asesoramiento técnico en las cuestiones que afectan a sus derechos o intereses legítimos durante el cumplimiento de la condena en el centro penitenciario. Hay autores que consideran que el asesoramiento técnico del letrado en la etapa de ejecución penal debería equipararse a un auténtico derecho de defensa como el previsto en la fase declarativa del procedimiento penal. Sin embargo, el ordenamiento penitenciario limita la actuación del letrado al asesoramiento técnico del penado en los distintos trámites en la Administración penitenciaria y no regula de forma detallada y amplia el derecho de defensa en la fase de ejecución, cuando el condenado debería de conservar todos los derechos y garantías desde el inicio de las primeras actuaciones judiciales en la fase de instrucción hasta el momento que obtenga la libertad por haber cumplido su pena.

En cuanto al responsable civil, éste puede ser la misma persona que el penado u otra distinta, en todo caso, habrá de estarse al contenido de la sentencia para conocer a quien habrá de exigirse la responsabilidad civil que se deriva del hecho delictivo.

---

[6] Como excepciones a esta regla general se puede traer a colación: la ejecución de las sentencias de conformidad dictadas en los Juzgados de Guardia cuya ejecución corresponde a los Juzgados de lo Penal (artículo 801.5 LECrim); la ejecución de la segunda sentencia dictada en los recursos de casación por infracción de ley que corresponde al Tribunal que ha dictado la sentencia casada (artículo 986 LECrim); y la ejecución de las sentencias penales dictadas por Tribunales extranjeros que corresponde a la Audiencia Nacional (artículo 65 LOPJ).

Por último, es necesario destacar que la Ley 4/2015, de 27 de abril, del Estatuto de la Víctima del Delito (en adelante, EVD), reconoce una serie de derechos a las víctimas en la fase de ejecución. Así, tienen derecho a que se les notifiquen algunas resoluciones e, incluso, a interponer recurso contra las mismas, aunque no hubieran sido parte de la causa. Entre tales resoluciones se encuentran: a) el auto en el que se acuerda la clasificación del penado en tercer grado antes de que se extinga la mitad de la condena[7]; b) el auto en el que se acuerdan los beneficios penitenciarios, los permisos de salida, la clasificación en tercer grado, o el cómputo de tiempo para la libertad condicional y; c) el auto en el que se decreta la libertad condicional. Además, pueden interesar que se le imponga al condenado alguna medida de conducta cuando queda en libertad condicional, si lo consideran necesario para garantizar su seguridad. También pueden proporcionar al órgano jurisdiccional cualquier información que resulte relevante para resolver sobre la ejecución de la pena impuesta, las responsabilidades civiles derivadas del delito o el comiso (*ex* artículo 13 EVD).

1.4. Los tipos de penas

Antes de adentrarnos en los tipos de penas que establece nuestro ordenamiento jurídico, es necesario distinguir las penas de las medidas de seguridad. Así, las medidas de seguridad se conciben en nuestro ordenamiento para ser impuestas a personas inimputables o semiimputables (*ex* artículo 20 CP) que no reúnen las condiciones biopsíquicas necesarias para comprender la trascendencia antijurídica de sus actos y que han manifestado su peligrosidad criminal a través de la comisión de un hecho delictivo. De forma, que las medidas de seguridad tienen un fundamento y una finalidad distinta de las penas, mientras que las primeras se fundamentan en la peligrosidad criminal y tienen como objetivo la curación o inocuización de los sujetos que han cometido el delito, las segundas se fundamentan en la culpabilidad y entre sus finalidades se encuentra sancionar al reo. En este trabajo, nos centraremos en el estudio de las penas.

El CP distingue entre las penas privativas de libertad, las penas privativas de otros derechos y la pena de multa (*ex* artículo 32 CP). Dentro de la primera clasificación se comprenden la pena de prisión, la localización permanente y la responsabilidad subsidiaria por impago de multa cuya gravedad o levedad dependerá de la pena que sustituya (*ex* artículo 35 CP). La segunda clasificación correspondiente a las penas privativas de otros derechos engloba la inhabilitación absoluta, la inhabilitación especial, la suspensión de empleo o cargo público, la privación del derecho a conducir, la privación del derecho a la tenencia y porte de armas, la privación del derecho a residir en determinados lugares o de acudir a ellos, la prohibición de aproximarse a la víctima o a determinadas personas o de comunicarse con ellas, trabajos en beneficio de la comunidad y la pérdida de la patria potestad.

La pena de prisión es la sanción más rígida que prevé nuestro ordenamiento jurídico, y tiene lugar a través del internamiento del condenado en un centro penitenciario en el que se establecen unas normas de disciplina y orden interno por el tiempo que determine la sentencia, en el cual el penado conserva íntegramente los derechos fundamentales que expresamente no hayan sido restringidos o suprimidos en la sentencia condenatoria. Dicha pena puede ser permanente revisable, grave si tiene una duración superior a tres años y menos grave si su duración es de seis meses a tres años de prisión. Las penas de prisión se ejecutan individualizando al condenado con criterios fundamentados en el análisis de su personalidad con la finalidad de reeducarlo y reinsertarlo socialmente (*ex* artículo 25 CE). Es

---

[7] Siempre que la condena sea por delitos de homicidio, aborto, lesiones, contra la libertad, de tortura y contra la integridad moral, contra la libertad e indemnidad sexual, robo cometido con violencia e intimidación, de terrorismo o trata de seres humanos (artículo 13, letra a, del EVD).

por ello que durante la pena se pueden distinguir diferentes momentos, ya que a los reclusos se les va clasificando en grados para lograr los fines constitucionales. Tales grados son el primero, que implica un régimen cerrado; el segundo que se erige en el grado ordinario; el tercero el cuál se denomina abierto porque el preso solo pernocta en el centro penitenciario; y, por último, el cuarto grado que es la libertad condicional.

La localización permanente (*ex* artículo 37 CP) puede durar hasta seis meses y obliga al penado a permanecer en su domicilio o en el lugar que fije el Juez. La responsabilidad personal subsidiaria por impago de multa se aplica en los casos en que se impone en el fallo de la sentencia como condena una multa, pero el penado no cumple con la obligación de pago, ya se trate de un acto voluntario o agotada la vía de apremio por la insolvencia del penado, la responsabilidad subsidiaria tiene una extensión de un día de privación de libertad por cada dos cuotas diarias no satisfechas, que en el caso de los delitos leves se puede sustituir por localización permanente. También se puede sustituir por trabajos en beneficio de la comunidad equivaliendo cada día de privación de libertad a una jornada de trabajo. En los supuestos de multa proporcional, el CP establece como límite a la responsabilidad subsidiaria un año de prisión que puede ser sustituido por trabajos en beneficio de la comunidad y, como límite absoluto a la imposición de la responsabilidad subsidiaria establece que no se podrá imponer esta pena *"a los condenados a pena privativa de libertad superior a cinco años"* (*ex* artículo 53.3 CP).

En cuanto a las penas privativas de otros derechos; la pena de inhabilitación absoluta implica la privación definitiva de todos los empleos, honores y cargos públicos que tenga el condenado, incluidos los de carácter electivo (*ex* artículo 41 del CP). La inhabilitación especial para empleo o cargo conlleva la privación definitiva del empleo o cargo sobre el que recae la condena, aunque sea electivo y de los honores que lleve aparejados, la sentencia debe concretar en empleo, cargo y honores sobre los que recae la inhabilitación (*ex* artículo 42 del CP). La suspensión de empleo o cargo público priva al condenado de su ejercicio durante el tiempo que se prolongue la condena (*ex* artículo 43 del CP). Por su parte, la inhabilitación especial para el derecho de sufragio pasivo priva al penado, durante el tiempo de la condena, del derecho a ser elegido para cargos públicos (*ex* artículo 44 CP); la inhabilitación especial para profesión, oficio, industria o comercio o cualquier otro derecho despoja al condenado de su derecho a ejercerlos durante el tiempo de la condena. La inhabilitación especial para el ejercicio de la patria potestad, tutela, curatela, guarda o acogimiento, arrebata al penado los derechos inherentes a la patria potestad, aunque continúan los derechos de los que sea titular el hijo respecto del penado, e implica la extinción de la tutela, curatela, guarda o acogimiento; así como la imposibilidad de lograr el nombramiento para dichos cargos durante el tiempo de la condena (*ex* artículo 46). La privación del derecho a conducir vehículos a motor y ciclomotores se imputa a hechos delictivos ligados con la conducción de vehículos y su ejecución material, supone la retirada del permiso, emitiendo oficio a la Jefatura Central de Tráfico para que lo deje sin efecto y no expida uno nuevo hasta que concluya la pena, si la pena tiene una duración superior a dos años, la pérdida del permiso es definitiva (*ex* artículo 47. 1º CP). La privación del derecho a la tenencia y porte de armas inhabilita al condenado para el ejercicio de este derecho durante el lapso de tiempo que determine la sentencia, si éste es superior a dos años pierde la vigencia de la licencia (*ex* artículo 47. 2º CP). La privación del derecho a residir en determinados lugares o acudir a ellos, impide al condenado residir o acudir al lugar en que se haya cometido el delito, o a aquel en que resida la víctima o su familia (*ex* artículo 48.1 CP). Así, la prohibición de aproximarse a la víctima o aquellos de sus familiares u otras personas que determine el Juez impide al condenado acercarse a ellos en cualquier lugar donde se encuentren, sea domicilio, lugar de trabajo o cualquier otro que frecuenten, quedando suspenso el régimen de visitas, comunicación y estancia que se hubiera acordado en la sentencia civil respecto de los hijos, hasta el total del cumplimiento de la pena (*ex* artículo 48.2 CP). Por su parte, la prohibición de comunicarse con la víctima o con aquellos de sus familiares u otras personas que determine el Juez conlleva que el penado no puede comunicarse con estas personas por cualquier medio, sea informático, telemático, escrito, verbal o visual (*ex* artículo 48.3 CP). Por último, los trabajos en beneficio de la comunidad obligan a prestar una función no retribuida en actividades de utilidad pública, que pueden consistir en reparación de daños similares a los causados por el delito o en apoyo y asistencia a las víctimas, tales funciones pueden imponerse, aunque el penado no lo consienta (*ex* artículo 49 CP).

Por lo que respecta a la pena de multa, la misma consiste en la imposición de una sanción pecuniaria al penado. Como regla general, se aplica por el sistema días/multa, de manera que debe estarse al delito concreto para conocer el margen de discrecionalidad del órgano jurisdiccional a la hora de imponer la multa. La extensión mínima es de diez días y la máxima de dos años, la cuota a imponer se sitúa en un rango de entre dos y cuatrocientos euros. Hay que tener en cuenta que el CP contiene supuestos concretos de multas que se alejan de estos criterios, a discrecionalidad de juzgador como el artículo 368 CP sobre el tráfico de drogas (*ex* artículos 50 a 53 CP).

1.5. Restricciones del derecho de libertad distintas a la pena

En el curso de un proceso penal, cuando todavía no se ha dictado sentencia firme por la comisión de un hecho delictivo y las personas investigadas se encuentran amparadas por el principio de presunción de inocencia, el órgano jurisdiccional puede adoptar medidas cautelares contra el investigado con la finalidad de proteger a la víctima, soslayar la reiteración delictiva del investigado, esclarecer los hechos delictivos o evitar que el investigado se sustraiga a la acción de la justicia. Según su naturaleza las medidas cautelares se clasifican en personales o reales, las primeras afectan a la persona del investigado y las segundas a su patrimonio. En este capítulo nos centraremos en las medidas cautelares personales ya que uno de los derechos que se puede ver afectado por las mismas es la libertad (*ex* artículo 17 CE), pudiendo privar a la persona investigada del mismo a través de la detención o de la prisión provisional o; limitando notoriamente su ejercicio mediante la libertad provisional o la orden de protección.

1.5.1. La detención

La detención es una medida cautelar personal, que se puede adoptar como consecuencia de la comisión de un delito, antes incluso de haberse iniciado el proceso penal, implica la privación de libertad deambulatoria de una persona por un periodo corto de tiempo (artículos 489 a 501 de la LECrim). En efecto, la característica fundamental de la detención es la brevedad de su duración, pues no puede durar más del tiempo estrictamente necesario para realizar las diligencias de averiguación tendentes al esclarecimiento de los hechos delictivos y, en todo caso, no puede superar las sesenta y dos horas, si se sobrepasa este tiempo la detención deviene ilegal y el sujeto que la esté realizando incurriría en un delito.

Existen tres tipos de detención dependiendo del sujeto que la realiza, pudiendo hablar de la detención judicial, de la detención policial y de la realizada por particulares.

La detención judicial no está expresamente regulada en la Ley, pero el Juez instructor puede ordenar la detención de una persona. Cuando se abre una investigación judicial y el investigado es citado ante el órgano jurisdiccional para ser oído, pero éste no comparece ni justifica la causa que se lo impidió, la orden de comparecencia puede transformarse en una orden de detención. Así se desprende del artículo 487 LECrim que sanciona expresamente que si el citado "*no compareciere ni justificare causa legítima que se lo impida, la orden de comparecencia podrá convertirse en orden de detención*".

Por su parte, la detención policial o preventiva se lleva a cabo por los agentes de las Fuerzas y Cuerpos de Seguridad, y se deriva de la comisión de un hecho delictivo y, a su vez, de la concurrencia de factores que permiten imputar la responsabilidad o participación en el mismo a una persona o personas concretas, aunque solo sea indiciariamente. Para las Fuerzas y Cuerpos de Seguridad en el ejercicio de sus funciones la detención se configura como un deber jurídico que deben cumplir en todos los supuestos fijados en el artículo 492 LECrim. Tales supuestos son los siguientes: a) cuando con la detención se pretende impedir que la persona cometa un delito, b) si se encuentra al delincuente *infraganti,* esto es, se le sorprende ejecutando el delito; c) cuando el preso o detenido se haya escapado; d) cuando el penado o procesado se encuentre en rebeldía, es decir, cuando el denunciado o acusado no comparece o no se persona ante el Juez en el plazo establecido; e) en el supuesto de que el investigado no haya comparecido ante el Juez y éste ordene su detención; y, f) cuando la policía presuma que el investigado no va a comparecer ante la presencia judicial, aunque el delio no sea grave.

En último lugar, la detención por particulares implica que cualquier persona puede practicar una detención si concurre alguno de los casos establecidos en el artículo 490 LECrim, la diferencia fundamental entre esta detención y la realizada por la policía es que para los ciudadanos la detención es una facultad y no una obligación (*ex* artículo 496 LECrim). Una vez realizada la detención, el particular debe poner al detenido a disposición judicial o, en su caso, a disposición de la policía para que realice las diligencias oportunas o traslados, sino le fuera posible debe dejarlo en libertad. Los supuestos en los que un ciudadano puede realizar una detención son los siguientes: a) si con la detención se intenta evitar que la persona detenida cometa un delito; b) si se halla al delincuente *infraganti*; c) si el preso o detenido se ha fugado y; por último, d) cuando el penado o procesado se encuentre en rebeldía. Si el detenido lo exige, el particular debe justificar que ha obrado de conformidad con motivos racionalmente suficientes para considerar que la persona detenida se encontraba en alguno de estos supuestos (*ex* artículo 491 LECrim). En caso contrario, el sujeto que realizó la detención podría incurrir en un delito de detención ilegal.

Tanto la CE como la LECrim exigen que la detención se lleve a cabo respetando escrupulosamente las garantías necesarias para que no suponga un detrimento mayor de los derechos y libertades que el indispensable para cumplir con los objetivos de la detención. De forma que el artículo 17.3 CE declara expresamente que "*toda persona detenida debe ser informada de forma inmediata y de modo que le sea comprensible, de sus derechos y de las razones de su detención, no pudiendo ser obligada a declarar*". También reconoce el derecho de asistencia de abogado al detenido tanto en las diligencias policiales como judiciales. Estos derechos se desarrollan legalmente en el artículo 520 LECrim que entre otros reconoce el derecho a guardar silencio, a no contestar alguna o algunas de las preguntas que se le formulen, a no declarar contra sí mismo y a no confesarse culpable; a ser asistido sin demora por abogado; a que se ponga la detención en conocimiento del familiar o persona que desee, etc.

Por último, destacar, que ante una detención ilegal se puede instar un procedimiento Habeas Corpus cuya la finalidad esencial es proceder a la inmediata puesta a disposición judicial de la persona o personas que se consideren detenidas ilegalmente. A estos efectos, la Ley Orgánica 6/1984, de 24 de mayo, reguladora del procedimiento "Habeas Corpus" establece que son detenciones ilegales las siguientes: a) las que se lleven a cabo sin concurrir los supuestos legales o sin haberse cumplido las formalidades prevenidas y los requisitos exigidos legalmente; b) Cuando una persona sea ilícitamente internada en cualquier establecimiento o lugar; c) las que superen el plazo previsto legalmente sin poner al sujeto a disposición judicial o en libertad y; d) cuando no se respeten los derechos de la persona detenida. El procedimiento Habeas Corpus tiene una tramitación relativamente sencilla, puede iniciarse de oficio o a iniciativa de la persona privada de libertad, su cónyuge o persona unida por análoga relación de afectividad, descendientes, ascendientes, hermanos, por el Ministerio Fiscal o el Defensor del pueblo. Si la persona privada de libertad es menor o tiene una discapacidad el procedimiento también puede iniciarse por su representante legal. Tras oír a la persona detenida, a su abogado y al Ministerio Fiscal, el órgano jurisdiccional resuelve mediante auto que no es susceptible de recurso, declarando o bien que la detención es conforme a derecho, o bien que la detención es ilegal y ordena la inmediata puesta en libertad, también puede acordar el mantenimiento de la detención o la inmediata puesta a disposición judicial por superarse el tiempo legal de la detención.

1.5.2. La libertad provisional

La prisión provisional es una medida cautelar que recae sobre la persona investigada, consiste en la absoluta privación de su derecho a la libertad deambulatoria mediante el ingreso en un centro penitenciario durante la tramitación del procedimiento penal. Supone una grave intromisión del poder estatal en la libertad del individuo, por lo que la adopción de esta medida solo puede estar justificada si resulta imprescindible para la defensa de los bienes jurídicos fundamentales y siempre que no existan otros medios menos gravosos para lograrlo, por lo que no puede prolongarse más de lo estrictamente necesario. La prisión provisional solo puede decretarse cuando persiga alguna de las siguientes finalidades: a) garantizar la presencia del investigado ante el riesgo de fuga, evitando que eluda la acción de la justicia; b) impedir que el investigado oculte, manipule o destruya fuentes de prueba, y; por último, c) evitar que la persona investigada vuelva a delinquir, la privación de libertad en este caso se configura como un remedio ante la peligrosidad del presunto responsable.

El plazo máximo de duración de la prisión provisional varia dependiendo de la gravedad del hecho delictivo y de la finalidad que persiga. De este modo, cuando la prisión provisional se hubiese acordado para evitar la ocultación, alteración o destrucción de fuentes de prueba su duración no puede ser superior a seis meses. Así, cuando se hubiese decretado para mitigar el riesgo de fuga o el peligro de reiteración delictiva, la medida no puede durar más de dos años si el delito tiene señalada una pena privativa de libertad superior a tres años y si la pena es igual o inferior a tres años, la medida no puede durar más de un año. En estos últimos casos la ley prevé que se pueda prorrogar el plazo de prisión provisional si concurren circunstancias que hagan prever que la sentencia no podrá dictarse en los plazos máximos previstos.

Para decretar la prisión provisional es necesario celebrar una comparecencia con la finalidad de determinar la procedencia o no de acordar esta medida, a dicha comparecencia deberán acudir el Ministerio Fiscal, el resto de los acusadores personados, el investigado y su letrado.

1.5.3. Otras medidas cautelares personales restrictivas de libertad

Debido a su relevancia práctica, en este epígrafe haremos alusión muy brevemente a la libertad provisional y a la orden de protección. La libertad provisional es una medida cautelar que consiste en restringir la libertad ambulatoria, y se adopta por el juez instructor cuando estima que existen motivos suficientes para considerar que una persona es responsable de la comisión de un delito. No obstante, implica una intromisión en la libertad del individuo más atenuada que la prisión provisional, ya que con carácter general, la persona sometida a libertad provisional asume la obligación *apud acta* de comparecer en el

Juzgado o ante otra autoridad competente los días que se fijen en la resolución que acuerda la medida y cuantas veces sea llamado por el juez o tribunal (*ex* artículo 530 LECrim), pero no se ve privada de moverse y circular por donde estime oportuno. Las comparecencias suelen ordenarse los días uno y quince de cada mes o semanalmente a criterio del Juez. Por último, destacar, que el artículo 529 LECrim prevé la posibilidad de que el juez exija al encausado o investigado la prestación de una fianza para continuar en libertad provisional.

En cuanto a la orden de protección, se puede definir como una resolución judicial que integra conjuntamente medidas penales y civiles con la finalidad de proteger a las víctimas de violencia doméstica en los supuestos en que, existiendo indicios fundados de la comisión de un delito o falta contra la vida, integridad física o moral, libertad sexual, libertad o seguridad de alguna de las personas mencionadas en el artículo 173.2 del CP[8], resulte una situación objetiva de riesgo para la víctima que precise la adopción de medidas de protección. La LECrim establece que la orden de protección debe ser decretada por el juez, de oficio o a instancia de la víctima o de alguna de las personas que tenga con ella alguna de las relaciones que recoge el artículo 173.2 CP (ascendientes, descendientes, hermanos, etc.), así como a instancia del Ministerio Fiscal. Esta medida puede solicitarse en distintos lugares, directamente ante el Juez de Guardia, el Ministerio Fiscal o las Fuerzas y Cuerpos de Seguridad o; también ante las oficinas de atención a la víctima o los servicios sociales o instituciones asistenciales dependientes de las Administraciones públicas que deberán remitir la solicitud inmediatamente al juez competente.

En cuanto al contenido de la orden de protección, las medidas de carácter penal pueden consistir en las prohibiciones de residir o acudir a un determinado lugar; de aproximarse a la víctima o aquellos familiares u otras personas que determine el Juez, quedando suspenso el régimen de visitas y comunicación respecto de los hijos en común. Así como en la prohibición de comunicarse con la víctima o sus personas más cercanas por cualquier medio de comunicación o informático; por lo que se puede observar que se trata de medidas restrictivas de la libertad de movimientos del agresor para a los efectos de impedir su aproximación a la víctima. Por último, las medidas de carácter civil pueden versar sobre la forma de ejercer la patria potestad, acogimiento, tutela, curatela o guarda de hecho; sobre la atribución del uso y disfrute de la vivienda familiar, sobre la determinación del régimen de guarda y custodia, sobre la suspensión o el mantenimiento del régimen de visitas, comunicación y estancia con los menores o personas con discapacidad necesitadas de especial protección, así como sobre la pensión de alimentos (*ex* artículo 544 ter. LECrim).

1.6. Ejecución de las penas privativas de libertad

En la práctica forense es frecuente que una vez que se incoa la ejecutoria en el proceso penal en la que se acuerda una pena privativa de libertad se examine si procede o no la posibilidad de suspender condicionalmente la pena o de sustituirla, con audiencia de las partes e informe del Ministerio Fiscal, si no se concede ni la suspensión ni la sustitución de la condena, se procede a cumplir la pena privativa de libertad en el correspondiente centro penitenciario. A continuación, se explicará en qué consiste la suspensión y la

[8] Las personas que establece el artículo 173.2 CP son las siguientes: el cónyuge o la persona que esté o haya estado ligada al investigado por una análoga relación de afectividad aun sin convivencia, o sobre los descendientes, ascendientes o hermanos por naturaleza, adopción o afinidad, propios o del cónyuge o conviviente, o sobre los menores o personas con discapacidad necesitadas de especial protección que con él convivan o que se hallen sujetos a la potestad, tutela, curatela, acogimiento o guarda de hecho del cónyuge o conviviente, o sobre persona amparada en cualquier otra relación por la que se encuentre integrada en el núcleo de su convivencia familiar, así como sobre las personas que por su especial vulnerabilidad se encuentren sometidas a custodia o guarda en centros públicos o privados.

sustitución pena, cómo debe efectuarse el ingreso y la convivencia en el Centro penitenciario, así como las formas de finalización del a ejecución.

1.6.1 La suspensión

La suspensión de la pena se puede definir como una facultad del órgano jurisdiccional, si el penado cumple determinados requisitos, cuando es razonable pensar que la ejecución de la pena no será precisa a los efectos de impedir que en un futuro cometa nuevos hechos delictivos (*ex* artículo 80 CP). Se trata de una decisión motivada mediante la cual se deja interrumpida la ejecución de la pena privativa de libertad. Para su concesión es necesario que el delincuente sea primario, es decir, que haya delinquido por primera vez, que la pena no supere los dos años de duración, y que haya satisfecho las responsabilidades civiles. Este último requisito se considera cumplido cuando el penado asume el compromiso de satisfacer las responsabilidades civiles teniendo en cuenta su capacidad económica y de facilitar el decomiso acordado, siempre que no sea descabellado esperar que cumpla en un plazo prudente de tiempo. Además, el órgano jurisdiccional puede condicionar la suspensión al cumplimiento de ciertas prohibiciones y deberes, cuando ello resulte necesario para evitar el riesgo de que el condenado cometa nuevos delitos, y siempre que no sean excesivos ni desproporcionados (*ex* artículo 83 CP)[9].

Se establecen como supuestos especiales la suspensión de la condena de enfermos incurables y la de personas toxicómanas. En el primer caso, se supedita única y exclusivamente la suspensión de la pena a que en el momento de la comisión del delito el condenado no tuviera ya otra pena suspendida por el mismo motivo (*ex* artículo 80.4 CP). En el supuesto de personas que cometieron el delito a causa de su dependencia a determinadas sustancias, se subordina la suspensión a que la pena no sea superior a cinco años, a que el condenado se encuentre realizando un tratamiento de deshabituación y, a que no abandone el tratamiento hasta su finalización[10].

El plazo de la suspensión lo fija el juez o el tribunal competente, variando el margen permitido según el supuesto. Así, cuando las penas privativas de libertad suspendidas no son superiores a dos años el plazo de la suspensión deberá ser de dos a cinco años; cuando se trate de penas leves la suspensión tendrá un plazo de tres meses a un año y; cuando se suspenda la pena a una persona toxicómana, la suspensión tendrá una duración de tres a cinco años (*ex* artículo 81 CP). Transcurrido el plazo de la suspensión sin que la persona condenada cometa ningún delito que manifieste que no es razonable mantener la paralización de la pena, y cumplidas suficientemente las reglas de conducta a las que se supeditó la suspensión, el órgano jurisdiccional acuerda la remisión de la pena. Por último, es necesario poner de manifiesto que el Juez puede revocar la suspensión y ordenar la ejecución de la pena, cuando el penado comete un delito durante el plazo de la suspensión o no cumple con las condiciones impuestas, así como cuando facilite información inexacta o insuficiente sobre el paradero de los bienes u objetos cuyo decomiso hubiera sido acordado

[9] Entre tales condiciones y deberes se prevén, entre otros, la prohibición de aproximarse a la víctima o a aquéllos de sus familiares u otras personas que se determine por el juez o tribunal, a sus domicilios, a sus lugares de trabajo o a otros lugares habitualmente frecuentados por ellos, o de comunicar con los mismos por cualquier medio; la prohibición de establecer contacto con personas determinadas o con miembros de un grupo determinado; el deber de mantener el lugar de residencia en un lugar determinado con prohibición de abandonarlo o ausentarse temporalmente sin autorización del juez o tribunal; el deber de comparecer personalmente con la periodicidad que se determine ante el juez o tribunal; el deber de participar en programas formativos, laborales, culturales, de educación vial, sexual, de defensa del medio ambiente, de protección de los animales, de igualdad de trato y no discriminación, resolución pacífica de conflictos, parentalidad positiva y otros similares (*ex* artículo 83 CP).

[10] El CP matiza que no se entiende por "*abandono*" las recaídas en el tratamiento si éstas no evidencian un abandono definitivo del tratamiento de deshabituación (*ex* artículo 80. 5 CP).

o, cuando incumpla el compromiso del pago de las responsabilidades civiles (*ex* artículo 87 CP).

1.6.2. La sustitución

La sustitución de la pena es una figura que tiene como finalidad esencial evitar las perniciosas consecuencias que una condena de privación de libertad puede producir en los sujetos a la vista de sus circunstancias personales, considerando contraproducente su ingreso en prisión. El CP establece dos supuestos en los que debe sustituirse la pena de prisión, uno en el artículo 71.2 y otro en el artículo 89. El primer supuesto se refiere a aquellos casos en los que la pena privativa de libertad no tiene una duración superior a tres meses; debiendo ser sustituida, en todo caso, por la pena de multa, de trabajos en beneficio de la comunidad, o de localización permanente; sustituyéndose cada día de prisión por dos cuotas de multa o por una jornada de trabajo o por un día de localización permanente. El segundo supuesto previsto en el artículo 89 CP establece que cuando la pena de prisión sea impuesta a una persona extrajera, ésta debe ser reemplazada por la expulsión del territorio español, concretado el precepto los supuestos, las condiciones, las circunstancias y las excepciones para realizar la expulsión.

Así, el artículo 89 distingue entre aquellas penas que tienen una duración superior a un año y las que tienen una duración superior a cinco años. En el primer caso, la pena debe ser sustituida por la expulsión de la persona extranjera del territorio español, pero excepcionalmente el órgano jurisdiccional puede acordar que la ejecución de una parte de la pena, que no puede ser superior a los dos tercios, se lleve a cabo en España y que el resto se sustituya por la expulsión. En el segundo caso, cuando la pena impuesta tenga una duración superior a cinco años de prisión, el órgano jurisdiccional debe acordar que la ejecución de toda o parte de la pena se realice en el territorio español, en la medida en que resulte necesario para garantizar la defensa del orden jurídico y restablecer la confianza en la vigencia de la norma infringida por el delito. Ahora bien, en ambos casos, cuando la persona extranjera acceda al tercer grado o a la libertad condicional será expulsada del territorio español.

El artículo 89 CP establece que no se puede efectuar la sustitución de la pena cuando a la vista de las circunstancias del penado la expulsión resulte desproporcionada, a estos efectos el juez debe tener en cuenta las circunstancias del hecho delictivo, las personales autor y, en especial, su arraigo a España. De otro lado, con carácter general, no se puede expulsar a los ciudadanos de la Unión Europea, salvo que representen una amenaza grave contra el orden o la seguridad pública. En todo caso, procede la expulsión de los ciudadanos europeos cuando hayan sido condenados por delitos contra la vida, la libertad, la integridad física, la libertad e indemnidad sexuales, terrorismo u otros delitos cometidos en el seno de una organización criminal. Una vez efectuada la expulsión, si el extranjero regresa a España antes de transcurrir el período de tiempo establecido judicialmente, deberá cumplir las penas que le fueron sustituidas, salvo que el juez reduzca su duración cuando considere que su cumplimiento resulta innecesario para salvaguardar la defensa del orden jurídico y restablecer la confianza en la norma jurídica infringida por el delito, teniendo en cuenta el tiempo transcurrido desde la expulsión y las circunstancias en las que se haya producido su incumplimiento.

Por último, destacar, que la sustitución puede realizarse de oficio o a instancia de parte, siendo el momento procesal oportuno para solicitarla en las conclusiones provisionales, en las conclusiones definitivas de juicio oral o, en su caso, una vez dictada la sentencia antes de que comience la ejecución. Por lo que la sustitución se puede acordar en la sentencia o en un momento posterior mediante auto, siendo competente para acordarla el Tribunal sentenciador.

1.6.3. El ingreso en el centro penitenciario

Una vez declarada firme la sentencia que contiene una pena privativa de libertad, y desechada la posibilidad de acordar la suspensión condicional de la misma, se ordena ejecutar la pena en el correspondiente centro penitenciario a través de un auto que es ejecutable directamente, la ejecución se desarrolla de acuerdo con lo previsto en la LOGP y el RP.

Pueden darse dos supuestos, o bien que el penado se encuentre en un centro penitenciario o bien que se encuentre en libertad. Si se encuentra en un centro penitenciario se libra oficio por el juez ejecutor dirigido al centro en que se encuentra el condenado en el que se contiene el testimonio de la sentencia firme por la que se condena, reclamando la fecha de inicio del cumplimiento de esa pena, para la correspondiente liquidación de condena que será practicada por el Letrado de la Administración de Justicia con la finalidad de abonárselo para el cumplimiento de la pena impuesta en la causa en que dicha privación haya sido acordada o, en su defecto, de las que pudieran imponerse contra el reo en otras, siempre que hayan tenido por objeto hechos anteriores al ingreso en prisión.

Si el penado se encuentra en libertad y tiene domicilio conocido, se libra mandamiento de ingreso en prisión, el cual se remite a la fuerza pública. Una vez ingresado en el centro penitenciario, se comunica al órgano judicial y éste remite el testimonio de la sentencia firme al JVP. También puede ocurrir que el condenado se presente sin necesidad de que sea conducido por la fuerza pública, bien personándose en el centro o bien solicitando el ingreso voluntario; en el primer caso el penado acude directamente al centro penitenciario dónde dentro de las veinticuatro horas solicitan del tribunal competente el mandamiento, el testimonio de la sentencia y la liquidación de la pena, si transcurridas las setenta y dos horas siguientes al ingreso no se ha recibido ninguno de estos documentos, el interno será puesto en libertad por el director del centro penitenciario (*ex* artículo 17.2 LOPJ). En el segundo caso, se fija un día y una hora en el que el condenado debe comparecer ante el órgano competente para que le entregue un oficio dirigido al director del centro penitenciario y un mandamiento de ingreso en prisión.

1.6.4. El ingreso en el centro penitenciario

En el momento en el que los penados ingresan en el centro penitenciario se procede inmediatamente a su completa separación de otros reclusos teniendo en cuenta determinados criterios como el sexo, la emotividad, la edad, los antecedentes, el estado físico y mental, el respecto de los penados, así como las exigencias del tratamiento. De forma que con carácter general están separados los hombres de las mujeres; los detenidos y presos de los condenados; los delincuentes primarios de los reincidentes; los detenidos, presos y condenados jóvenes de los adultos; los que presenten enfermedades o deficiencias físicas o mentales de los que puedan seguir en el régimen normal y; por último, los detenidos y presos por delitos dolosos de los que lo estén por delitos imprudentes (*ex* artículo 16 LOGP). Asimismo, los internos deben alojarse en celdas individuales, aunque en caso de insuficiencia temporal de alojamiento o por indicación del médico se puede recurrir al uso de dependencias colectivas.

En los centros penitenciarios se exige un cuidadoso aseo personal, debiendo el centro facilitar gratuitamente a los internos servicios y artículos de aseo diario, una alimentación controlada por el médico "*teniendo en cuenta su estado de salud, la naturaleza del trabajo y, en la medida de lo posible, sus convicciones filosóficas y religiosas*" (*ex* artículo 21 LOGP).

El Centro penitenciario también debe proporcionarles ropa de cama, muebles adecuados para guardar sus pertenencias, además los penados tienen derecho a vestir sus propias prendas, siempre que sean adecuadas, o, a optar por las que les facilite el establecimiento. Cuando no se autorice a los internos a conservar en su poder dinero, ropas, objetos de valor u otros que le pertenezcan, éstos deben ser guardados en un lugar seguro o enviados a personas autorizadas por el recluso para recibirlos (*ex* artículo 22 LOGP). El trabajo se considera tanto un derecho como un deber de los internos y debe supeditarse a determinadas condiciones, De modo que no puede tener un carácter aflictivo; no puede atentar a la dignidad del interno; debe tener carácter formativo, creador o conservador de hábitos laborales, productivo o terapéutico, a los efectos de preparar a los internos para las condiciones normales del trabajo libre; debe satisfacer las aptitudes, cualificación y aspiraciones laborales de los recluidos; ha de ser facilitado por el centro; ha de gozar de la protección derivada de la legislación en materia de seguridad social y, no puede subordinarse al logro de intereses económicos de la Administración (*ex* artículo 26 LOGP). Por otro lado, el trabajo debe ser compatible con las sesiones de tratamiento que en su caso sean necesarias y, con las necesidades de la enseñanza obligatoria (*ex* artículo 28 LOGP). Por último, destacar, que la LOGP establece determinados supuestos en los que los reclusos no tienen la obligación de trabajar, de manera que están exentos de trabajar cuando están llevando a cabo un tratamiento médico por causas de accidente o enfermedad hasta que sean dados de alta; cuando padezcan incapacidad permanente para toda clase de trabajos; cuando sean mayores de sesenta y cinco años. También están exentos los perceptores de prestaciones por jubilación; las mujeres embarazadas durante dieciséis semanas ininterrumpidas ampliables por parto múltiple hasta dieciocho semanas y; los internos que no puedan trabajar por razón de fuerza mayor (*ex* artículo 129 LOGP).

De otro lado, como ya se anticipó anteriormente, las penas privativas de libertad se ejecutan individualizando al penado en base a criterios vinculados al estudio de su personalidad con el propósito de reeducarlo y de reinsertarlo, por lo que se establece un cumplimiento diferenciado durante la condena clasificando en grados a los reclusos. Tales grados son los siguientes: a) El primer grado, que supone un régimen cerrado, b) El segundo grado: régimen ordinario; c) El tercer grado; que se desarrolla en régimen abierto y; d) El cuarto grado; cuando se otorga la libertad vigilada. A continuación, se explicará más detalladamente cada uno de ellos.

En el régimen de primer grado, la condena se cumple en centros o módulos de régimen cerrado con absoluta separación del resto de reclusos, en celdas individuales limitando las actividades en común de los internos con un mayor control y vigilancia. Por lo que respecta al régimen de segundo grado, los establecimientos se inspiran en los principios de seguridad, orden y disciplina con la finalidad de mantener una convivencia ordenada; la separación interior de los reclusos se adapta a las necesidades o exigencias del tratamiento, a los programas de intervención y a las condiciones generales del centro; siendo el trabajo y la formación considerados una actividad básica en la vida del centro. En cuanto al régimen de tercer grado, el mismo se desarrolla en un centro abierto, que es un establecimiento penitenciario dedicado a internos clasificados en tercer grado de tratamiento, pretende lograr una convivencia normal en toda colectividad civil, fomentando la responsabilidad con ausencia de controles rígidos que contradigan la confianza que inspira su funcionamiento. La actividad penitenciaria en régimen abierto tiene por objeto potenciar las capacidades de inserción social positiva que presentan los penados clasificados en tercer grado, realizando las tareas de apoyo y de asesoramiento y la cooperación necesaria para favorecer su incorporación progresiva al medio social. Una vez que el penado se encuentra en el tercer grado, el JVP puede acordar su libertad condicional si cumple determinados requisitos como haber extinguido las tres cuartas partes de la pena impuesta, haber observado buena conducta y haber satisfecho la responsabilidad civil (*ex* artículo 90 CP).

1.6.5 Terminación de la ejecución

El proceso penal finaliza por la extinción de la responsabilidad que se contiene en el título ejecutivo cuyas causas se establecen el artículo 130 del CP o; por la anulación del título ejecutivo, a través de la estimación de un recurso extraordinario de revisión, o de un recurso de amparo o del recurso presentado ante el Tribunal Europeo de Derechos Humanos. Las causas de extinción de la responsabilidad penal son la muerte del reo, el cumplimiento de la condena, la remisión definitiva de la pena, el indulto, el perdón de la persona ofendida, la prescripción del delito o la prescripción de la pena o de la medida de seguridad impuesta.

La muerte del condenado implica la extinción de la responsabilidad penal, pero no de las responsabilidades civiles que se hubiesen fijado en la sentencia. Así, el ocaso de la persona física implica la imposibilidad de ejecutar la pena que se le ha impuesto, pues no es posible la transmisión *mortis causa* de la pena, de acuerdo con el principio de personalidad que inspira las condenas. No obstante, las responsabilidades civiles se transmiten a los herederos en virtud de las disposiciones de Derecho privado (*ex* artículos 115 y 116 LECrim y 130 CP). El procedimiento de extinción de la responsabilidad penal por esta causa es relativamente sencillo, una vez que el JVP tiene conocimiento del fallecimiento, solicita el certificado de defunción del penado e informe del Ministerio Fiscal, y dicta auto por el que se archiva la ejecutoria.

El cumplimiento de la pena es la forma habitual de la extinción de la responsabilidad penal, aunque parece que con el licenciamiento definitivo se agota la responsabilidad criminal, lo cierto es que mientras no se cancelen los antecedentes penales existe la posibilidad de ser considerado reincidente[11]. Para otorgar la libertad definitiva por el órgano jurisdiccional, el director del Centro Penitenciario competente, tres meses antes del cumplimiento de la pena, emite una propuesta, de forma que la excarcelación se debe efectuar el día que se extinga definitivamente la condena de acuerdo con la liquidación practicada.

El indulto es una facultad del Rey que nuestra Carta Magna proclama en el artículo 62, letra i), al sancionar que corresponde al Rey "*ejercer el derecho de gracia con arreglo a la ley, que no podrá autorizar indultos generales*". De acuerdo con lo dispuesto en la CE, se infiere que la petición de indulto debe dirigirse a una persona concreta con una condena firme, pudiendo ser el indulto total o parcial. Si es total se remiten todas las penas a las que el solicitante hubiera sido condenado y no hubiera comenzado a cumplir; si es parcial iniciada la ejecución de la pena, la concesión de la petición de indulto no afecta a las penas ya cumplidas. Con carácter general, para otorgar el indulto es necesario que no se produzca un perjuicio a una tercera persona y; no se extiende ni a las indemnizaciones impuestas en el fallo ni a las costas procesales ni a los antecedentes penales que deberán extinguirse de acuerdo con los plazos establecidos en el artículo 136 CP. Si bien el procedimiento para la concesión del indulto es marcadamente administrativo, lo cierto es que la intervención del

[11] El artículo 136 del CP dispone que los condenados que hayan extinguido su responsabilidad penal tienen derecho a obtener del Ministerio de Justicia, de oficio o a instancia de parte, la cancelación de sus antecedentes penales, cuando hayan transcurrido sin haber vuelto a delinquir los siguientes plazos: a) si la pena era leve seis meses; b) si la pena no excede de doce meses o en el caso de delitos imprudentes dos años; c) para las penas menos graves inferiores a tres años tienen que transcurrir tres años; d) cinco años para las restantes penas menos graves iguales o superiores a tres años y; e) diez años para las penas graves. Los plazos para la cancelación de los antecedentes penales se empiezan a contar desde el día siguiente al que quedó extinguida la pena.

órgano jurisdiccional adquiere una gran relevancia debido a que le corresponde emitir un informe sobre el mismo, así como ejecutar el indulto.

En cuanto al perdón del ofendido, sólo se aplica en los supuestos que el CP establece, los cuáles son los delitos leves perseguibles a instancias de la persona agraviada o, los delitos semipúblicos que son aquellos que exigen la previa denuncia del ofendido como requisito de procedibilidad. Ahora bien, cuando la víctima del hecho delictivo es una persona menor de edad o con discapacidad, la responsabilidad criminal no se extingue con el perdón del ofendido. Para que el perdón adquiera eficacia es necesario que sea otorgado de forma expresa antes de que se haya dictado sentencia, a estos efectos el órgano jurisdiccional debe oír a la persona ofendida antes de dictar la resolución.

La prescripción del delito extingue la responsabilidad penal sin necesidad de identificar al delincuente, la misma se produce cuando transcurren los plazos que establece artículo 131 CP sin que se inicie un procedimiento contra el culpable, los distintos plazos se fijan en función de la gravedad del hecho delictivo teniendo en cuenta los plazos de duración de la pena en abstracto[12]. Por último, la prescripción de la pena se produce cuando se haya dictado sentencia firme condenatoria y transcurran los plazos del artículo 133 CP sin que se haya realizado actividad ejecutiva, ya sea porque ni siquiera se inició o porque una vez iniciada se produce su quebrantamiento, interrumpiéndose si el condenado comete otro delito. El artículo 133 CP establece unas escalas en las que el plazo de prescripción empieza a correr de la fecha de la sentencia firme[13].

1.7. Cumplimiento de la responsabilidad civil

La comisión de un delito, además de la responsabilidad penal, puede originar responsabilidades civiles cuya reclamación es posible efectuar de forma conjunta con la acción penal en la jurisdicción penal, aunque las acciones civiles también pueden reservarse para ejercitarlas en la jurisdicción civil. Si la sentencia penal declara responsabilidades civiles estas pueden consistir en la restitución o devolución de cosas; en cantidades dinerarias, ya sean por reparación del daño o indemnización de los perjuicios; y en las costas procesales o en las multas disciplinarias impuestas por el órgano jurisdiccional.

La restitución de la cosa tiene lugar en los supuestos en los que el objeto del delito es una cosa específica y determinada, consistiendo la actividad ejecutiva en la devolución de la

---

[12] Así, el artículo 131 CP establece que los delitos prescriben: a) a los veinte años, cuando la pena máxima señalada al delito sea prisión de quince o más años.; b) a los quince, cuando la pena máxima señalada por la ley sea inhabilitación por más de diez años, o prisión por más de diez y menos de quince años; c) a los diez, cuando la pena máxima señalada por la ley sea prisión o inhabilitación por más de cinco años y que no exceda de diez; d) a los cinco, los demás delitos, excepto los delitos leves y los delitos de injurias y calumnias, que prescriben al año. Con carácter general no prescriben los delitos de lesa humanidad ni los de genocidio ni los delitos contra las personas y bienes protegidos en caso de conflicto armado, ni los de terrorismo si hubieran causado la muerte de una persona.

[13] Así, el artículo 133 CP dispone que las penas impuestas por sentencia firme prescriben: a) a los treinta años, las penas de prisión de más de veinte años; b) a los veinticinco años, las penas de prisión de quince o más años sin que excedan de veinte; c) a los veinte años, las penas de inhabilitación por más de diez años y las de prisión por más de diez y menos de quince; d) a los quince años, las penas de inhabilitación por más de seis años y que no excedan de diez años, y las de prisión por más de cinco años y que no excedan de diez; e) a los diez años, las restantes penas graves; f) a los cinco años, las penas menos graves y; g) al año, las penas por delitos leves. No prescriben con carácter general las penas por delitos de lesa humanidad, genocidio y por los delitos contra las personas y bienes protegidos en caso de conflicto armado, así como las penas por delitos de terrorismo cuando hubieran causado la muerte a alguna persona.

misma cosa y si no es posible la restitución, la obligación se transforma en la indemnización de daños y perjuicios (*ex* artículo 111.1 CP).

En cuanto a las cantidades dinerarias, estas deben llevarse a cabo siguiendo las disposiciones de la LEC sobre la ejecución dineraria (artículos 517 y concordantes) por lo que son posibles actos de averiguación de bienes, de embargos, de realización, de adjudicación de bienes embargados, etc. Además, es necesario destacar que es posible ejecutar provisionalmente los pronunciamientos civiles (*ex* artículo 989 LECrim).

Por lo que respecta a las costas procesales, no se pueden imponer al procesado absuelto, y tres son los pronunciamientos que puede efectuar el órgano jurisdiccional: 1) declarar las costas de oficio, por lo que ninguna de las partes debe asumir importe alguno; 2) imponerlas al procesado condenado, y si son varios, se debe fijar la parte proporcional de la que ha de responder cada uno y; 3) se pueden imponer al querellante particular o al actor civil si han obrado con temeridad o mala fe.

Por último, el Capítulo IV del CP sobre "*la responsabilidad civil y demás responsabilidades penales"* establece un orden de prelación de los conceptos que se deberán satisfacer con los pagos efectuados por el penado o el responsable civil, de forma que las cuantías dinerarias se imputan por el siguiente orden: 1ª) a la reparación del daño causado y a la indemnización de los perjuicios; 2º) a la satisfacción de la indemnización del Estado por el importe de los gatos que se hubieran hecho por su cuenta en la causa; 3º) a las costas del acusador particular o privado cuando se imponga en la sentencia su pago; 4º) a las costas procesales, incluso las de la defensa del procesado, sin preferencia entre los interesados y; en último lugar, 5º) a la multa.

1.8. Referencias bibliográficas

- Alonso Buzo, R., "La nueva regulación de la suspensión de la pena tras la reforma del Código Penal: necesidad de la creación de la figura del juez de ejecución de penas", *Diario La Ley,* Núm. 8654, 2015, pp. 1-6.
- Alonso De Escamilla, A., "Las nuevas competencias del Juez de Vigilancia Penitenciaria", *ADPCP*, VOL. LXXII, 2019, pp. 76-90.
- Álvarez Suárez, L., "El indulto: líneas de futuro", *La Ley Penal,* Núm. 129, 2017, pp. 1-8.
- Benítez Yébenes, J.R., "La malograda figura del juez de vigilancia penitenciaria", *La Ley Penal,* Núm. 114, 2015, pp. 1-14.
- Capita Remezal, M., "Cuestiones prácticas en materia de ejecución de sentencias penales", *La Ley Penal,* Núm 126, 2017, pp. 1-16.
- Cuervo Nieto, C., "Las medidas de seguridad en el Derecho Penal español: consideraciones desde la perspectiva constitucional y el principio de legalidad", *La Ley Penal,* Núm. 159, 2022, pp. 1-4.
- Iribarren Oacáriz, J., "Preguntas con respuesta sobre la ejecución penal", *Revista Aranzadi Doctrinal,* Núm. 10, 2017, pp.1-21.
- Martínez Jariod, A., "Agilización de la ejecución penal", *Diario La Ley,* Núm. 10228, 2023, pp. 1-11.
- Méndez López, I., "La ejecución penal", en Pérez-Cruz Martín, A.J., *Derecho Procesa I. Proceso Penal,* Servicios Publicaciones Universidad de Oviedo, 2020, pp. 250-261.
- Moreno Catena, V., "Las medidas cautelares. La detención", en *Derecho Procesal Penal,* Tirant lo Blanch, Valencia, 2019, pp. 309-329.
- Nistal Burrón, J., "El derecho de defensa en la etapa de la ejecución penal. El carácter de la asistencia letrada a los penados", *Diario La Ley,* Núm. 7484, 2010, pp. 1-13.

- "Régimen diferenciado de ejecución penal según el tipo delictivo. Modificaciones introducidas por la LO 1/2015, de reforma del Código Penal", *Diario La Ley,* Núm. 8668, pp. 1-15.
- Peñalosa Torne, C., "Detención ilegal. El juicio policial de la racionalidad de la sospecha", *Diario La Ley,* Núm. 9727, 2020, pp. 1-4.
- Plasencia Domínguez, N., "Violencia de género y ejecución penal", *Diario La Ley,* Núm. 9429, 2019, pp. 1-30.
- Puerto Solar, C. y Local Cuenca, P., "Administración penitenciaria, Ramadán y Semana Santa", *Diario La Ley,* Núm. 10481, 2024, pp. 1-7.

El principio de no discriminación y la protección de los grupos vulnerables: los desarrollos en el Derecho internacional y europeo

Javier A. González Vega

Catedrático de Derecho Internacional Público

El Derecho internacional contemporáneo aborda la lucha contra la discriminación en el marco de sus disposiciones en materia de protección de los derechos humanos, habiendo generado múltiples desarrollos convencionales -tanto de alcance universal como regional- que enfrentan el problema desde diferentes perspectivas: la protección del ser humano en general o el trato a conferir a colectivos específicos, tradicionalmente víctimas de prácticas discriminatorias.

Las obligaciones establecidas en estos textos imponen a los Estados parte la necesidad de erradicar las prácticas discriminatorias, introduciendo eventualmente medidas de promoción (acción positiva) con miras a superar las barreras pre-existentes. Estos desarrollos poseen una especial trascendencia en el ámbito regional europeo donde la acción del Consejo de Europa y, particularmente, las disposiciones del Derecho de la Unión Europea confieren una singular importancia a la cuestión.

Sin embargo, la acción internacional contra la discriminación revela en ocasiones desacuerdos entre los Estados derivados del pluralismo cultural y de la diversidad de concepciones en pugna, resultando la discriminación contra la mujer o las asociadas con la orientación y la identidad sexuales claros ejemplos de ello. En cambio, en aquellas áreas en las que la afinidad cultural es mayor los desarrollos producidos son más significativos, tal como revela la intensa actividad desarrollada en el área europea.

Por otra parte, los desarrollos normativos se han visto enriquecidos con las aportaciones realizadas por los órganos de control establecidos en los diferentes instrumentos internacionales, existiendo -particularmente en el ámbito europeo- una copiosa jurisprudencia en la materia, con especial incidencia en el tratamiento de los colectivos especialmente vulnerables.

1. Evolución histórica

El Derecho internacional clásico no contenía reglas en materia de no discriminación por cuanto no existían dentro del mismo normas destinadas a la protección de los individuos. Siendo sus creadores y destinatarios los Estados, disposiciones de esta naturaleza no tenían cabida; a lo sumo en virtud de los tratados de comercio y navegación podían introducirse estipulaciones en virtud de las cuales los súbditos extranjeros pudieran ser admitidos a participar en el tráfico jurídico en condiciones equiparables a otros extranjeros (cláusula de la nación más favorecida). Aunque en momentos más recientes, algunos de tales desarrollos llegaron hasta el punto de posibilitar una equiparación con los propios nacionales (cláusula de trato nacional).

Con todo, cierto sector doctrinal mantenía la existencia de una regla conocida como "estándar mínimo de trato". Dicha regla, aunque no exenta de controversia suponía en todo caso el reconocimiento de una desigualdad en relación con los extranjeros pues de la misma se deducía a lo sumo la necesidad de otorgar unas mínimas garantías a éstos, aunque no necesariamente equiparables a las reconocidas por el Estado a sus propios súbditos.

Por lo mismo, el Derecho internacional no se ocupaba de la situación de los súbditos del Estado. No en balde, en la época tendía a caracterizársele como un Derecho público externo. Por tanto. el trato que el Estado dispensara a sus propios nacionales era una cuestión que –a lo sumo en los Estados constitucionales- podía estar garantizada, en su caso, por las "declaraciones de derechos" contenidas en las respectivas Constituciones, pero ello no trascendía al Derecho internacional dado que tales relaciones formaban parte de la "competencia doméstica" de los Estados -el denominado *domaine reservé-* sin que cupieran ningún género de limitaciones al respecto, salvo las que el propio Estado pudiera acordar excepcionalmente por la vía de un tratado internacional.

En este orden, resulta importante destacar que la emergencia de las primeras normas de Derecho internacional relacionadas con la protección de los individuos frente a la discriminación se vincula con el trato de las minorías religiosas: en tal sentido, ya desde el siglo XVII se registran exponentes aislados orientados a su protección, pero es particularmente a partir del siglo XIX cuando éstas cobran mayor relevancia en estrecha dependencia del progresivo declive del Imperio Otomano. En esas especiales circunstancias, diversos Estados europeos "arrancaron" de aquél diversos acuerdos para garantizar la protección de las minorías cristianas católicas (Francia) y ortodoxas (Rusia). Este sistema -abarcando ya a otros grupos nacionales, étnicos y lingüísticos- se generalizará al término de la primera guerra mundial en el centro y el este de Europa, jugando en él un destacado papel la Sociedad de Naciones; por otra parte, en el curso de su aplicación la Corte Permanente de Justicia Internacional (asunto de las *Escuelas minoritarias en Albania*) tuvo ocasión de destacar la relevancia del principio de no discriminación. Sin embargo, el sistema de protección de las minorías vigente en el periodo de entreguerras no alteró sustancialmente la posición del individuo ante el Derecho internacional.

Otro desarrollo que conviene mencionar se vincula con la lucha contra el tráfico de esclavos. El Congreso de Viena de 1815 hacía expresa alusión a este objetivo. Como resultado, a partir del siglo XIX los Estados europeos -bajo el impulso de Gran Bretaña- concluyeron diferentes tratados para erradicar tal práctica, que puede considerarse abolida con carácter general hacia la mitad de dicho siglo. Sin embargo, debe de advertirse que la erradicación de la trata no impedía el mantenimiento en el interior de los Estados de la institución de la esclavitud: así, España la mantuvo vigente en sus territorios europeos hasta 1870 y sólo la abolió en sus colonias 10 años más tarde. De hecho, la abolición de la esclavitud sólo se impulsará a través de tratados ya en el periodo de la Sociedad de Naciones. Y la generalización de su proscripción tardará aún muchos años: baste pensar que aún hoy en día ha pervivido en algunos Estados africanos (p.e. Mauritania).

En verdad, la indiferencia de las normas internacionales frente a la situación de los individuos sólo cambiará radicalmente con la creación de la organización de las Naciones Unidas en 1945. Se comprenderá así que aún en los años 30 del pasado siglo los representantes alemanes en la Sociedad de Naciones rechazaran todo intento de control internacional sobre la situación de la población alemana de etnia judía y que las posteriores medidas destinadas a privar a esta población de sus derechos -incluida su nacionalidad- las famosas "Leyes de Nuremberg", aunque lamentadas, fueran contempladas por los demás Estados como ejercicio de su competencia doméstica. Como cabe imaginar, el horror al que condujo la ulterior política de exterminio desarrollada por Alemania en el curso de la II Guerra Mundial, ajustándose a una diabólica e inimaginable perversión de tales premisas, obligaría a revisar drásticamente los presupuestos sobre los que se asentaba el Derecho internacional en su caracterización tradicional.

2. La creación de las Naciones Unidas, la afirmación de los derechos humanos y la emergencia del principio de no discriminación

En efecto, la Carta de las Naciones Unidas de 26 de junio de 1945 supone una ruptura radical con la anterior situación. Es expresivo de ello su preámbulo en donde se "reafirma la fe en los derechos fundamentales del hombre, en la dignidad y el valor de la persona humana, en los derechos de hombres y mujeres", así como su artículo 1º en el que al enunciar los objetivos ("propósitos") de la nueva organización se afirma el de:

> "3. Realizar la cooperación internacional en la solución de problemas internacionales de carácter económico, social, cultural o humanitario, y en *el desarrollo y estímulo del respeto a los derechos humanos y a las libertades fundamentales de todos, sin hacer distinción por motivos de raza, sexo, idioma o religión;"* (cursivas añadidas)

Por otra parte, dentro de su estructura orgánica se asigna al Consejo Económico y Social, entre otras, la tarea de formular:

> "recomendaciones con el objeto de promover el respeto a los derechos humanos y a las libertades fundamentales de todos, y la efectividad de tales derechos y libertades" (art. 62.2)

Y en consonancia con ello se prevé la posibilidad de crear en su seno "comisiones de orden económico y social y para la promoción de los derechos humanos" (art. 68).

Como resultado, la organización va a impulsar toda suerte de desarrollos institucionales y normativos orientados a esta finalidad. De un lado, establecerá una Comisión de Derechos humanos, en el seno de la cual se instituirán asimismo órganos específicos orientados a combatir la discriminación y promover el desarrollo de los derechos humanos en relación con colectivos específicos: de un lado, la Subcomisión para la prevención de la discriminación y la protección de las minorías; de otro, la Subcomisión sobre la condición de la mujer. Además, desde estos órganos, junto a la Asamblea General de las Naciones Unidas, se promoverá la elaboración de textos -recomendaciones y tratados internacionales- en materia de protección de los derechos humanos y de eliminación de la discriminación. Por otra parte, de este esfuerzo a partir de los años 60 del pasado siglo, participará incluso el órgano al que se atribuye la responsabilidad principal para el mantenimiento de la paz y la seguridad internacionales –el Consejo de Seguridad- toda vez que la existencia en el África austral de situaciones (Rhodesia, Namibia y Sudáfrica) en las que pervivían regímenes de discriminación racial sistemática –conocido como apartheid- llevará al Consejo a caracterizar tales supuestos como situaciones susceptibles de amenazar la paz y la seguridad internacionales, imponiendo en consecuencia sanciones internacionales para eliminarlas.

3. Los desarrollos normativos del principio en el ámbito universal: la labor de Naciones Unidas y de sus organismos especializados.

Son numerosos los desarrollos normativos producidos en la Organización de las Naciones Unidas -y en los organismos especializados vinculados con ella- en relación con la afirmación del principio de no discriminación. Se trata fundamental, aunque no exclusivamente, de tratados internacionales en los que bien se contienen cláusulas generales en materia de no discriminación, bien se dedican en su conjunto a tratar de erradicar ciertas prácticas discriminatorias, ora buscan reforzar la protección de ciertos colectivos que resultan ser víctimas habituales de aquéllas.

3.1. La Declaración universal de los derechos humanos y los tratados generales en la materia

Prueba de este compromiso es que ya el primero de los textos adoptados en materia de derechos humanos será asimismo el primero en consagrar el principio de no discriminación; se trata, obviamente, de la Declaración universal de derechos humanos, en la cual se dispone que:

> "Toda persona tiene los derechos y libertades proclamados en esta Declaración, sin distinción alguna de raza, color, sexo, idioma, religión, opinión política o de cualquier otra índole, origen nacional o social, posición económica, nacimiento o cualquier otra condición. Además, no se hará distinción alguna fundada en la condición política, jurídica o internacional del país o territorio de cuya jurisdicción dependa una persona, tanto si se trata de un país independiente, como de un territorio bajo administración fiduciaria, no autónomo o sometido a cualquier otra limitación de soberanía."

Conviene recordar que, aunque este texto -en puridad una Resolución (la 217 A (III), de 10 de diciembre de 1948) de la Asamblea General de las Naciones Unidas- tiene hoy valor jurídicamente vinculante, carecía de él en el momento de su adopción, lo que motivó el que su contenido fuera objeto de desarrollo y formalización en posteriores tratados internacionales: los Pactos de derechos humanos de 1966. En ellos, por tanto, se recogen asimismo sendas disposiciones en relación con la no discriminación.

3.1.1. Los Pactos de 1966.

El intento por transformar en obligaciones jurídicamente exigibles para los Estados los derechos enunciados en la Declaración universal de derechos humanos, llevó a las Naciones Unidas a iniciar los trabajos para redactar un tratado internacional en la materia. Sin embargo, las labores iniciales, desarrolladas en el periodo de la "guerra fría" hicieron inviable la redacción de un texto único -en razón de las diferencias en torno al alcance de los derechos a garantizar expresadas por parte de los Estados occidentales, de un lado, y los Estados socialistas de otro. Ello hizo necesario acometer la redacción en paralelo de dos textos convencionales: uno dedicado a la protección de los derechos fundamentales y libertades públicas y otro consagrado a la protección de los derechos de contenido económico, social y cultural. Su resultado se plasmará en los respectivos Pactos Internacionales de derechos civiles y políticos y de derechos económicos, sociales y culturales, ambos abiertos a la firma en Nueva York el 16 de diciembre de 1966.

En lo que respecta a la no discriminación el *Pacto internacional de derechos civiles y políticos* establece las siguientes previsiones:

> "Cada uno de los Estados Partes en el presente Pacto se compromete a respetar y a garantizar a todos los individuos que se encuentren en su territorio y estén sujetos a su jurisdicción los derechos reconocidos en el presente Pacto, sin distinción alguna de raza, color, sexo, idioma, religión, opinión política o de otra índole, origen nacional o social, posición económica, nacimiento o cualquier otra condición social" (art. 2.1).
> "Los Estados Partes en el presente Pacto se comprometen a garantizar a hombres y mujeres la igualdad en el goce de todos los derechos civiles y políticos enunciados en el presente Pacto" (art. 3).

Por otra parte, junto a estas claras obligaciones para los Estados en relación con el disfrute por igual por parte de los individuos de los derechos garantizados en el Pacto, en él también se establece una cláusula general en materia de no discriminación conexa al principio de igualdad ante la Ley al disponer el art. 26:

> "Todas las personas son iguales ante la ley y tienen derecho sin discriminación a igual protección de la ley. A este respecto, la ley prohibirá toda discriminación y garantizará a todas las personas protección igual y efectiva contra cualquier discriminación por motivos de raza, color, sexo, idioma, religión, opiniones políticas o de cualquier índole, origen nacional o social, posición económica, nacimiento o cualquier otra condición social."

Además, la importancia que cobra en este texto la vigencia del principio de no discriminación se aprecia particularmente en relación con las previsiones establecidas en relación con la eventual suspensión de los derechos en él reconocidos en circunstancias "proclamadas oficialmente" en que esté en riesgo "la vida de la Nación" -un supuesto equiparable al establecido en las nociones de "estado de excepción" y "estado de sitio" reconocidas en la Constitución Española conforme a los arts. 55 y 116 y regulados por la Ley 4/1981, de 1 de junio. En tal sentido, aunque el Pacto contempla la posibilidad de suspender en circunstancias excepcionales los derechos garantizados en él -excluidos, eso sí, el derecho a la vida, a no ser sometido a tortura, esclavitud, la prisión por deudas, el principio de legalidad penal, el reconocimiento de la personalidad jurídica, y la libertad de pensamiento, conciencia y religión- incluso en tales circunstancias, el Estado parte sólo podrá acordar la suspensión de aquellos derechos "en la medida estrictamente limitada a las exigencias de la situación" y sin que ello:

> "entrañe(n) discriminación alguna fundada únicamente en motivos de raza, color, sexo, idioma, religión u origen social" (art. 4.1)

Por su parte, en relación con la no discriminación, el *Pacto internacional de derechos económicos, sociales y culturales* con un enunciado prácticamente similar al establecido en los antevistos artículos del Pacto de derechos civiles y políticos, dispone que:

> "Los Estados Partes en el presente Pacto se comprometen a garantizar el ejercicio de los derechos que en él se enuncian, sin discriminación alguna por motivos de raza, color, sexo, idioma, religión, opinión política o de otra índole, origen nacional o social, posición económica, nacimiento o cualquier otra condición social" (art.2.2).
>
> "Los Estados Partes en el presente Pacto se comprometen a asegurar a los hombres y a las mujeres igual título a gozar de todos los derechos económicos, sociales y culturales enunciados en el presente Pacto" (art. 3).

En cambio, este texto no contiene disposiciones en materia de suspensión, si bien aporta un interesante matiz en relación con la eventual operatividad del principio de no discriminación en relación con la nacionalidad de los beneficiarios de los derechos enunciados -aunque limitado exclusivamente a los Estados en vías de desarrollo- al establecer que:

> "Los países en vías de desarrollo, teniendo debidamente en cuenta los derechos humanos y su economía nacional podrán determinar en qué medida garantizarán los derechos económicos reconocidos en el presente Pacto a personas que no sean nacionales suyos" (art. 2.3).

La razón estriba en el hecho de que se asume la mayor dificultad -en razón de las cargas financieras inherentes a su aplicación- respecto de la garantía de los derechos en él reconocidos.

3.1.2. La Convención de derechos del niño.

Una mención especial merece la Convención de Derechos del niño de 20 de noviembre de 1989 y sus desarrollos conexos, toda vez que este conjunto de instrumentos se caracteriza por abordar en profundidad la lucha contra la discriminación en relación con la infancia. Naturalmente, el texto de base contiene la consabida cláusula de no discriminación común al conjunto de textos en materia de protección de los derechos humanos, al establecer que:

> "1. Los Estados Partes respetarán los derechos enunciados en la presente Convención y asegurarán su aplicación a cada niño sujeto a su jurisdicción, sin distinción alguna, independientemente de la raza, el color, el sexo, el idioma, la religión, la opinión política o de otra índole, el origen nacional, étnico o social, la posición económica, los impedimentos físicos, el nacimiento o cualquier otra condición del niño, de sus padres o de sus representantes legales.
>
> 2. Los Estados Partes tomarán todas las medidas apropiadas para garantizar que el niño se vea protegido contra toda forma de discriminación o castigo por causa de la condición, las actividades, las opiniones expresadas o las creencias de sus padres, o sus tutores o de sus familiares."

Pero, por otra parte, la Convención, por su misma naturaleza, constituye un instrumento animado por el afán de garantizar -reiterando los términos de la Declaración universal de 1948- "los derechos iguales e inalienables de todos los miembros de la familia humana" (Preámbulo) y en consonancia con ello trata de acomodar a las singularidades de la infancia y sus específicas necesidades de protección el goce de los derechos humanos. De ahí que el texto, explicite -modulándolos, en su caso- el conjunto de derechos reconocidos en textos anteriores y aborde en textos complementarios -sendos Protocolos facultativos, ambos de 25 de mayo de 2000- problemas específicos inherentes a la protección de la infancia: respectivamente, la venta de niños, la prostitución infantil y la utilización de niños en la pornografía, así como la participación de niños en los conflictos armados.

Además, el más reciente desarrollo relacionado con el Convenio ha venido a reforzar la dimensión procedimental -en la que se hacía hasta ahora más sensible la desigualdad entre los niños y el conjunto de los individuos en orden al disfrute de sus derechos: nos referimos a la imposibilidad en la que aquéllos se hallaban a la hora de hacer valer los mismos ante las instancias de control internacional. Pues bien, el Protocolo facultativo a la Convención, de 19 de diciembre de 2011, relativo a un procedimiento de comunicaciones, permite en lo sucesivo el que los niños, bien por sí mismos o a través de sus representantes puedan dirigir -a título individual o colectivamente- comunicaciones al Comité de Derechos del Niño en relación con supuestas violaciones de los derechos garantizados en la Convención y en sus Protocolos facultativos. Bien es cierto que dadas las particularidades inherentes al ejercicio de este derecho de reclamación se contempla que el Comité -guiado por el principio del interés superior del niño- "tendrá en cuenta los derechos y las opiniones del niño, y dará a esas opiniones el debido peso, en consonancia con su edad y madurez" (art. 2), habiéndose previsto la elaboración de un reglamento específico para adaptar sus procedimientos a las necesidades específicas de los niños y, especialmente, con miras a evitar su manipulación en el caso de las comunicaciones sometidas por sus representantes (art. 3).

3.2. Los tratados específicos en materia de no discriminación

La acción de las Naciones Unidas no se ha detenido en la configuración de unas cláusulas genéricas en materia de no discriminación en los tratados sobre protección de derechos humanos de alcance general. Desde muy pronto se hizo sentir la necesidad de afrontar específicas situaciones frente a las cuales resultaba oportuna la elaboración de instrumentos específicos destinados a erradicar concretas situaciones discriminatorias. En concreto, a este empeño responden, entre otros, los tratados en materia de lucha contra la discriminación racial, la discriminación contra la mujer o las discriminaciones en materia de enseñanza; este último elaborado en el seno de la Organización de las Naciones Unidas para la Educación, la Ciencia y la Cultura (UNESCO). También en este ámbito debe de incluirse el Convenio internacional para la eliminación del crimen de apartheid, concebido específicamente para combatir específicamente esta odiosa práctica de discriminación racial sistemática, si bien, como veremos, en este instrumento concurren una serie de particularidades -empezando por la propia desaparición del supuesto, a raíz de la transición democrática iniciada en Sudáfrica a partir de 1990- que han limitado en la práctica su operatividad.

3.2.1. La Convención internacional sobre la eliminación de todas las formas de discriminación racial.

Se trata del primer instrumento para la lucha contra la discriminación elaborado en el seno de la Organización de las Naciones Unidas, abriéndose a la firma en Nueva York el 21 de diciembre de 1965 y concurre en él la particularidad de que es prácticamente el único tratado en materia de derechos humanos concluido por España durante la Dictadura franquista. De conformidad con su art. 1.1 su objetivo es eliminar:

> "toda distinción, exclusión, restricción o preferencia basada en motivos de raza, color, linaje u origen nacional o étnico que tenga por objeto o por resultado anular o menoscabar el reconocimiento, goce o ejercicio, en condiciones de igualdad, de los derechos humanos y libertades fundamentales en las esferas política, económica, social, cultural o en cualquier otra esfera de la vida pública."

Sin embargo, el Convenio no considera discriminatorias "las distinciones, exclusiones, restricciones o preferencias que haga un Estado parte en la presente Convención entre ciudadanos y no ciudadanos" (art. 1.2), ni "las disposiciones legales de los Estados partes sobre nacionalidad, ciudadanía o naturalización, siempre que tales disposiciones no establezcan discriminación contra ninguna nacionalidad en particular" (art. 1.3).

Por otra parte, en su art. 1.4 el Convenio contempla la posibilidad de que los Estados partes establezcan

> "medidas especiales adoptadas con el fin exclusivo de asegurar el adecuado progreso de ciertos grupos raciales o étnicos o de ciertas personas que requieran la protección que pueda ser necesaria con objeto de garantizarles, en condiciones de igualdad, el disfrute o ejercicio de los derechos humanos y de las libertades fundamentales"

Las cuales

> "no se considerarán como medidas de discriminación racial, siempre que no conduzcan, como consecuencia, al mantenimiento de derechos distintos para los diferentes grupos raciales y que no se mantengan en vigor después de alcanzados los objetivos para los cuales se tomaron.

En coherencia con todo lo anterior, los Estados partes se obligan a introducir en su derecho interno todas las medidas necesarias para eliminar la discriminación racial y asegurar la plena igualdad de los individuos, incluida la prohibición de la incitación al odio racial, adoptando eventualmente las correspondientes sanciones en el orden penal.

3.2.2. La Convención internacional sobre la represión y el castigo del crimen de apartheid.

Como ya hemos destacado, la práctica de la discriminación racial sistemática (apartheid) arraigó en determinados Estados del África austral. De un lado, Sudáfrica ya desde los tiempos de la colonización *boer* -y tras la abolición de la esclavitud- había conferido un trato discriminatorio a la población de color mayoritaria; la posterior anexión británica mantuvo la situación que no sólo se consolidó, sino que se desarrolló legalmente con el acceso a la independencia, extendiéndose al territorio del Sudoeste Africano -actual Namibia- administrada desde 1920 como mandataria de la Sociedad de Naciones. El régimen de segregación racial también estuvo vigente en el territorio de Rhodesia del Sur -actual Zimbabue- donde la minoría blanca proclamó en 1965 unilateralmente la independencia del Reino Unido para asegurar su supremacía; en este último caso, no obstante, las medidas fueron objeto de condena internacional: la independencia no fue reconocida y se estableció un régimen de sanciones por parte del Consejo de Seguridad que abocó finalmente al abandono del poder por la minoría blanca en 1979. En paralelo, en respuesta al mantenimiento del apartheid, la Organización de las Naciones Unidas anuló el mandato de Sudáfrica sobre el Sudoeste Africano, estableció un régimen de administración internacional y reconoció la legitimidad de la lucha de la Organización del Pueblo del Sudoeste Africano (SWAPO) contra el régimen racista. Entretanto, a partir de los años 70 las Naciones Unidas acordó la imposición de sanciones limitadas a Sudáfrica y a comienzos de la década elaboró un tratado para sancionar penalmente el mantenimiento del apartheid. El Convenio elaborado, sin embargo, no concitó un respaldo generalizado, negándose los Estados occidentales a apoyarlo. En este orden, debe tenerse presente que la situación en Sudáfrica tendió a contemplarse en el marco de la guerra fría, considerando aquéllos que el derrocamiento de la minoría blanca era susceptible de plantear un control de este Estado por parte del bloque socialista, con los consiguientes costes estratégicos y económicos para el bloque occidental, optando por una política contemporizadora, limitada a meras condenas formales. De hecho, muy significativamente, el desmantelamiento del régimen de apartheid se inició en Sudáfrica en febrero de 1990, apenas tres meses después de la "caída" del muro de Berlín.

En todo caso, el texto del Convenio mantiene un estrecho paralelismo con el Convenio para la represión y castigo del crimen de genocidio de 1948. En él se tipifica el crimen de apartheid como el concebido con el fin de instituir y mantener la dominación de un grupo racial de personas sobre cualquier otro grupo racial de personas y de oprimirlo sistemáticamente, y en el que se incluyen, entre otras, las medidas orientadas a impedir la participación política, social y económica de los grupos dominados, la división de la población de acuerdo con criterios raciales, la prohibición de matrimonios mixtos, etc. Con miras a su represión se establece la competencia de los tribunales de cualquiera de los Estados partes en el convenio para enjuiciar tales conductas.

Como hemos apuntado el Convenio gozó de un limitado apoyo: sólo los Estados socialistas y los Estados del Tercer Mundo participaron en él. Con todo, con escasa coherencia y no sin un punto de cinismo, la Unión Europea exige a los Estados de África, el Caribe y el Pacífico adherirse al Convenio para beneficiarse de las medidas de liberalización comercial (*Sistema de Preferencias Generalizadas +)* en sus relaciones económicas con la UE, pese a que la inmensa mayoría de sus Estados miembros no son partes en él.

Podría pensarse que en la actualidad la Convención resulta inútil, dado que el régimen de *apartheid* desapareció sucesivamente en Namibia en 1990 con su acceso a la independencia y en Sudáfrica con la abrogación de las medidas segregacionistas al aprobarse la vigente Constitución de 1994. Sin embargo, nada más lejos de la realidad. De hecho, la ONG *Amnistía Internacional* ha elaborado sendos informes en los que ha denunciado la situación de apartheid de la que sería víctima la minoría roihinga en Myanmar (Birmania) en 2017 y el apartheid al que estaría sometido el pueblo palestino por parte del Estado de Israel (2022). Por su parte, ese mismo año el relator especial de la ONU para la situación de los derechos humanos en los Territorios Palestinos Ocupados desde 1967, Sr. Michael Lynk, sostuvo esa misma apreciación en el informe presentado al Consejo de Derechos Humanos de las Naciones Unidas.

3.2.3. La Convención sobre la eliminación de todas las formas de discriminación contra la mujer.

Como hemos apuntado, prácticamente desde su creación, la Organización de las Naciones Unidas contó con un organismo específico para abordar el desarrollo de los derechos de las mujeres: la Subcomisión sobre la condición de la mujer. En ella, como se ha advertido, se asumió la necesidad de abordar específicamente las discriminaciones de las que ésta era víctima, más allá del abstracto universalismo de los textos en materia de derechos humanos, promoviendo la elaboración de textos convencionales específicos, tanto por Naciones Unidas como por sus organismos especializados, orientados a luchar contra la vulnerabilidad de las mujeres, a combatir su dependencia de los hombres o a erradicar sus desigualdades en el plano político, civil o laboral. En tal sentido, convienen mencionarse el *Convenio para la represión de la trata de personas y la explotación de la prostitución ajena*, de 21 de marzo de 1950, el *Convenio sobre los derechos políticos de la mujer*, de 20 de diciembre de 1952, la *Convención sobre la nacionalidad de la mujer casada*, de 20 de febrero de 1957, la *Convención sobre el consentimiento para el matrimonio, la edad mínima para contraer matrimonio y los registros de los matrimonios*, de 10 de diciembre de 1962 o el *Convenio núm. 100 de la Organización Internacional del Trabajo sobre la igualdad de remuneración entre la mano de obra masculina y la mano de obra femenina por un trabajo de igual valor (Convenio sobre igualdad de remuneración)*, de 29 de junio de 1951.

No obstante, pronto se hizo sentir la necesidad de abordar con carácter general el problema de la discriminación contra la mujer. En tal sentido, en 1963 la Asamblea General de las Naciones Unidas reclamó a la Subcomisión la preparación de una declaración sobre el tema, la cual fue adoptada el 7 de noviembre de 1967 (Resolución de la AG 2263 (XXII)), aunque carente de valor jurídico vinculante. Empero, el impulso que cobró el tema a partir de la década de los 70 (I Conferencia mundial sobre los derechos de la mujer, México, 19 de junio-2 de julio de 1975) propició los trabajos para la elaboración de un tratado internacional sobre la materia, plasmándose en la *Convención sobre la eliminación de todas las formas de discriminación contra la mujer*, adoptada en Nueva York el 18 de diciembre de 1979.

En el texto se abordan, entre otros, aspectos una amplia definición de las situaciones discriminatorias contra la mujer (art. 1), se establece el compromiso de los Estados partes de desarrollar una política para la eliminación de la discriminación en todos los ámbitos, incluidos los privados (art. 2), el desarrollo y adelanto -lo que hoy denominaríamos "empoderamiento"- de la mujer en todos los órdenes (art. 3), la adopción de medidas especiales destinadas a acelerar la igualdad de facto entre hombre y mujer (art. 4) o la modificación de los patrones socioculturales sobre los que se ha asentado tradicionalmente la discriminación de la que ésta es víctima (art. 5). Además de estas disposiciones de orden general, las Partes II a IV de la Convención contemplan medidas específicas para erradicar la discriminación en los ámbitos político, socioeconómico y jurídico. Sin embargo, pese a que puntuales disposiciones del texto proscriben algunas manifestaciones de violencia estructural o institucional sobre las mujeres –p.e. erradicación de matrimonios forzosos (art. 16.1)-, éste no incide expresamente en la lucha contra la violencia de género. Por este motivo, inicialmente, la laguna pretendió colmarse elaborando un protocolo adicional sobre el particular; abandonada la idea, su órgano de control –el *Comité para la Eliminación de todas las formas de discriminación contra la mujer (CEDAW)*- considera la prohibición de la violencia de género ínsita en el texto de la Convención, formulando recomendaciones acerca de las obligaciones de los Estados de cara a concienciar y reprimir esa lacra.

Por lo demás, la Convención ha gozado de una amplia participación. Precisamente por ello, uno de los aspectos más polémicos que han rodeado su puesta en práctica ha sido la presencia en la misma de numerosos Estados musulmanes, que han convenido en obligarse insistiendo en su compatibilidad con las disposiciones de la *Sharia*, haciendo dudar a algunos de la efectividad de los compromisos asumidos.

3.2.4. La Convención internacional sobre la protección de todos los trabajadores migratorios y sus familiares, de 18 de diciembre de 1990.

Es un tratado internacional concebido con miras a asegurar el disfrute efectivo de los derechos humanos por parte de los inmigrantes -incluidas sus familias- en los Estados de acogida, contemplando igualmente su plena integración en ellos. En consonancia con ello, su art. 7 formula un principio general de no discriminación, conforme al cual:

> "Los Estados Partes se comprometerán, de conformidad con los instrumentos internacionales sobre derechos humanos, a respetar y asegurar a todos los trabajadores migratorios y sus familiares que se hallen dentro de su territorio o sometidos a su jurisdicción los derechos previstos en la presente Convención, sin distinción alguna por motivos de sexo, raza, color, idioma, religión o convicción, opinión política o de otra índole, origen nacional, étnico o social, nacionalidad, edad, situación económica, patrimonio, estado civil, nacimiento o cualquier otra condición."

Con todo, el Convenio plantea algunas debilidades, pues, de un lado, establece un estatuto diferenciado respecto de los inmigrantes "no documentados o en situación irregular", a los que asigna un conjunto de derechos más reducidos en relación con los reconocidos a los "documentados" (Parte Cuarta). De otro, respecto a su participación en él, dado que, habiendo sido un convenio promovido por los Estados de origen de los más importantes flujos migratorios, rige en exclusiva para ellos, no habiendo sido aceptado por la inmensa mayoría de los Estados de destino de los migrantes, que no son partes y no se hallan por consiguiente obligados por sus disposiciones.

3.2.5. La Convención sobre los derechos de las personas con discapacidad, de 13 de diciembre de 2006.

El propósito del tratado es asegurar el disfrute pleno y en condiciones de igualdad de los derechos humanos de las personas con discapacidad, garantizando su dignidad y su participación plena y efectiva en la sociedad, siendo uno de sus principios clave la eliminación de toda discriminación al respecto. En tal sentido, dispone su art. 5 que:

> "1. Los Estados Partes reconocen que todas las personas son iguales ante la ley y en virtud de ella y que tienen derecho a igual protección legal y a beneficiarse de la ley en igual medida sin discriminación alguna.
>
> 2. Los Estados Partes prohibirán toda discriminación por motivos de discapacidad y garantizarán a todas las personas con discapacidad protección legal igual y efectiva contra la discriminación por cualquier motivo.
>
> 3. A fin de promover la igualdad y eliminar la discriminación, los Estados Partes adoptarán todas las medidas pertinentes para asegurar la realización de ajustes razonables.
>
> 4. No se considerarán discriminatorias, en virtud de la presente Convención, las medidas específicas que sean necesarias para acelerar o lograr la igualdad de hecho de las personas con discapacidad."

Previsiones que se reiteran específicamente respecto a las mujeres y niñas con discapacidad (art. 6). Por otra parte, el Convenio contempla la eliminación de toda suerte de obstáculos para la integración en el sistema general educativo (art. 24), el acceso al empleo (art. 27), la participación en la vida política (art. 29) y cultural (art. 30), etc. Dentro de estas medidas se incluye además la eliminación de las restricciones en cuanto a su capacidad jurídica -los procesos de incapacitación civil de los que eran tradicionalmente objeto- merced a su sustitución por medidas de apoyo al ejercicio de su capacidad jurídica (art. 12.3).

En todo caso, con miras a la consecución de los objetivos fijados en la Convención, se prevé la adopción por los Partes de medidas de todo orden -incluidas las de sensibilización- con miras a la eliminación de las discriminaciones, incluso en el seno de organizaciones y empresas privadas. A tal efecto, el tratado impone en su art. 33 la necesidad de que las Partes se doten de un marco institucional específico para supervisar la ejecución de los compromisos asumidos -articulado a través de "puntos focales", responsables de la coordinación entre las instituciones implicadas- requiriendo además la cooperación con las ONGs interesadas.

3.2.6. La Convención de la UNESCO relativa a la lucha contra la discriminación en la esfera de la enseñanza, de 14 de diciembre de 1960.

El texto persigue la eliminación de las discriminaciones en este ámbito, posibilitando la admisión de alumnos sin ningún género de distinción, el acceso a becas y ayudas, asegurando la gratuidad y obligatoriedad de la enseñanza primaria, la formación continua y de adultos, su calidad y objetivos. La Convención, no obstante, garantiza al mismo tiempo la educación conforme a las convicciones religiosas o creencias de los padres, las necesidades formativas de las personas pertenecientes a minorías nacionales, el mantenimiento de centros de enseñanza privada e incluso de sistemas de educación diferenciada por sexos, siempre que se cumplan determinadas condiciones (facilidades equivalentes de acceso, personal docente igualmente calificado, diseños curriculares semejantes, etc.).

Ha de mencionarse por último que algunos desarrollos en materia de lucha contra la discriminación, si bien contemplados genéricamente en los tratados generales en la materia, no se han concretado en la elaboración de específicos convenios sobre el particular: es el caso de las discriminaciones en materia religiosa -se ha dicho de éstas que son una fuente de discriminación desatendida- de las discriminaciones contra las minorías y los pueblos indígenas o contra las personas ancianas, que sólo han dado lugar a textos de naturaleza meramente recomendatoria adoptados por la AG de las Naciones Unidas. Así, respectivamente, la Declaración sobre la eliminación de todas las formas de intolerancia y discriminación fundadas en la religión o las convicciones, *la* Declaración sobre los derechos de las personas pertenecientes a minorías nacionales o étnicas, religiosas y lingüísticas, *la* Declaración de las Naciones Unidas sobre los derechos de los pueblos indígenas *o los* Principios de las Naciones Unidas en favor de las personas de edad.

4. La lucha contra la discriminación en el ámbito regional europeo

Por lo que respecta al continente europeo los desarrollos normativos derivan de las diferentes instancias existentes en el continente y con incidencia en materia de protección de los derechos humanos. En este orden, conviene mencionar particularmente, de un lado, la obra del Consejo de Europa; de otro, la actividad desplegada por la Unión Europea.

4.1. La actividad del Consejo de Europa en materia de no discriminación.

Al igual que en el caso de los textos generales elaborados en el seno de las Naciones Unidas, en el supuesto del Consejo de Europa su texto de referencia en materia de protección de los derechos humanos –el *Convenio Europeo para la protección de los derechos humanos y las libertades fundamentales*, hecho en Roma el 4 de noviembre de 1950- también contiene una disposición general en materia de no discriminación. Se trata del art. 14 del Convenio (*prohibición de discriminación*), en el cual se establece que:

> "El goce de los derechos y libertades reconocidos en el presente Convenio ha de ser asegurado sin distinción alguna, especialmente por razones de sexo, raza, color, lengua, religión, opiniones políticas u otras, origen nacional o social, pertenencia a una minoría nacional, fortuna, nacimiento o cualquier otra situación."

Resulta llamativo, no obstante, el hecho de que el texto en cuestión resulta mucho más pormenorizado en la descripción de las situaciones discriminatorias que tratan de erradicarse, que los homólogos tanto de la Declaración universal de derechos humanos como de los Pactos de 1966, pese a que se trata de documentos prácticamente coetáneos. Con independencia del hecho de que la más o menos prolija enumeración resulta indiferente para el resultado perseguido por la cláusula, dado que en todos los casos posee carácter abierto y concluye con una referencia general a cualesquiera otras circunstancias no expresamente previstas ("o cualquier otra condición social"; "o cualquier otra situación"), la razón del mayor grado de concreción presente en el texto del Convenio hay que buscarla en el afán por destacar determinadas circunstancias específicas del área europea: es el caso, p.e. de la significativa presencia de minorías nacionales en algunos Estados y los problemas asociados con su discriminación en el inmediatamente anterior periodo de entreguerras.

Por otra parte, el principio establecido no es óbice para que pueda admitirse un trato diferente en relación con el disfrute de algunos derechos -así en el caso de los de participación política- los cuales pueden ser excluidos en el caso de los extranjeros, de conformidad con lo dispuesto en el art. 16 del Convenio. Aunque, de acuerdo con la jurisprudencia del Tribunal Europeo de Derechos Humanos (en lo sucesivo, TEDH) -órgano de control judicial establecido en el marco del Convenio- semejante limitación no resulta operativa en relación con los ciudadanos de los Estados miembros de la Unión Europea (STEDH, 20 de marzo de 1995, *Piermont c. Francia*).

En otro orden de cosas, la disposición ha suscitado tradicionalmente un problema en orden a su aplicación y es que no tiene existencia independiente al margen de los derechos reconocidos en el Convenio -y en sus protocolos adicionales- por lo que no puede invocarse su violación si no es en relación con alguno de aquéllos (SsTEDH, 27 de abril de 1979, *Marckx c. Bélgica;* 28 de mayo de 1985, *Abdulaziz y otros c. Reino Unido).* Esta circunstancia limitativa ha propiciado el que en un momento posterior se haya elaborado un instrumento específico concebido con miras a dotar a la prohibición de discriminación de plena autonomía: se trata del Protocolo adicional núm. 12, de 4 de noviembre de 2000, en el que se establece (*prohibición general de la discriminación*) que:

> "1. El goce *de todos los derechos reconocidos por la ley* han de ser asegurados sin discriminación alguna, en particular por razones de sexo, raza, color, lengua, religión, opiniones políticas o de otro carácter, origen nacional o social, pertenencia a una minoría nacional, fortuna, nacimiento o cualquier otra situación. (Cursivas añadidas).
>
> 2. Nadie podrá ser objeto de discriminación por parte de cualquier autoridad pública, basada en particular en los motivos mencionados en el apartado 1."

De suerte que, de acuerdo con esta nueva redacción, la prohibición de discriminación se dota ahora de una eficacia general, pudiendo invocarse respecto de cualesquiera derechos, hállense o no garantizados en el Convenio, incluso meramente en relación con disposiciones legislativas de orden interno ("todos los derechos reconocidos por la Ley").

En lo que respecta a la *Carta Social Europea revisada* de 3 de mayo de 1996 su artículo E dispone:

"Se garantizará el disfrute de los derechos reconocidos en la presente Carta sin discriminación alguna basada, en particular, en la raza, el color, el sexo, la lengua, la religión, las opiniones políticas o de otra naturaleza, la extracción u origen social, la salud, la pertenencia a una minoría nacional, el nacimiento o cualquier otra circunstancia."

El texto constituye un desarrollo que plantea notables particularidades desde la perspectiva de la no discriminación, dado que si bien sus disposiciones generales (Parte Primera) se conciben animadas por el propósito de conferir un tratamiento igualitario a los trabajadores en su conjunto -principales destinatarios del texto- éste apunta la posibilidad de un trato diferenciado respecto de determinadas personas o grupos de personas en razón de específicas necesidades de protección: niños (arts. 7 y 17), mujeres (art. 8), familias (art. 16), personas con discapacidad (art. 15), migrantes (art. 19) y personas de edad avanzada (art. 23). Además, el texto contiene específicas previsiones antidiscriminatorias y de igualdad de oportunidades y de trato en materia de empleo y profesión (art. 20), así como respecto de las personas con responsabilidades familiares (art. 27). Ha de destacarse en todo caso, que la participación de España en este tratado es modélica pues nuestro país no ha restringido el elenco de derechos garantizados -hubiése podido hacerlo dada la flexible naturaleza del acuerdo- y además ha asumido la posibilidad de que se presenten reclamaciones colectivas frente a eventuales violaciones de los amplios derechos reconocidos.

En este ámbito, finalmente, conviene mencionar el *Convenio europeo sobre el Estatuto jurídico del trabajador migrante,* de 24 de noviembre de 1977, en el cual se establecen una serie de derechos básicos en materia social aplicables a los trabajadores de todos los Estados partes; sin embargo, este texto -paradójicamente- asume la discriminación en relación con los trabajadores migrantes ajenos, a los que no resultan aplicables los derechos en él reconocidos.

Por otra parte, la no discriminación respecto de una nueva situación ha sido formulada en el *Convenio para la protección de los derechos humanos y de la dignidad del ser humano respecto a las aplicaciones de la Biología y de la Medicina*, de 4 de abril de 1997 en donde su art. 11 "prohíbe toda forma de discriminación de una persona a causa de su patrimonio genético"; asimismo, las cuestiones relativas a la lucha contra la discriminación encuentran proyección en el *Convenio Marco para la protección de las Minorías Nacionales* (en lo sucesivo CMMN), de 1 de febrero de 1995. Finalmente, se ha concluido el *Convenio del Consejo de Europa sobre la prevención y lucha contra la violencia contra la mujer y la violencia doméstica*, hecho en Estambul el 11 de mayo de 2011, que fija entre sus objetivos "contribuir a eliminar toda forma de discriminación contra la mujer y promover la igualdad real entre mujeres y hombres, incluyendo el empoderamiento de las mujeres" (art. 1.1.b); en consonancia con ello, caracteriza a la violencia contra las mujeres como "una violación de los derechos humanos y una forma de discriminación contra las mujeres" (art. 3.a), afirmación que ha propiciado su toma en consideración por el TEDH para caracterizar estas manifestaciones como una violación del derecho a la integridad física y psíquica garantizada por el art. 3 del Convenio Europeo de Derechos Humanos (Sentencia TEDH de 22 de marzo de 2016, *M.G. c. Turquía).*

Por último, ha de destacarse que en el ámbito de la no discriminación el Consejo de Europa dispone de un órgano específico: la *Comisión Europea para el Racismo y la Intolerancia (ECRI)*, entre cuyos cometidos se incluyen el seguimiento de la cuestión en los Estados miembros y el estudio de las medidas para reforzar las garantías contra toda forma de discriminación, incluida la formulación de propuestas para reforzar los instrumentos jurídicos internacionales aplicables.

4.2. La actividad de la Unión Europea

La aportación de la Unión Europea en materia de no discriminación plantea dos dimensiones bien diferenciadas: una tiene que ver con el proceso de integración económica desarrollado primordialmente por la organización desde sus orígenes (como Comunidades Europeas). Desde esta perspectiva, el principio de no discriminación se encuentra reflejado en los arts. 18 y 19 del *Tratado sobre el Funcionamiento de la Unión Europea* (en lo sucesivo, TFUE), conforme a los cuales:

> "Art. 18. En el ámbito de aplicación de los Tratados, y sin perjuicio de las disposiciones particulares previstas en los mismos, se prohibirá toda discriminación por razón de la nacionalidad.
>
> El Parlamento Europeo y el Consejo, con arreglo al procedimiento legislativo ordinario, podrán establecer la regulación necesaria para prohibir dichas discriminaciones.
>
> Art. 19. 1. Sin perjuicio de las demás disposiciones de los Tratados y dentro de los límites de las competencias atribuidas a la Unión por los mismos, el Consejo, por unanimidad con arreglo a un procedimiento legislativo especial, y previa aprobación del Parlamento Europeo, podrá adoptar acciones adecuadas para luchar contra la discriminación por motivos de sexo, de origen racial o étnico, religión o convicciones, discapacidad, edad u orientación sexual.
>
> 2. No obstante lo dispuesto en el apartado 1, el Parlamento Europeo y el Consejo podrán adoptar, con arreglo al procedimiento legislativo ordinario, los principios básicos de las medidas de la Unión de estímulo, con exclusión de toda armonización de las disposiciones legales y reglamentarias de los Estados miembros, para apoyar las acciones de los Estados miembros emprendidas con el fin de contribuir a la consecución de los objetivos enunciados en el apartado 1."

Conviene advertir que la finalidad de éstos es conferir competencias a la Unión Europea para adoptar actos legislativos, incluida la armonización de las disposiciones legales y reglamentarias de los Estados miembros, con el fin de combatir sólo y exclusivamente las formas de discriminación que en él se mencionan, afectando, en su caso, tanto a la acción de las autoridades de los Estados miembros como a las relaciones entre particulares, en cualquier ámbito que se inscriba dentro de los límites de las competencias de la Unión.

La otra dimensión apuntada, en cambio, se enmarca en el proceso tendente a garantizar una implicación directa de la Unión Europea en el contexto de la protección de los derechos humanos. Desde esta perspectiva, la cuestión se centra en los textos adoptados en su seno y animados por este objetivo. No siendo necesario ahondar aquí en la cuestión, destaquemos que en la actualidad la formulación del principio de no discriminación se concreta en una serie de disposiciones contenidas en el Capítulo III (*Igualdad*) de la *Carta de derechos fundamentales de la Unión Europea*, proclamada el 7 de diciembre de 2000 - aunque su texto revisado fue adoptado el 12 de diciembre de 2007- y dotada de fuerza jurídicamente vinculante en virtud de lo dispuesto en el art. 6.1 del *Tratado de la Unión Europea* (en lo sucesivo, TUE). En ella se establece:

> "Art. 20.- *Igualdad ante la ley.* Todas las personas son iguales ante la ley.
>
> Art. 21.- *No discriminación.* 1. Se prohíbe toda discriminación, y en particular la ejercida por razón de sexo, raza, color, orígenes étnicos o sociales, características genéticas, lengua, religión o convicciones, opiniones políticas o de cualquier otro tipo,

pertenencia a una minoría nacional, patrimonio, nacimiento, discapacidad, edad u orientación sexual.

2. Se prohíbe toda discriminación por razón de nacionalidad en el ámbito de aplicación de la Constitución y sin perjuicio de sus disposiciones particulares.

Art. 23.- *Igualdad entre mujeres y hombres.* La igualdad entre mujeres y hombres deberá garantizarse en todos los ámbitos, inclusive en materia de empleo, trabajo y retribución.

El principio de igualdad no impide el mantenimiento o la adopción de medidas que supongan ventajas concretas en favor del sexo menos representado."

De las formulaciones contenidas merecen una especial referencia las menciones relativas a la "discapacidad, edad u orientación sexual", dado que constituyen una novedad respecto al elenco de situaciones enumeradas en las cláusulas antidiscriminatorias de los textos internacionales previamente examinados, revelando el carácter profundamente innovador del texto. Por otra parte, su aplicación se ve mediatizada, de un lado, por las restricciones competenciales inherentes a la Unión Europea; de otro, y en cuanto a su interpretación – de conformidad con lo dispuesto en el mencionado art. 6.1 TUE (párrafo tercero)- ésta debe de efectuarse de acuerdo con las "explicaciones" anexas a la propia Carta. Asimismo, ha de tenerse presente que -de acuerdo con la jurisprudencia del Tribunal de Justicia de la Unión Europea (en lo sucesivo, TJUE)- las previsiones establecidas prevalecen, en su caso, sobre las disposiciones del Derecho interno de los Estados miembros -incluso de rango constitucional (p.e. los derechos fundamentales enunciados en el Título I de la Constitución Española)- de conformidad con el principio de primacía del Derecho de la Unión (STJUE de 23 de febrero de 2013, *Melloni,* as. C-399/11).

Por otra parte, el derecho derivado también comprende desarrollos relativos a la no discriminación. En tal sentido han de mencionarse la Directiva 2000/43/CE del Consejo, de 29 de junio de 2000, relativa a la aplicación del principio de igualdad de trato a las personas independientemente de su origen racial o étnico y la Directiva 2000/78/CE del Consejo, de 27 de noviembre de 2000, relativa al establecimiento de un marco general para la igualdad de trato en el empleo y la ocupación. Ambas directivas aplican el principio de igualdad de trato estableciendo marcos normativos definidos para combatir la discriminación, prohibiendo la discriminación directa e indirecta, el acoso y las órdenes de discriminar, proscribiendo asimismo la discriminación en el empleo y la ocupación, admitiendo tan solo las diferencias de trato basadas en requisitos profesionales reales y determinantes e incluyendo disposiciones en materia de acción positiva, defensa de los derechos, carga de la prueba, victimización, difusión de información, diálogo social, diálogo con organizaciones no gubernamentales y un régimen sancionatorio. Su cumplimiento efectivo por parte de los Estados miembros -que han debido incorporar en sus ordenamientos jurídicos el contenido de aquellas- es supervisado periódicamente por la Comisión. En cambio, pese a las prolongadas negociaciones desarrolladas al respecto no ha logrado adoptarse aún la propuesta de Directiva del Consejo por la que se aplica el principio de igualdad de trato entre las personas independientemente de su religión o convicciones, discapacidad, edad u orientación sexual.

Con todo, la observancia en la práctica de lo preceptuado en las directivas europeas revela numerosas deficiencias. De hecho, las sucesivas encuestas y estudios desarrollados por la Agencia de Derechos Fundamentales de la Unión Europea ponen de manifiesto que los grupos vulnerables siguen siendo víctimas de discriminación. Por otra parte, se echan en falta las medidas de "acción positiva" que los Estados miembros pueden adoptar -de conformidad con el artículo 5 de la Directiva sobre igualdad racial y el artículo 7 de la Directiva relativa a la igualdad de trato en el empleo- con miras a prevenir o compensar las desventajas relacionadas con los motivos de discriminación y los ámbitos de la vida enumerados en estas directivas. Además desde la Agencia se reclama a los Estados que se impulse la recogida sistemática de datos y el análisis de las experiencias vividas y las condiciones socioeconómicas de los miembros de grupos de población en riesgo de discriminación, así como que los Estados redoblen sus esfuerzos para mejorar la eficacia de las medidas y los mecanismos institucionales para hacer cumplir la legislación contra la discriminación y garantizar que las sanciones aplicables a las infracciones de las disposiciones nacionales adoptadas en virtud de las directivas -arts 15 y 17 respectivamente- sean eficaces, proporcionadas y disuasorias.

En otro orden de cosas, la implicación de la UE en la lucha contra la discriminación ha cobrado un nuevo sesgo tras el Tratado de Lisboa con la participación de ésta -junto a sus Estados miembros- en la ya mencionada *Convención sobre los derechos de las personas con discapacidad;* en coherencia con tal compromiso, la Comisión ejerce como "punto focal" las labores de coordinación entre las diferentes instituciones de la Unión con miras a su implementación, disponiendo además de un Código de conducta a tales efectos.

Ha de destacarse, por último, que las cuestiones relativas a la protección de los derechos humanos -incluida la no discriminación- son objeto de periódica atención por el *Parlamento Europeo,* así como por la ya mencionada *Agencia Europea para los Derechos fundamentales*; este último un organismo creado sobre la base del previamente existente Observatorio Europeo contra el Racismo y la Xenofobia, que desempeña importantes funciones en la materia.

5. La naturaleza jurídica del principio y las dimensiones de la lucha contra la discriminación

La formulación del principio de no discriminación suscita un primer problema relacionado con su status normativo, registrándose planteamientos encontrados en torno a si constituye estrictamente un desarrollo convencional –vinculando sólo, en sus diferentes enunciados, a los Estados Partes en los tratados previamente descritos- o cabe caracterizarlo como expresión de una norma generalmente aceptada como Derecho *–ergo,* como derecho consuetudinario- en la conocida expresión del art. 38.1.b) del Estatuto de la Corte Internacional de Justicia o, incluso, si es factible concebirlo como expresión de una norma de *ius cogens,* aceptada y reconocida como tal por la Comunidad internacional de Estados en su conjunto –en los términos de los arts. 53 y 64 del Convenio de Viena sobre Derecho de los Tratados de 23 de mayo de 1969- resultando por consiguiente de obligada observancia por todos los Estados y no admitiendo acuerdo en contrario, con indiferencia al hecho de que sean partes o no en los tratados internacionales en la materia. En este último caso, se plantea además la cuestión del concreto alcance a asignar al principio de no discriminación supuestamente imperativo.

Como respuesta a lo anterior debe señalarse que este último planteamiento fue propugnado por la Corte Interamericana de Derechos Humanos en su Opinión consultiva OC-18/03, de 17 de septiembre de 2003 en el asunto de la *Condición jurídica y derechos de los migrantes indocumentados*, sosteniendo una caracterización absoluta del principio en términos de derecho perentorio, sin parar mientes en las diferentes situaciones relacionadas con él. En cambio, una opinión más matizada había adoptado la Corte Internacional de Justicia muchos años antes al postular la naturaleza imperativa del principio en relación con la sola discriminación racial (Sentencia de 5 de febrero de 1970, *Barcelona Traction*). Parece evidente a tenor de lo expuesto aquí –condición de la mujer en los Estados musulmanes, represión de la homosexualidad en los Estados africanos, limitaciones en el ejercicio de la libertad religiosa, etc.- que esta última caracterización del principio –más restrictiva- resulta, seguramente, más conforme con la realidad actual.

5.1. El alcance del principio de no discriminación

Se ha discutido el alcance del principio de no discriminación en relación con circunstancias diferentes de las enumeradas en los textos internacionales. En este sentido, el examen precedente ha puesto de manifiesto que, si bien el enunciado de la prohibición de la discriminación refleja unas pautas comunes al conjunto de los textos examinados, éstos difieren entre sí al comprender un más o menos amplio elenco de situaciones; en este orden, resulta especialmente llamativa la amplitud del enunciado del principio contenido en la Carta de Derechos fundamentales de la Unión Europea frente al resto de los textos convencionales.

¿Quiere esto decir que la prohibición se revela más amplia en este texto que en los precedentes? La respuesta en principio resulta negativa, toda vez que, como hemos advertido, común a todas las disposiciones es formular su enunciado incluyendo una cláusula general de cierre que veda al paso a otras discriminaciones imaginables distintas de las enumeradas expresamente en ellas. De esta suerte, no existe inconveniente para que p.e. "la orientación sexual" –que sólo menciona la CDFUE- pueda también ser proscrita como circunstancia discriminatoria a la hora de aplicar cualquiera de los textos examinados, en aplicación de la previsión general antidiscriminatoria común a todos ellos. En este sentido, se ha hecho valer que, pese a no contenerse ninguna alusión a ella, la discriminación por razones de orientación sexual se encontraba dentro de las circunstancias prohibidas por el art. 14 del Convenio Europeo, tal como tuvo ocasión de destacar el TEDH (STEDH de 21 de diciembre de 1999, *Salgueiro da Silva Mouta c. Portugal)*. Por otra parte, en apoyo de todo lo anterior también se ha sostenido que ampliar el elenco de circunstancias puede resultar contraproducente al posibilitar una dinámica interpretativa *in peius* que excluya todas aquellas que no aparezcan expresamente enumeradas en el texto; de hecho, este argumento fue blandido con ocasión de la elaboración del Protocolo núm. 12 al Convenio Europeo, para no modificar la redacción de cláusula antidiscriminatoria en él contenida –idéntica en este punto a la formulada en el art. 14 del Convenio Europeo y elaborada medio siglo antes.

Pese a todo lo expuesto, sin embargo, ha de tenerse presente que la inclusión de nuevas circunstancias puede ser un elemento valioso –por no decir decisivo- para dotar de una más eficaz garantía a la lucha contra la discriminación, sobre todo si aquéllas se plantean en un contexto de cambio social y normativo y se enfrentan aun a un rechazo por parte de ciertos sectores de la sociedad: en este sentido, es indudable que el progreso en la lucha contra la discriminación por razones de orientación sexual se ha fortalecido con su enunciado expreso en la CFDUE, hasta el punto de que la jurisprudencia del TEDH –ayuna de un texto similar- fortaleció en buena medida su jurisprudencia favorable al rechazo de la discriminación fundada en tal motivo en la circunstancia de que la Unión Europea había adoptado aquel texto.

De hecho, la eficacia real del principio de no discriminación plantea controversias en particular respecto del colectivo LGTBIQ+. En tal sentido, la -entonces- Alta Comisionada para Derechos Humanos (ACNUDH), Navi Pillay, sostenía que "la protección de las personas sobre la base de su orientación sexual e identidad de género no exige la creación de nuevos derechos ni que se concedan derechos especiales" a estas personas, siendo sólo "necesario que se cumpla la garantía aplicable universalmente de no discriminación en el goce de todos los derechos…". No obstante, este planteamiento es cuestionado por otros autores que estiman que el sólo principio de no discriminación no es suficiente, debiendo de ampliarse el elenco de los derechos reconocidos.

5.2. No discriminación, discriminación indirecta y discriminación/acción positiva (“affirmative action”)

En su dimensión tradicional, la lucha contra la discriminación se ha conformado en torno a la idea de la prohibición del trato discriminatorio en el disfrute de los derechos humanos por parte de todos los individuos. En este caso, se corresponde tanto con aquellas situaciones en las que los Estados tratan de forma diferente a los individuos como de aquellas en las que el trato dispensado a aquéllos resulta idéntico, pese a que las situaciones son sensiblemente diferentes, en ambos supuestos sin fundamentación alguna. Desde esta perspectiva, y en palabras del Tribunal Europeo de derechos humanos constantemente reiteradas, una distinción es discriminatoria cuando carece de “una justificación objetiva y razonable”, es decir, si no persigue un objetivo legítimo o si no existe una relación razonable de proporcionalidad entre los medios utilizados y los objetivos perseguidos (STEDH, 1968, *caso lingüístico belga*; STEDH de 28 de mayo de 1985, *Abdulaziz, Cabales y Balkandali c. Reino Unido*; STEDH (Gran Sala) de 5 de septiembre de 2017, *Fábián c. Hungría*; STEDH (Gran Sala) de 19 de diciembre de 2018, *Molla Sali c. Grecia*). Junto con esta caracterización (discriminación directa), la jurisprudencia desarrollada en el ámbito de la Unión Europea por el TJUE ha venido a enfatizar la prohibición de la “discriminación indirecta” al estimar contrarias al derecho de la Unión Europea las disposiciones, criterios o prácticas aparentemente neutras, que perjudican de manera desproporcionada a los miembros de un grupo por su pertenencia a éste, y que no se justifica objetivamente o por una razón necesaria ligada con la persona en cuestión (SsTJUE de 31 de marzo de 1981, *Jenkins* y 7 de febrero de 1991, *Kowalska*, entre otras). Con posteriordad, el TEDH también ha incidido en esta dimensión al destacar que la discriminación indirecta puede revestir la forma de un efecto desproporcionadamente perjudicial de una medida que pese a ser concebida en términos neutrales tiene un efecto especialmente discriminatorio respecto de un colectivo concreto (STEDH (Gran Sala) 2016, *Biao c. Dinamarca*; sin que sea preciso que esté diigida a un grupo particular, bastando con que discrimine a éste de forma indirecta *(STEDH 2005, Hoogendijk c. Países Bajos)*. Además, la discriminación indirecta puede derivarse de una situación fáctica (STEDH 2006, *Zarb Adami c. Malta*,) o de una orientación política (STEDH 2021, *Tapayeva y otros c. Rusia*).

No obstante, la dimensión negativa del principio de no discriminación que caracteriza a estas orientaciones, con ser importante, ha venido siendo complementada en los desarrollos más recientes por un nuevo enfoque, concretado en la consiguiente eliminación de las trabas existentes para adopción de medidas tendentes a remover los obstáculos que impiden la igualdad efectiva entre todos los individuos y el goce sin distinción de los derechos atribuidos por los textos internacionales. Se trata en este caso de la denominada discriminación positiva o acción afirmativa. El concepto se inscribe en el marco del intervencionismo estatal (*Responsive State*), lo que no ha dejado de suscitar controversia en aquellos sistemas poco proclives a ello -el caso estadounidense es paradigmático, toda vez que las medidas de acción afirmativa son permanentemente cuestionadas por suponer una ruptura del principio de igualdad formal (Sentencia del Tribunal Supremo de 22 de abril de 2014, *Schuette v. Coalition to Defend Affirmative Action*)- e incluso entre quienes ven en tales medidas un enfoque que no dejaría de ser discriminatorio en lugar de integrador.

Si bien presente en algunos instrumentos normativos elaborados hace años, son los más recientes desarrollos vinculados con la protección de los grupos especialmente vulnerables los que han acogido medidas de esta naturaleza. Por otra parte, en línea con esta orientación, el Protocolo núm. 12 al Convenio Europeo, advierte en su preámbulo que la prohibición de discriminación no es incompatible con la adopción por los Estados partes de "medidas con miras a promover una igualdad plena y efectiva, siempre que respondan a una justificación objetiva y razonable"; no obstante, dicho texto no ha incluido formalmente tales medidas en sus disposiciones al considerarse que tales previsiones -de índole programática- no se acomodan con el objetivo propio del texto, concebido para garantizar derechos individuales directamente justiciables.

En cambio, resulta sumamente criticable el enfoque presente en los textos árabes e islámicos cuando tratan de enmascarar el trato discriminatorio conferido a la mujer como medidas de discriminación positiva, tal como refleja nítidamente el ya mencionado art. 3.3 de la Carta Árabe sobre derechos humanos. Es evidente que en este caso en realidad se plantean medidas que responden a una caracterización arcaica -derivada del enfoque proteccionista que en sus orígenes tuvo el estatuto de la mujer en textos islámicos- pero que no se acomodan en absoluto a las exigencias contemporáneas y que resultan difícilmente conciliables con las exigencias presentes en los instrumentos internacionales de protección, muy particularmente con la Convención sobre la eliminación de todas las formas de discriminación contra la mujer.

En otro orden de cosas, las cuestiones que suscita la vertebración de medidas de esta naturaleza son de muy variada índole. Así, desde una perspectiva económica y financiera la principal cuestión se cifra en los costes que puede deparar las medidas asociadas. La cuestión no es baladí si se piensa en que son razones de esta naturaleza las que explican el rechazo casi generalizado en el seno de Naciones Unidas para afrontar la elaboración de un futuro tratado sobre los derechos de las personas ancianas, reclamado por la Resolución AG 67/139, de 20 de diciembre de 2012.

6. La ejecución de los compromisos internacionales en materia de no discriminación. Especial referencia al caso español

El cumplimiento de las obligaciones derivadas de los textos internacionales examinados entraña el desarrollo a cargo de los Estados partes de todas las medidas necesarias en el orden interno para garantizar la realización efectiva de los derechos reconocidos y la eliminación del trato discriminatorio eventualmente existente. Ello requiere, por consiguiente, la elaboración de disposiciones legislativas o reglamentarias, la derogación o modificación de la legislación vigente contraria -sin excluir eventualmente una reforma de las disposiciones constitucionales-, la elaboración de programas de acción y la correspondiente asignación de medios financieros para garantizar su cumplimiento. En este esfuerzo se hace necesaria la contribución de todos los poderes públicos: órganos legislativos del Estado -y de las Comunidades Autónomas, en el caso español-, participación de todos los niveles de la Administración, así como la tutela judicial efectiva de esos derechos merced a la actuación de Jueces y Tribunales. De hecho, los Estados no pueden pretender eximirse de su cumplimiento aduciendo razones de índole interna, más que en los casos en que exista una justificación objetiva y razonable, tal como ha reiterado la jurisprudencia emanada de los órganos internacionales de control. Por otra parte, las exigencias derivadas de los compromisos internacionales en materia de no discriminación resultan en principio aplicables no sólo a los poderes públicos sino a las relaciones entre particulares, de acuerdo con el denominado principio del "efecto horizontal" (*drittwirkung*), inherente a tales obligaciones.

La ejecución práctica de estos compromisos, sin embargo, puede suscitar en ocasiones dificultades. Por referirnos en exclusiva al caso de España, conviene advertir la existencia de límites que coartan la plena aplicación de algunos de los desarrollos convencionales en materia de no discriminación. Así ocurre por ejemplo en el caso de la Convención para la eliminación de todas las formas de discriminación contra la mujer en donde nuestro Estado con ocasión de su ratificación en 1984 formuló una reserva con objeto de excluir la operatividad de sus disposiciones en relación con la regulación de la sucesión a la Corona española, en donde como es sabido el art. 57.1 de la Constitución privilegia al varón sobre la mujer a estos efectos. Pese al tiempo transcurrido, la reserva se ha mantenido dado que los esfuerzos por modificar el texto de la Constitución en este punto han resultado baldíos.

No obstante, las limitaciones derivadas de una discriminación entre sexos han sido abandonadas en algún otro caso. En tal sentido, cabe destacar lo acontecido con la Carta Social Europea: con ocasión de su ratificación en 1980 España aceptó vincularse por el enunciado de su artículo 8.4.b) en el que se establece el compromiso de:

> "...prohibir el empleo femenino en trabajos subterráneos de minería y, en su caso, en cualesquiera otros trabajos que no sean adecuados para la mujer por su carácter peligroso, penoso e insalubre."

En aquel momento las disposiciones del Derecho laboral en España limitaban efectivamente el empleo de mujeres en la minería, no obstante, a partir de los años 80 las mujeres empezaron a formalizar solicitudes de empleo en la minería. Las iniciales decisiones de los Tribunales se limitaron a admitir su contratación siempre y cuando las actividades a realizar fueran en superficie; no obstante, la contradicción entre esa limitación y el tenor irrestricto del art. 14 de la Constitución en materia de igualdad hacía cuestionable esa interpretación derivada del afán por conciliar el Derecho español con la limitación establecida en la Carta Social. Finalmente, en 1991 tras una decisión del Tribunal Constitucional que afirmó el derecho de las mujeres a desarrollar tales actividades incluso en la minería subterránea, España -de conformidad con el art. 37 de la Carta Social- se vio obligada a denunciar dicha disposición, que ya no rige en nuestro país.

Para concluir debe advertirse que el cumplimiento efectivo de las obligaciones internacionales en la materia por parte de nuestro país no ha dejado de suscitar controversia. De un lado, por los intentos de restringir el alcance de las obligaciones asumidas -p.e. limitación de las medidas relacionadas con la protección de los grupos minoritarios exclusivamente a las poblaciones de etnia gitana (*rom*) en la aplicación del CMMN. De otro, por las interpretaciones contradictorias sustentadas respectivamente por las administraciones y los órganos jurisdiccionales en relación con el alcance de algunas de las discriminaciones prohibidas. En este último caso, el tratamiento de la educación diferenciada -la segregación escolar por sexos- es un buen ejemplo de ello.

7. Los procedimientos de control

El cumplimiento por los Estados de las obligaciones asumidas en materia de no discriminación reposa en último término en el control jurisdiccional, a cargo de los Jueces y Tribunales -incluido en el caso español, el ejercido por el Tribunal Constitucional. Los derechos reconocidos, no obstante, pueden ser garantizados ante otras instancias internacionales o "supranacionales", incluso de carácter jurisdiccional. En este último caso se encuentran los derechos reconocidos por el Convenio Europeo de Derechos Humanos, respecto de los cuales los individuos disponen de un derecho a recurso individual ante el TEDH en los términos establecidos en el propio Convenio, susceptible de conducir -a través del oportuno proceso- a una sentencia condenatoria para el Estado. En el caso de la Unión Europea, no obstante, las limitaciones relacionadas con el acceso de los particulares a la jurisdicción modulan los términos en los que las instancias jurisdiccionales de la Unión pueden conocer de las pretensiones de los particulares, si bien no han de minimizarse las potencialidades presentes en el cauce -indirecto- de protección que brinda el mecanismo de la cuestión prejudicial, merced a la cooperación que -facultativa u obligatoriamente, según los casos- establece entre los órganos jurisdiccionales ante los que someten los individuos sus demandas y el TJUE al que se asigna el monopolio de la función jurisdiccional en orden a determinar la interpretación o la validez de las disposiciones del Derecho de la UE eventualmente aplicables.

Por último, conviene reseñar que al margen de estos mecanismos la práctica totalidad de los textos internacionales en materia de no discriminación disponen de órganos competentes en materia de control (Comité de Derechos Humanos, Comité de Derechos Económicos, Sociales y Culturales, Comité de Derechos del niño, Comité para la Eliminación de la Discriminación Racial, Comité para la Eliminación de todas las formas de discriminación contra la mujer, Comité sobre los derechos de las personas con discapacidad; todos ellos operativos en el caso español) difiriendo no obstante las técnicas habilitadas para ello. En muchos casos, no obstante, además de los usuales procedimientos de supervisión a través de la periódica remisión de informes por los Estados partes, tiende a reconocerse un derecho individual de queja -incluso en ocasiones colectivo- ante dichas instancias, desarrollado a través de un procedimiento de naturaleza contradictoria, con claras reminiscencias del proceso judicial, susceptible de derivar en la elaboración de un Informe en el que se declare el incumplimiento del Estado. Es más, el valor jurídico de estos pronunciamientos ha cobrado un inesperado relieve en el Derecho español, dado que desde el año 2018 la jurisprudencia del Tribunal Supremo admite su carácter jurídicamente vinculante en nuestro sistema jurídico, tal como afirmara la Sentencia TS (Contencioso-administrativo, Sección 4ª), 1263/2018, de 17 de julio; afirmación reiterada -tras alguna vacilación- aún recientemente por este órgano jurisdiccional (Sentencia TS (Contencioso-administrativo, Sección 4ª), 1597/2023, de 29 de noviembre.

En todo caso, el desarrollo de los procedimientos de control establecidos en los distintos tratados se beneficia en la actualidad de la creciente implicación en ellos de las diferentes organizaciones de la sociedad civil particularmente interesadas en aquéllos. En este contexto, las ONGs tienden a cobrar un papel muy relevante en el escrutinio de las actividades desarrolladas por los Estados partes.

Finalmente, ha de destacarse que la jurisprudencia desarrollada por los órganos de control internacional revela la mutua complementariedad y el enriquecimiento (*cross-fertilization*) de los diferentes instrumentos internacionales de protección, siendo frecuentes los casos en los que un órgano específico toma en consideración en su análisis del caso, textos jurídicos producidos en un entorno distinto. Así ha ocurrido en sucesivas ocasiones en el TEDH en donde, de un lado, la discriminación de un transexual para contraer matrimonio fue descartada sirviéndose de la Carta de Derechos undamentales de la UE (STEDH de 11 de julio de 2002, *Christine Goodwin c. Reino Unido*) y, de otro, la discriminación de la que era objeto una persona con discapacidad fue evaluada a la luz no sólo de los textos del Convenio Europeo sino de la Convención de Naciones Unidas sobre los derechos de las personas con discapacidad (STEDH de 30 de abril de 2009, *Glor c. Suiza*).

8. La lucha contra la discriminación y los colectivos vulnerables

Del análisis efectuado se desprende la clara incidencia que los desarrollos expuestos en materia de no discriminación cobran en relación con los grupos vulnerables. No se ha incidido, no obstante, en los aspectos relacionados con el tratamiento de colectivos específicos como refugiados, apátridas o inmigrantes dado que son objeto de consideración en otros capítulos de esta obra, excediendo su regulación de los aspectos propios del enfoque antidiscriminatorio aquí abordado. De ahí, que en las líneas que siguen sólo se pretenden resaltar algunas especificidades que conlleva en ocasiones la aplicación de aquellos compromisos en relación con este planteamiento.

Señalemos así, de un lado, que en el ámbito de la Unión Europea las medidas orientadas a remover las discriminaciones de las que son víctimas los integrantes de los colectivos vulnerables se insertan en el marco de la denominada política de inclusión social, la cual cobró un creciente impulso en el marco de la denominada "Estrategia Europa 2020" en donde se estableció como uno de sus objetivos la inclusión activa de todos los ciudadanos de la UE, imponiendo a los Estados miembros la necesidad de incorporar en los anuales Planes Naciones de Reforma medidas destinadas a tal fin, que fueron objeto de seguimiento por parte de las instituciones europeas. También en este ámbito merece destacarse la jurisprudencia desarrollada por parte del TJUE en relación con la igualdad entre el hombre y la mujer: así, precisando el alcance de la igualdad de remuneración (STJUE de 15 de diciembre de 1994, *Stad Lenerich*), afirmando la protección frente al despido de la mujer embarazada (STJUE de 30 de junio de 1998, *Rentokil*) o admitiendo las medidas de discriminación positiva para el acceso al empleo de las mujeres (STJUE de 11 de noviembre de 1997, *Marshall*).

Por otra parte, la jurisprudencia desarrollada por los órganos internacionales de control ha puesto de manifiesto las exigencias inherentes a la vigencia del principio. Así, el Comité de Derechos Humanos ha advertido que el ejercicio de los derechos en igualdad de condiciones no significa necesariamente igualdad en todas las instancias, disponiendo todo Estado de un margen de apreciación, conforme a su legislación interna, de suerte que no todo tratamiento diferenciado entraña automáticamente una discriminación. Por el contrario, en relación con la participación política el TEDH ha determinado que la violación del principio puede producirse cuando las disposiciones de un texto constitucional impiden el acceso a los cargos públicos en base a consideraciones de representación étnica (SsTEDH de 22 de diciembre de 2009, *Sejdic y Finci c. Bosnia-Herzegovina* y 15 de julio de 2014, *Zornic c. Bosnia-Herzegovina*) o también cuando se priva del mismo indiscriminadamente a las personas afectadas por una discapacidad psíquica, sin una evaluación judicial previa e individualizada (STEDH de 20 de mayo de 2010, *Alejos Kiss c. Hungría*), lo que no ocurre cuando la privación deriva de un examen judicial individualizado del caso (STEDH de 11 de mayo de 2021, *Caamaño Valle c. España*). También se ha considerado como discriminatorio el no reconocimiento de ciertas formas de matrimonio (p.e. el matrimonio gitano) cuando en cambio el Estado admite otras (STEDH de 8 de diciembre de 2009, *Muñoz Díaz c. España*).

Otro de los ámbitos en los que se han registrado recientes desarrollos tiene que ver con las minorías religiosas, en donde el Tribunal Europeo de Derechos Humanos ha cuestionado la negativa de un Estado a reconocer a una asociación religiosa pagana con apoyo en fundamentos incompatibles con su deber de neutralidad e imparcialidad (STEDH de 8 de junio de 2021, *Asociación religiosa antigua báltica "Romuva" c. Lituania*) y ha considerado una discriminación contraria al Convenio el rechazo por parte del Estado de otorgar una exención fiscal para lugares de culto al tratarse de una religión no reconocida (Sentencia TEDH de 5 de abril de 2022, *Asamblea cristiana de los testigos de Jehová de Anderlecht y otros c. Bélgica*). Por otra parte, en el ámbito de la educación, el Tribunal de Estrasburgo ha tenido ocasión de considerar la cuestión acerca de si las medidas de segregación escolar adoptadas por algunos Estados europeos resultaban discriminatorias -se trataba en el caso de la escolarización de niños pertenecientes a la minoría romaní- ofreciendo una respuesta inequívoca: se trataba de prácticas que constituían exponentes de discriminación racial, contrarias por consiguiente a las disposiciones del Convenio Europeo de Derechos humanos (art. 14, art. 2 del Protocolo núm. 1 y Protocolo núm. 12). Concretamente, el TEDH abordó, de un lado, las medidas adoptadas por la R. Checa conforme a las cuales en base a test de inteligencia practicados a los niños romaníes, se procedía a su inserción en centros especiales, mediando, eso sí, el consentimiento de los padres, concluyendo que se trataba de una práctica claramente discriminatoria, habida cuenta de la falta de neutralidad de las pruebas selectivas realizadas, teniendo en cuenta la trayectoria histórica en el trato dispensado a aquella minoría por parte de las autoridades checas (Sentencia TEDH (Gran Sala) de 13 de noviembre de 2007, *D.H. y otros c. República Checa*). De otro, el Tribunal llegó a parecida conclusión cuando hubo de examinar la inclusión por Croacia en aulas específicas de los alumnos romaníes que no acreditaban un buen conocimiento de la lengua croata al revelar a su juicio una discriminación indirecta de la que serían víctimas los alumnos afectados (Sentencia TEDH (Gran Sala) de 16 de marzo de 2010, *Orsus y otros c. Croacia*). Finalmente, el Tribunal ha condenado al Estado que promovía una clara segregación escolar al reservar aulas en exclusiva para alumnos romaníes (Sentencia TEDH de 31 de mayo de 2022, *X y otros c. Albania*).

Por su parte, conviene destacar igualmente la evolución experimentada en el tratamiento de las discriminaciones contra la mujer por parte de la jurisprudencia europea. En este caso, tras algunas vacilaciones, las situaciones de violencia de género han sido consideradas exponentes de una práctica discriminatoria de la que son responsables los Estados (Sentencia TEDH de 28 de mayo de 2013, *Eremia y otras c. Moldova*), lo que ha llevado al TEDH -confirmando la apuntada interacción entre los diferentes instrumentos normativos- a tomar en consideración las disposiciones del ya citado Convenio de Estambul para determinar la existencia de un trato inhumano y degradante en los términos del art. 3 del Convenio Europeo de Derechos Humanos (Sentencia TEDH de 22 de marzo de 2016, *M.G. c. Turquía).*

Más recientes son los desarrollos producidos en el contexto de la Convención de los derechos de las personas con discapacidad. Con todo, nuestro país ha sido en ocasiones sucesivas destinatario de los reproches del Comité. Así, desde el año 2017 el Comité mantiene un procedimiento de investigación (art. 6 Protocolo facultativo) sobre nuestro país en atención a violaciones graves y sistemáticas de las obligaciones establecidas en la Convención de las que nuestro Estado sería responsable. En prosecución del mismo, el Comité adoptó el 22 de marzo de 2024 un informe de seguimiento en el que, entre otras cuestiones:

> "deplora que las cuestiones, problemas y desafíos estructurales que en su día evaluó y que en 2017 lo llevaron a adoptar su informe de investigación, ..., han persistido y continúan produciendo como resultado la perpetuación de un sistema educativo que segrega, en la práctica, a más de 40,000 personas con discapacidad, del cual un 40 por ciento son personas con discapacidad intelectual.".

Por otra parte, ya en agosto de 2020 el Comite había constatado la violación por España del derecho a una educación inclusiva y a la no discriminación de un menor con síndrome de Down, obligado a seguir sus estudios en un centro de educación especial en contra de su voluntad -dictamen cuya eficacia jurídica vinculante en nuestro país refrendó la mencionada Sentencia TS (Contencioso-administrativo, Sección 4ª), 1597/2023, de 29 de noviembre. Y aún más recientemente en marzo de 2024 el Comité ha recriminado a nuestro país

Finalmente, conviene resaltar que en ocasiones la protección de estos colectivos frente a la discriminación no se ve adecuadamente garantizada ante la inexistencia de mecanismos de control sobre la acción del Estado. Esta situación, sin embargo, se ha visto paliada en el caso español a raíz de la incorporación del sistema de reclamaciones colectivas establecido en el marco de la Carta Social Europea revisada, superando el precedente déficit de nuestro marco jurídico en orden a una protección más efectiva de los colectivos vulnerables, pues no se olvide que aquélla también interesa a inmigrantes, ancianos, niños o mujeres.

9. Fuentes de conocimiento

9.1. Manuales, obras colectivas y monografías

- BANTON, M., *International Action against Racial Discrimination,* Clarendon Press, Oxford, 1996.
- BELL, M., *Anti Discrimination Law and European Union,* Oxford University Press, Oxford, 2002.
- BIEL PORTERO, I., *Los derechos humanos de las personas con discapacidad,* Tirant lo Blanch, Valencia, 2011.
- BOU FRANCH, V., CASTILLO DAUDÍ, M., *Curso de Derecho internacional de los derechos humanos,* 2ª ed., Tirant lo Blanch, Valencia, 2010.
- BURGORGUE LARSEN, L., (dir.), *La vulnerabilité saisie par les juges en Europe*, A. Pedone, París, 2014.
- ELLIS, E., *EU Anti-Discrimination Law,* Oxford University Press, Oxford, 2005.
- FERNÁNDEZ DE CASADEVANTE, C., (dir.), *Derecho internacional de los derechos humanos,* 4ª ed., Dilex, Madrid, 2011.
- FERNÁNDEZ LIESA, C., (ed.), *La protección internacional de las personas con discapacidad,* Universidad Carlos III-BOE, Madrid, 2007.
- LERNER, N., *Group Rights and Discrimination in International Rights*, Martinus Nijhoff, La Haya, 2003.
- MARIÑO MENÉNDEZ, F.M., FERNÁNDEZ LIESA, C., (dirs.*), La protección de las personas y grupos vulnerables en el Derecho Europeo*, Ministerio de Trabajo y Asuntos sociales, Madrid, 2001.
- McKEAN, W., *Equality and Discrimination under International Law*, Clarendon Press, Oxford, 1983.
- ROMAN, D., (dir.), *La Convention pour l'élimination des discriminations à l'égard des femmes*, A Pedone, París, 2014.
- SICILIANOS, L.A., (dir.), *Nouvelles formes de discrimination/New Forms of Discrimination,* A Pedone, París, 1995.
- VANDENHOLE, W., *Non-Discrimination and Equality in the View of the UN Human Rights Treaty Bodies*, Intersentia, Amberes, 2005.
- VILLÁN DURÁN, C., *Curso de Derecho internacional de los derechos humanos,* 2ª ed., Trotta, Madrid, 2006.

9.2. Artículos, capítulos de libros y notas

- ABRISKETA URIARTE, J., "La segregación en la educación entendida como discriminación racial por el Tribunal Europeo de Derechos Humanos", en Abad Castelos, M., Barranco Avilés, Mª C., Llamazares Calzadilla, Mª C., (Coords.), *Derecho y Minorías*, Dykinson, Madrid, 2015, pp. 195-211.
- ÁLVAREZ, N., "La Convención para la eliminación de todas las formas de discriminación racial", en *La protección internacional de los derechos humanos en los albores del siglo XXI*, Gómez Isa, F., Pureza, J.M., (dirs.), Universidad de Deusto, 2003, pp. 215-241.
- BONET PÉREZ, J., "La Convención internacional sobre la protección de los derechos de todos los trabajadores migratorios y de sus familiares", en *La protección*

internacional de los derechos humanos en los albores del siglo XXI, Gómez Isa, F., Pureza, J.M., (dirs.), Universidad de Deusto, 2003, pp. 309-349.

- CANTONI, S., "L'apport de la Cour Européenne des droits de l'homme à l'élaboration de la nouvelle Convention contre la violence à l'égard des femmes", *Revue Trimestrielle des Droits de l'Homme*, núm. 100, 2014, pp. 865-888.
- CAPODIFERRO CUBERO, D., "La caracterización de la acción afirmativa en la jurisprudencia reciente del Tribunal Supremo de los Estados Unidos", en *Derecho y Minorías, cit.,* pp. 229-239.
- CHURCHILL, R.R., KHALIQ, U., "The Collective Complaints System of the European Social Charter: An effective Mechanism for Ensuring Compliance with Economic and Social Rights?", *European Journal of International Law,* vol. 15, 2004, pp. 417 y ss.
- GARCÍA AÑÓN, J., "Garantías jurídicas frente a la discriminación racial y étnica en España como requisito para la participación e integración de las personas migrantes", en *La igualdad en los derechos: Claves de la integración,* en De Lucas, J., Solanes, A., (eds.), Dykinson, Madrid, 2009, pp. 281-298.
- GÓMEZ ISA, F., "La Convención sobre la eliminación de todas las formas de discriminación contra la mujer y su Protocolo Facultativo", en *La protección internacional de los derechos humanos en los albores del siglo XXI*, Gómez Isa, F., Pureza, J.M., (dirs.), Universidad de Deusto, 2003, pp. 279-308.
- GONZÁLEZ-VARAS IBÁÑEZ, A., "Régimen jurídico de la educación diferenciada en España", *Revista General de Derecho Canónico y Derecho Eclesiástico del Estado*, núm. 31, 2012.
- GONZÁLEZ VEGA, J.A., "Las modalidades de control internacional del respeto de los Derechos Humanos y su eficacia real: el caso español", *revistadecooperación.com*, nº 19, 2021, pp. 49-66.
- GUTIÉRREZ CASTILLO, V., "The Organization of Islamic Cooperation in Contemporary International Society", *Revista Electrónica de Estudios Internacionales,* núm. 27, junio 2014.
- HENRAD, K., "Equality and Individuals", *The Max Planck Encyclopaedia of Public International Law,* vol. III, Oxford UP, 2012, pp. 600-615.
- JIMENA QUESADA, L., "La aplicación judicial de la Carta Social Europea en España: nuevas garantías para los derechos sociales tras la ratificación de la versión revisada", *Teoría y Realidad Constitucional,* núm. 50, 2022, pp. 247-290.
- JIMÉNEZ GARCÍA, F., "La Carta Social Europea (Revisada): Entre el desconocimiento y su revitalización como instrumento de coordinación de las políticas sociales europeas", *Revista Electrónica de Estudios Internacionales*, núm. 17, 2009.
- JIMÉNEZ PINEDA, E., "The legal value of the decisions given by the United Nations Human Rights Treaty Bodies in light of the Judgments of the Spanish Supreme Court of 13 June 2023 (STS 786/2023) and of 29 November 2023 (STS 1597/2023): End of Story?", *Spanish Yearbook of International Law,* vol. 27, 2023, pp. 191-216.
- POFFÉ, L., "Towards a New United Nations Human Rights Convention for Older Persons", *Human Rights Law Review,* vol. 15, 2015, pp. 591-601.
- REISS, J.W., "Innovative Governance in a Federal Europe: Implementing the Convention on the Rights of persons with Disabilities", *European Law Journal,* vol. 20, 2014, pp. 107-125.

- RINGELHEIM, J., "La discrimination dans l'accès à l'éducation; les leçons de la jurisprudence de la Cour Européenne des droits de l'homme", *Revue Trimestrielle des Droits de l'Homme*, núm. 105, 2016, pp.77-96.
- RODRÍGUEZ CRESPO, M.J., "La política europea de inclusión social", *Revista Aranzadi Unión Europea,* 2015, núm. 6, pp. 29-41.
- TOBLER, Ch., "Equality and Non-Discrimination under the ECHR and EU Law. A comparison focusing on Discrimination against LGBTI Persons", *Zeitschrift für auslandisches öffentliches Recht und Völkerrecht,* vol. 74, 2014, pp. 521-561.

9.3. Recopilaciones normativas y repertorios

- SÁNCHEZ RODRÍGUEZ, L.I., GONZÁLEZ VEGA, J.A., (eds.), *Derechos humanos. Textos internacionales*, 5ª ed., Tecnos, Madrid, 2003.

9.4. Recursos electrónicos

- Informe de seguimiento de la EPT en el mundo. Resumen del Informe: Educación para todos: Hacia la igualdad entre los sexos. París, UNESCO, 2003. Accesible en <http://unesdoc.unesco.org/images/0013/001325/132550s.pdf>.
- Sobre los derechos de las personas mayores: <http://www.inpea.net/images/Strengthening_Rights_Spanish_fullsize.pdf>.
- Sobre discapacidad y participación política <https://presnolinera.wordpress.com/2015/03/01/derecho-de-voto-y-discapacidad-mental/>
- Sobre violencia de género y discriminación: VAN LEEUWEN, F., "Back on track! Court acknowledges gendered nature of domestic violence in M.G. v. Turkey", en < https://strasbourgobservers.com/2016/04/14/back-on-track-court-acknowledges-gendered-nature-of-domestic-violence-in-m-g-v-turkey/ >
- Sobre la aplición del principio de no discriminación por el TEDH <https://www.echr.coe.int/documents/d/echr/Guide_Art_14_Art_1_Protocol_12_ENG#:~:text="The%20enjoyment%20of%20the%20rights,%2C%20birth%20or%20other%20status.">.

Protección legal de los inmigrantes en situación irregular

Ángel Espiniella Menéndez*
Catedrático de Derecho internacional privado

Isabel Rodríguez-Uría Suárez
Profesora Ayudante Doctora de Derecho internacional privado

"Los ojos de la otra orilla no tienen párpados,
¿para qué si no se cierran nunca?"
("Lampedusa o Jamás"
Juan Ignacio González)

Sumario: 1. Introducción. 1.1. Vulnerabilidad y extranjeros en situación irregular. 1.2. Marco legal - 2. Entrada irregular. 2.1. Incumplimiento de los requisitos de entrada. 2.2. Procedimiento de devolución. *2.2.1. Procedimiento ordinario. 2.2.2. Las devoluciones sumarias* - 3. Permanencia en situación irregular. 3.1. Derechos. *3.1.1. Derechos civiles y políticos. 3.1.2. Derechos sociales, económicos y culturales. 3.1.3. Garantías jurídicas.* 3.2. Infracciones y sanciones. *3.2.1. Multa o expulsión, 3.2.2. Medida cautelar de internamiento* - 4. Finalización de la situación de irregularidad. 4.1. Regularización de la permanencia . *4.1.1. Autorización de residencia por circunstancias excepcionales. 4.1.2. Tipología.* 4.2. Salida del territorio de los extranjeros en situación irregular. *4.2.1. Salida obligatoria y ejecución de la expulsión. 4.2.2. Retornos especiales de víctimas de tratas de seres humanos y de MENAs*

1. Introducción

1.1. Vulnerabilidad y extranjeros en situación irregular

La situación de irregularidad del inmigrante de tercer Estado no miembro de la UE concurre por la entrada por puestos no habilitados y sin cumplir los requisitos necesarios en frontera. También ocurre por la ausencia de autorización para permanecer en España, ya por la citada entrada irregular, ya por una irregularidad sobrevenida por la expiración de una autorización para permanecer en España.

La vulnerabilidad de los extranjeros irregulares como grupo se produce por distintos factores. En primer lugar, la condición de extranjero en sí misma implica la presencia de alguien "extraño" en una sociedad de acogida. En segundo lugar, la situación de

* El presente trabajo se adscribe al Proyecto PID 2021-123452OB-I00, "Retos jurídicos para una sociedad inclusiva: obstáculos de género a la vida privada y familiar en casos de movilidad transfronteriza" financiado por el Ministerio de Ciencia e Innovación (MCIN/AEI/10.13039/501100011033/FEDER,UE

irregularidad del inmigrante agrava esta vulnerabilidad. No solo porque muchas veces propicia un mayor riesgo de exclusión social, dado las condiciones de entrada y permanencia sin garantía alguna de la dignidad humana exigible, sino también porque la integración en la sociedad de acogida resulta más difícil respecto de un inmigrante que ha cometido una infracción administrativa en materia de extranjería y sobre el que está presente la obligación de salida y la amenaza de expulsión de territorio español. Y, en tercer lugar, la vulnerabilidad se puede agravar por las propias condiciones personales del inmigrante. Piénsese en los menores extranjeros no acompañado (en adelante, MENAs), en mujeres extranjeras víctima de violencia de género o, incluso, en víctimas de un acto de tráfico ilícito de seres humanos o de mano de obra, inmigración ilegal, explotación laboral o de prostitución, algo que puede ser habitual por la situación socio-económica de estos extranjeros en situación irregular.

A partir de esta realidad, y tras exponer a modo introductorio el marco regulador, se analizará la protección de los inmigrantes en situación irregular como grupo vulnerable con el siguiente orden: la entrada irregular (nº 2), la permanencia en situación irregular (nº 3) y la finalización de la situación irregular (nº 4).

1.2. Marco legal

El régimen general de los extranjeros en situación irregular se encuentra recogido básicamente en la Ley Orgánica 4/2000, de 11 de enero, sobre derechos y libertades de los extranjeros en España y su integración social (en adelante LOEx), y en el Real Decreto 557/2011, de 20 de abril, por el que se aprueba el Reglamento de la Ley Orgánica 4/2000, sobre derechos y libertades de los extranjeros en España y su integración social (en adelante RLOEx). Esta normativa es en muchas ocasiones fruto de la transposición de actos de la UE relacionados con la inmigración irregular, como son los casos de la Directiva 2008/115/CE, del Parlamento Europeo y del Consejo, del 16 de diciembre de 2008, relativa a normas y procedimientos comunes en los Estados miembros para el retorno de los nacionales de terceros países en situación irregular, y de la Directiva 2009/52, del Parlamento Europeo y del Consejo, de 18 de junio de 2009, sobre sanciones y medidas aplicables a empleadores de nacionales de terceros países en situación irregular.

No obstante, el planteamiento de este trabajo desde la perspectiva de la protección de un grupo en situación de vulnerabilidad obliga a tener en cuenta los textos más importantes sobre Derechos Humanos. Además de los derechos fundamentales garantizados en la Constitución española (CE), en el ámbito internacional, deben citarse la Declaración universal de Derechos Humanos, aprobada por la Asamblea General en su Resolución 247 A (III) el 10 de diciembre de 1948, el Pacto internacional de derechos civiles y políticos, de 16 de diciembre de 1966, y el Pacto internacional de derechos económicos, sociales y culturales, de 16 de diciembre de 1966. En el ámbito regional, y más concreto en el marco del Consejo de Europa, es esencial el Convenio para la protección de los derechos humanos y libertades fundamentales hecho en Roma, el 4 de noviembre de 1950 (en adelante CEDH). Como lo es, en el marco de la UE, la Carta de Derechos Fundamentales de la UE, de 12 de diciembre de 2007.

De acuerdo con la doctrina del Tribunal Constitucional (en adelante TC), los textos internacionales y europeos no se convierten en canon de constitucionalidad (= validez de las normas desde la perspectiva de los derechos fundamentales), sino en canon de interpretación para configurar el sentido y alcance de los derechos fundamentales de los extranjeros (art. 10.2 CE). En este contexto, la cuestión más problemática es determinar qué derechos son universales por afectar al ámbito de la dignidad humana y sin posibilidad de diferenciar a los extranjeros en situación irregular, y qué derechos son de configuración legal, en los que es posible un trato desigual entre españoles y extranjeros, y entre extranjeros en situación regular o irregular (STC 107/1984). En efecto, la proclamación del principio de igualdad en el art. 14 de la CE es en referencia exclusiva a "los españoles". La desigualdad es, en consecuencia, constitucionalmente admisible, pues se trata de derechos protegidos constitucionalmente pero de configuración legal. El trato desigual debe, no obstante, respetar el contenido esencial del derecho fundamental y sus límites deben dirigirse a preservar otros derechos, bienes o intereses constitucionalmente protegidos de forma proporcional con la finalidad perseguida (STC 236/2007). Además, un trato desigual no puede convertirse en un acto discriminatorio, esto es, un acto que, directa o indirectamente, conlleve una distinción, exclusión, restricción o preferencia contra un extranjero por raza, color, ascendencia, origen nacional o étnico o convicciones y prácticas religiosas si tienen por fin o resultado destruir o limitar el reconocimiento o ejercicio de Derechos Humanos o libertades fundamentales en el campo político, económico, social o cultural (art. 23 LOEx).

2. Entrada irregular

2.1. Incumplimiento de los requisitos de entrada

Solo los españoles tienen el derecho a entrar y salir libremente de España (art. 19 CE), estableciéndose para los extranjeros un régimen específico de entrada en territorio español desde una frontera exterior (art. 25 LOEx, sin tratar aquí la supresión de puestos fronterizos interiores en el Espacio Schengen). Pues bien, la situación de irregularidad puede empezar por una entrada que no se produce por los puestos fronterizos habilitados al efecto por Orden del Ministerio de la Presidencia (a propuesta de los Ministerios de Asuntos Exteriores, Economía y del Interior, previo acuerdo con el país limítrofe y de conformidad con el interés nacional y los convenios internacionales). En la práctica, desde las fronteras exteriores, las entradas irregulares en territorio español se hacen por mar a través de cayucos o pateras o por tierra cruzando las fronteras de Ceuta y Melilla, aunque también es irregular la entrada por puestos que, incluso estando habilitados, se hallan cerrados, con carácter temporal o indefinido, en casos de elevada presión migratoria irregular (art. 3.1 RLOEx, siendo otros supuestos de cierre los estados de alarma, excepción o sitio, las cuestiones de defensa nacional, seguridad del Estado y la protección de la salud y seguridad de los ciudadanos).

Al no hacerse por puesto habilitado, no existe control alguno de los requisitos legales exigibles a la entrada (arts.1 y 2 RLOEx). Tampoco concurre una autorización extraordinaria para cruzar la frontera ni se trata de beneficiarios de acuerdos internacionales con países limítrofes que contemplen esta posibilidad (art. 1.2 RLOEx), como tampoco de ciertos profesionales con regímenes especiales (art. 1.3 RLOEx: marino documentado como gente del mar y figurante en la lista de tripulantes del buque, pudiendo circular por el puerto o un entorno de 10 kilómetros).

2.2. Procedimiento de devolución

2.2.1. Procedimiento ordinario

Cuando un extranjero pretende entrar irregularmente en España o es interceptado en la frontera exterior o en sus intermediaciones, se abre un procedimiento de devolución, especialmente simple y ágil, sin necesidad de abrir el procedimiento más exhaustivo y garantista de expulsión [art. 58.3.b) LOEx y 23.1.b) RLOEx]. En el procedimiento de devolución lo que se sanciona es la tentativa de infracción de entrada irregular. Las Fuerzas y Cuerpos de Seguridad del Estado encargadas de la custodia de costas y fronteras que interceptan a los extranjeros los conducirán a la mayor brevedad posible a la comisaría correspondiente del Cuerpo Nacional de Policía. Allí se procede a su identificación y se abre el procedimiento de devolución (art. 23.2 RLOEx). Durante este existe derecho a la asistencia de letrado e intérprete (cuando no comprenda ninguna de las lenguas oficiales del Estado español). Estas asistencias son gratuitas si el interesado carece de recursos económicos conforme a la normativa de asistencia jurídica gratuita (art. 23.3 RLOEx). La devolución se resuelve por el subdelegado de Gobierno o el propio delegado en las Comunidades uniprovinciales [en adelante se utilizará el término (sub)delegado] y debe ejecutarse en el plazo máximo de 72 horas (art. 58.5 LOEx y 23.4 RLOEx). En caso de no ejecutarse, se solicita a la autoridad judicial la adopción de una medida de internamiento (art. 58.6 LOEx y art. 23.4 RLOEx). En esta línea, cuando el extranjero se halle privado de libertad, debe hacerse constar en acta incorporada al expediente la posibilidad de interponer recurso contencioso-administrativo, una vez agotada la vía administrativa y a los efectos de acceder a la asistencia jurídica gratuita (art. 22.3 LOEx; art. 23.4 RLOEx). La ejecución de la resolución de devolución prescribe a los dos años y será observada de oficio (art. 23.7 RLOEx). A este respecto, la STC 17/2013, de 31 enero declaró inconstitucional y nulo el inciso "*llevará consigo la prohibición de entrada en territorio español por un plazo máximo de tres años*" del anterior art. 58.6 LOEx (ahora art. 58.7, extensible a los arts. 23.5 y 23. 7 RLOEx). Esta declaración de inconstitucionalidad se debe a que el procedimiento no respeta las garantías mínimas para una actuación de la Administración de naturaleza sancionadora como es la prohibición de entrada.

La ejecución de la devolución se suspende en dos casos (art. 58.4 LOEx y art. 23.6 RLOEx). Primero, cuando se trate de mujeres embarazadas cuya devolución puede suponer un riesgo para la gestación o para la salud de la madre o cuando se trate de personas enfermas cuya devolución pone en riesgo su salud. Segundo, cuando se formalice una solicitud de protección internacional, en cuyo caso la mera admisión a trámite conlleva la autorización de entrada y permanencia provisional del solicitante. Esta suspensión se levantará cuando se resuelva la solicitud o esta no sea admitida a trámite (art. 19.1 Ley 12/2009). A estos supuestos legalmente contemplados habría que añadir la identificación de un menor extranjero no acompañado (en adelante MENA), a saber: menores de dieciocho años que lleguen a, o se encuentren en, territorio español sin venir acompañado de un adulto responsable legalmente o por costumbre o si, pese a darse dicha compañía, se aprecia riesgo de desprotección por no hacerse cargo efectivamente del menor (art. 189 RLOEx). Estas medidas se adoptan de acuerdo con el Protocolo Marco sobre determinadas actuaciones en relación con los MENAs (Resolución de 13 de octubre de 2014 de la Subsecretaría de Presidencia). Identificado un menor, se pone a disposición del servicio de protección de menores, que le informará con constancia escrita del contenido básico del derecho a la protección internacional y del procedimiento previsto para su solicitud (art. 190.5 RLOEx).

Analizados los supuestos de ejecución de la devolución y su posible suspensión, en determinados casos cabe la revocación de la resolución de devolución. Así ocurrirá cuando se haya solicitado una autorización de residencia por circunstancias excepcionales y de su análisis se deduzca la procedencia de la concesión (art. 23.8 RLOEx). Si el órgano que dictó la devolución es distinto al competente para la solicitud de autorización de residencia, este remitirá escrito de oficio solicitando la revocación.

2.2.2. Las devoluciones sumarias

Un problema particular se plantea en los puestos fronterizos de Ceuta y Melilla donde, del lado marroquí, aguardan numerosos extranjeros para cruzar irregularmente la frontera. Las cuestionables actuaciones de las Fuerzas y Cuerpos de Seguridad del Estado procediendo a devolver a los extranjeros sin procedimiento alguno e incluso haciendo uso de la fuerza intimidatoria o coactiva ("devoluciones en caliente"), dieron lugar "al régimen especial de Ceuta y Melilla", introducido por la Ley Orgánica 4/2015, de 30 de marzo, de protección de la seguridad ciudadana, a través de la previsión de la disposición adicional X en la LOEx. Dicha disposición prevé la posibilidad de que los extranjeros detectados en la línea fronteriza de Ceuta y Melilla intentando cruzar irregularmente la frontera puedan ser "rechazados" en frontera, siempre con respeto a la normativa internacional de Derechos Humanos y de protección internacional de la que sea parte España.

En relación con esta práctica de devoluciones sumarias, la Gran Sala del TEDH, por sentencia de 13 de febrero de 2020 en el asunto N.D. y N.T. contra España, revocó la sentencia previa de la Sección Tercera del mismo Tribunal dictada el 3 de octubre de 2017 y declaró la compatibilidad de la actuación del Estado español con el principio de prohibición de expulsiones colectivas (art. 4 del Protocolo núm. 4 del CEDH) y con el derecho a un recurso efectivo (art. 13 CEDH). Los discutibles argumentos utilizados en la sentencia se pueden sistematizar principalmente en dos: en primer lugar, la existencia de vías legales de entrada al territorio español, incluyendo la posibilidad -irreal, por no ser efectiva en la práctica- de solicitar protección internacional en las embajadas. En segundo lugar, se alude a la "conducta del interesado", argumento según el cual se culpabiliza a los demandantes por haberse puesto ellos mismos en una situación de ilegalidad, al no utilizar las vías legales de entrada. Como consecuencia de ello, el TEDH entiende que concurren excepciones a la prohibición de expulsión colectiva y que no se vulnera el derecho a un recurso efectivo. Las críticas a esta sentencia no se hicieron esperar, fundamentalmente, por un lado, por ser contraria a la obligación de *non-refoulement* y al derecho de asilo y, por otro lado, por supeditar el disfrute de los Derechos Humanos a la concreta conducta del interesado.

En cualquier caso, tras la sentencia del TEDH, el TC, por sentencia 172/2020, de 19 de noviembre, declaró la constitucionalidad de la disposición adicional X de la LOEX. Si bien el TC parte formalmente de la desautorización de las "devoluciones en caliente", declara constitucional la disposición adicional, si se cumplen los requisitos de entradas individualizadas y las obligaciones internacionales y existe un pleno control judicial.

3. Permanencia en situación irregular

3.1. Derechos

3.1.1. Derechos civiles y políticos

Como ya se ha destacado, los extranjeros en situación irregular son titulares de los derechos vinculados a la dignidad humana (art. 10.1 CE), como el derecho a la vida, a la integridad física y moral, a la intimidad o a la libertad ideológica (STC 107/1984). Sin un ánimo exhaustivo, cabe destacar dos supuestos que han originado problemas prácticos: uno, relacionado con la integridad física; otro, relativo al derecho a la intimidad familiar.

Respecto de la integridad física, se ha planteado la posibilidad de realizar pruebas médicas que se pueden ordenar para determinar la minoría de edad de un extranjero, en tanto que puedan afectar a su integridad física y a su intimidad. Cuando los Cuerpos y Fuerzas de Seguridad del Estado localizan a un extranjero indocumentado cuya minoría de edad no es cierta, los servicios de protección de menores darán la atención inmediata que precisen presumiendo esa minoría de edad. Además, se da traslado del hecho al ministerio fiscal para instar la colaboración de las instituciones sanitarias oportunas para determinar con carácter prioritario su verdadera edad, de conformidad con el Protocolo Marco sobre determinadas actuaciones en relación con los MENAs antes citado (véase, en particular, su capítulo V sobre cuestiones tales como la prestación del consentimiento informado, el traslado al centro hospitalario y las pruebas médicas a realizar). La determinación de la edad se hace por decreto del ministerio fiscal inscrito en el Registro de MENAs y, en caso de que se establezca una horquilla de años, se considera menor si la edad más baja es inferior a los dieciocho años (art. 190.4 RLOEx).Si el extranjero está documentado y en esa documentación consta la minoría de edad, se le tratará como tal menor y no cabe utilizar pruebas complementarias para la determinación de la edad, salvo justificación razonable, proporcional y ponderada en torno a las dudas sobre la fiabilidad del documento [STS (3ª) de 23 de septiembre de 2014]. Determinada la minoría de edad, el extranjero es puesto a disposición de los servicios de protección de las Comunidades Autónomas.

Con relación al derecho de intimidad familiar, entendido como privacidad personal y familiar, el TC ha excluido de su ámbito el derecho a la reagrupación familiar. Es constitucional, por tanto, restringir el derecho a la reagrupación solo a extranjeros reagrupantes en situación regular (STC 236/2007), suscitando algunas dudas sobre la compatibilidad de esta interpretación con la jurisprudencia del TEDH y, en particular, con el art. 8.1 CEDH (P. JIMÉNEZ BLANCO). Así las cosas, la LOEx es muy clara al negar el derecho de reagrupación por parte de un inmigrante irregular. Existe una relación causa-efecto: no se puede generar una situación regular para un familiar reagrupado, si el reagrupante no se halla en esa situación regular. En efecto, el derecho a la reagrupación familiar solo puede ser ejercido por extranjeros residentes en forma regular (art. 16.1. LOEx), hasta el punto de que el reagrupante ha de obtener la renovación de su autorización de residencia inicial o, incluso, en relación con los ascendientes, ha de obtener la autorización de residencia de larga duración (art. 18.1 LOEx).

Por lo que respecta a los derechos de naturaleza más política, y también sin ánimo exhaustivo, el extranjero en situación irregular no tiene derecho a adquirir la nacionalidad española por naturalización por residencia en España. Está vedada, pues, a los extranjeros en situación irregular, con la única excepción de los MENAs sujetos a una institución española durante dos años, pues, en esos casos, la residencia es regular [art. 35.7 LOEx, bastando a tal efecto residencia regular por término de un año *ex art.* 22.2.c) CC].

Tampoco tiene derecho a la nacionalidad española el hijo nacido en España del extranjero irregular, pues no existe en el ordenamiento español un *ius soli* puro que atribuya la nacionalidad española de origen al nacido en España de padres extranjeros. Solo se produce esta atribución, a modo de *ius soli* reforzado, si un progenitor también hubiera nacido en España (doble *ius soli*) o si el menor se encuentra en riesgo de apatridia originaria [art. 17 CC e Instrucción de la Dirección General de los Registros y del Notariado de 28 de marzo de 2007]. Precisamente en este último supuesto el *ius soli* actúa como un mecanismo de prevención de la apatridia coherente con el Derecho Humano a la nacionalidad (P. RODRÍGUEZ MATEOS).

Siguiendo con los derechos políticos, la jurisprudencia constitucional ha prestado especial atención al derecho de los extranjeros en situación irregular a reunirse y manifestarse en las mismas condiciones que los españoles. De este modo, su eventual prohibición o modificación en lugares de tránsito público solo procede por las causas previstas en su normativa específica (art. 7 LOEx). Esta regulación bebe de la STC 236/2007, que destacó el alto grado de conexión del derecho de reunión y manifestación con la dignidad humana, como manifestación colectiva de la libertad de expresión, para concluir que su ejercicio debe extenderse a los extranjeros en situación irregular (FFJJ 6 y 7 de la citada Sentencia; SSTEDH: *caso Vogt*, de 26 de septiembre de 1995; *caso Ahmed*, de 2 de septiembre de 1998; *caso Partido de la Libertad y de la Democracia*, de 8 de diciembre de 1999). Esta afirmación sirvió para declarar inconstitucional la anterior regulación de la LOEx que atribuía estos derechos a los extranjeros "residentes" y, por tanto, en situación regular. Del mismo modo, "todos los extranjeros", expresión sumamente clara a estos efectos, tienen derecho a la asociación en las mismas condiciones que los españoles (art. 8

LOEx). Este derecho no puede depender de la situación administrativa de los extranjeros, máxime cuando precisamente uno de los intereses de la asociación puede ser luchar por la regularización de los extranjeros.

Por el contrario, los extranjeros en situación irregular tienen mucho más limitado el ejercicio del derecho de participación pública. Solo los extranjeros residentes regularmente en España pueden ser titulares del derecho de sufragio en los términos previstos por la CE, tratados y leyes (art. 6.1 LOEx), y disfrutan de los derechos fijados en la legislación de bases de régimen local (art. 6.2 LOEx). No obstante, los ayuntamientos están obligados a incorporar al padrón municipal a los extranjeros con domicilio habitual en su demarcación, independientemente de la irregularidad de la situación administrativa (art. 6.3 LOEx).

3.1.2. Derechos sociales, económicos y culturales

En el ámbito de los derechos sociales, económicos y culturales de los extranjeros en situación irregular, el legislador ha prestado especial atención a tres ámbitos: el de la relación laboral, el de prestaciones de Seguridad Social y servicios sociales, y el de la educación.

El derecho a ejercer una actividad remunerada, ya por cuenta propia o ajena, se reserva a los extranjeros residentes en situación regular (art. 10.1 LOEx), al igual que ocurre con el empleo público (art. 10.2 LOEx). En este contexto, también se reserva a los extranjeros residentes en situación regular el derecho a acceder al sistema de Seguridad Social (art. 10.1 LOEx) y a sus prestaciones y servicios en las mismas condiciones que los españoles, como también a las prestaciones generales y básicas y específicas de servicios sociales (art. 14.1 y 2 LOEx).

No obstante, esta regla general encuentra excepciones en las que los extranjeros en situación irregular tienen reconocidos ciertos derechos. Para empezar, la irregularidad no afecta a la existencia misma de un contrato o relación laboral (art. 36.5 LOEx). En efecto, el contrato de trabajo no es inválido (STS de 18 de marzo de 2008; STC 107/1984), ni puede perjudicar a los derechos del trabajador extranjero (por ejemplo, los derechos frente al FOGASA, STSJ de Cantabria de 5 de diciembre de 2007, y, extendiendo esta afirmación al ámbito europeo, STJUE de 5 de noviembre de 2014, asunto C-311/13, *O. Tümer*). Unido a ello, la existencia y validez del contrato o relación laboral hace que el extranjero en situación irregular no pueda verse discriminado por criterios perjudiciales del empleador adoptados por su mera condición de extranjero o pertenencia a una determinada raza, religión, etnia o nacionalidad [art. 23.2.e) LOEx, donde la referencia a "trabajador" no debe restringirse a trabajadores con autorización de residencia lucrativa]. En relación con el derecho a la huelga y la libertad de sindicación rige el principio de igualdad de trato que los españoles, independientemente de que el extranjero se halle o no en situación irregular (art. 28 CE; art. 11 LOEx). A este respecto, el TC ha recordado con buen criterio que la sindicación permite la defensa de los intereses de los trabajadores, que pueden ser perfectamente los de regularizar su situación (STC 236/2007, FJ 9). Se incluye, asimismo, el derecho a afiliarse a una organización profesional, aunque no es en sí mismo un derecho fundamental (art. 52 CE).

La falta de la autorización de residencia lucrativa no es obstáculo para la obtención de las prestaciones de la Seguridad social que le correspondan en función de la compatibilidad con su situación administrativa irregular, básicamente, las prestaciones derivadas de accidente de trabajo y enfermedad profesional. No obstante, el reconocimiento de la prestación no modifica su situación administrativa del extranjero ni le permite acceder a las prestaciones por desempleo (art. 36.5 LOEx). Por otro lado, los extranjeros en situación irregular conservan el derecho a los servicios sociales y prestaciones sociales básicas (art.

14.3 LOEx) y, en particular, los menores de dieciocho años con discapacidad, tienen el derecho al tratamiento, servicios y cuidados especiales exigidos por su estado físico o psíquico (art. 14.2 LOEx). Estos menores deben tener su domicilio habitual en España, concepto que en modo alguno debe entenderse supeditado a una autorización de residencia. Otras ayudas públicas y subvenciones sí quedan vedadas a los extranjeros en situación irregular, como ocurre en materia de vivienda (art. 13 LOEx).

En este marco social, uno de los derechos más controvertidos de los extranjeros irregulares es el relativo a su asistencia sanitaria, hasta el punto de que la LOEx se limita a remitirse a la legislación vigente en materia sanitaria (art. 12 LOEx). Tal legislación ha sufrido numerosas modificaciones y vaivenes en los últimos años. Actualmente, el sistema se recoge fundamentalmente en el art. 3 ter de la Ley 16/2003, de 28 de mayo, de cohesión y calidad del Sistema Nacional de Salud (en su redacción dada por el Decreto Ley 7/2018 que cambió una regulación más restrictiva en un contexto de crisis de gasto público, que había sido avalada por la STC 139/2016). En el apartado primero del precepto se consagra el derecho a la protección de la salud y atención sanitaria de los extranjeros irregulares en las mismas condiciones que los ciudadanos españoles. Sin embargo, dicha asistencia, para que sea con cargo a fondos públicos, se supedita a la concurrencia de varios requisitos: a) no tener la obligación de acreditar la cobertura obligatoria de la prestación sanitaria por otra vía, en virtud del Derecho de la UE, convenios bilaterales y demás normativa aplicable; b) no poder exportar el derecho de cobertura sanitaria desde su país de origen; c) y no existir un tercero obligado al pago. Las CCAA son las encargadas de fijar el procedimiento para la solicitud y expedición del documento certificativo que acredite a las personas extranjeras para poder recibir tal prestación asistencial. En todo caso, se ha señalado que en la práctica va a ser difícil para el extranjero recabar la documentación necesaria para acreditar tales extremos y que, si bien la reforma de 2018 ha supuesto un avance respecto del sistema anterior, sigue sin alcanzar la universalidad en la asistencia sanitaria (E. FERNÁNDEZ MÉNDEZ).

Los extranjeros menores de dieciséis años, independientemente de que ellos o sus padres se hallen en situación irregular, tienen el derecho y el deber a la educación, que incluye el acceso a una enseñanza básica, gratuita y obligatoria (art. 27 CE). Los extranjeros menores de dieciocho años también tienen derecho a la enseñanza posobligatoria (STC 236/2007, FJ 8). Este derecho incluye la obtención de la titulación académica correspondiente y el acceso al sistema público de becas y ayudas en las mismas condiciones que los españoles (art. 9.1 LOEx; en caso de alcanzar la edad de dieciocho años en el transcurso del curso escolar, conservarán ese derecho hasta su finalización). Especialmente interesante para este colectivo de inmigrantes irregulares resulta la obligación de los poderes públicos de promover a través de la enseñanza su mejor integración social (art. 9.3 LOEx), la cual no puede depender de la situación administrativa.

La cuestión se presenta de forma distinta respecto de los mayores de dieciocho años, cuyo derecho ya ha de ajustarse a lo establecido en la legislación educativa. Así, los extranjeros irregulares ya no tienen derecho a acceder a las demás etapas educativas posobligatorias, ni al sistema público de becas ni a la obtención de las titulaciones correspondientes. Este derecho ya se reserva a "extranjeros residentes", esto es, en situación administrativa regular, respecto de los cuales sí se establece el principio de igualdad con los españoles (art. 9.2 LOEx).

3.1.3. Garantías jurídicas

Todo procedimiento administrativo en materia de inmigrantes en situación irregular debe respetar las garantías de la legislación general, particularmente en lo relativo a la publicidad de las normas, contradicción, audiencia al interesado y motivación de las resoluciones (las excepciones en materia de visados del art. 27 LOEx, amparadas por la STC 236/2007, FJ 12, aquí no tienen aplicación práctica si el inmigrante ha entrado de forma irregular), estando legitimadas para intervenir las organizaciones constituidas legalmente en España para la defensa de los inmigrantes, siempre y cuando sean designadas por estos (art. 20.2 y 3 LOEx). Todos las resoluciones y actos administrativos son recurribles conforme al régimen general, siendo ejecutivos en estas condiciones, salvo la tramitación de expedientes de expulsión con carácter preferente (art. 21).

Además, los extranjeros que se encuentren en España, independientemente de su situación irregular, tienen derecho a la asistencia letrada y de intérprete gratuita en todo procedimiento sobre denegación de entrada, devolución, expulsión del territorio español y solicitudes de protección internacional, siendo estos tres últimos aspectos de vital importancia para los extranjeros en situación irregular (art. 22.2 LOEx). Contra las resoluciones que pongan fin a la vía administrativa en materia de denegación de entrada, devolución o expulsión, cabe recurso contencioso-administrativo con el beneficio de asistencia jurídica gratuita por falta de recursos económicos, siendo necesaria una solicitud de conformidad con la Ley de Enjuiciamiento Civil o ante el funcionario competente si el extranjero está privado de libertad o ante la misión diplomática u oficina consultar correspondiente si el extranjero ya se encuentra fuera de España, por ejemplo, por haber sido devuelto (art. 22.3 LOEx).

Al margen de estas cuestiones concretas de extranjería, todos los extranjeros en situación irregular tienen derecho a la tutela judicial efectiva (art. 20 LOEx). Para ello es básico el derecho a la asistencia jurídica gratuita cuando exista escasez de recursos, en este caso con consagración de la igualdad con los ciudadanos españoles (art. 22.1 LOEx), estando garantizada a todo extranjero parte en un proceso que se halle en España, independientemente de su situación de regularidad o no y de que tenga o no residencia en España (STC 236/2007). Este derecho a la tutela judicial efectiva se refuerza contra cualquier práctica discriminatoria que vulnere derechos y libertades fundamentales, pues se habilita la utilización del procedimiento preferente y sumario previsto en el artículo 53.2 de la CE (art. 24 LOEx) y, en su caso, del recurso de amparo.

3.2. Infracciones y sanciones

3.2.1. Multa o expulsión

Encontrarse irregularmente en territorio español supone una infracción grave [art. 53.1.a) LOEx], respecto de la que cabe o multa (de 501 a 10.000 euros) o expulsión, pero en ningún caso cumulativamente (art. 57.3). Tras la aplicación durante varios años de la jurisprudencia *Zaizoune* del TJUE (STJUE de 23 de abril de 2015, asunto C-38/14), según la cual la aplicación preferente de la sanción de multa frente a la expulsión, se consideraba incompatible con la Directiva 2008/115/CE de retorno, el propio TJUE ha modificado su criterio. En este sentido, se volvió al criterio excepcional de la expulsión (STJUE de 8 de octubre de 2020, asunto C-568/19, confirmada por la STJUE de 3 de marzo de 2022, asunto C-409/20). Se declara compatible con la Directiva la legislación nacional que supedita la propuesta de expulsión a la concurrencia de circunstancias agravantes. A estos efectos, se publicó la Instrucción núm. 11/2020 de la Comisaría General de Extranjería y Fronteras del Ministerio del Interior sobre "Efectos de la Sentencia del Tribunal de Justicia de la UE sobre los procedimientos sancionadores por infracción del artículo 53.1 a) LOEx", de 11 de enero, recogiendo un listado, no exhaustivo, de lo que se puede considerar elementos agravantes justificativos de una sanción de expulsión: haber sido detenido el extranjero en el marco de la comisión de un delito o que al mismo le consten antecedentes penales; que el extranjero invoque una falsa nacionalidad; la existencia de una prohibición de entrada anterior; carencia de domicilio y documentación; o incumplimiento de una salida obligatoria o imposibilidad de comprobar cómo y cuándo entró en territorio español, determinada por la indocumentación del extranjero o la ausencia de sello de entrada en el documento de viaje (véase la STS de 18 se septiembre de 2023). En esta misma dirección se ha pronunciado la STC 47/2023, de 10 de mayo, según la cual la imposición de la sanción de expulsión sin la concurrencia de circunstancias agravantes infringe el derecho a la legalidad sancionadora.

En cualquier caso, la expulsión del territorio español debe atender al principio de proporcionalidad y constar en una resolución administrativa motivada (art. 57.1), que archiva cualquier procedimiento pendiente de autorización (art. 57.4). La resolución de expulsión, en lugar de administrativa, puede ser judicial, salvo circunstancias justificadas en contra, si el extranjero es investigado por delito o falta con pena privativa de libertad de menos de seis años u otra de distinta naturaleza, constando este hecho acreditado en el expediente administrativo [art. 57.7.a), salvo delitos tipificados en los arts. 312.1 (tráfico ilegal de mano de obra), 313 (simulación o engaño en el contrato y colocación) y 318 bis (delito contra los derechos de los ciudadanos extranjeros) del Código Penal (en adelante CP), en cuyo caso la expulsión se haría después de cumplir la pena. *ex* art. 57.9 LOEx]. La orden de expulsión llevará consigo la prohibición de entrada en territorio español hasta un máximo de 5 años elevado hasta diez por amenaza grave de orden público, seguridad pública o nacional y salud pública (art. 58.1 y 2 LOEx). A pesar de lo expuesto, la expulsión no puede imponerse, salvo reincidencia en un año en la comisión en una infracción de la misma naturaleza, en distintos supuestos (art. 57.5 LOEx). De los que interesan a los inmigrantes en situación irregular, no cabe expulsar a españoles de origen que perdieron la nacionalidad, beneficiarios de una prestación por incapacidad permanente por accidente o enfermedad laborales, o beneficiarios de una prestación asistencial pública para la inserción o reinserción social o laboral.

Del mismo modo, si al denunciarse una situación de violencia de género contra una mujer extranjera, se pone de manifiesto su situación irregular, no cabe incoar ningún expediente sancionador y, en caso de que este ya se hubiera iniciado, se suspenderá, siendo la denunciante informada de ello (art. 59 y 59.bis LOEx). La prohibición de incoación o suspensión durará hasta la finalización del proceso penal y se levantará si el proceso penal concluye sin sentencia condenatoria ni resolución judicial de la que se deduzca la violencia de género. Igualmente, puede producirse la exención de responsabilidad respecto de los inmigrantes en situación irregular víctimas de trata de seres humanos o, si están colaborando con las autoridades españolas, víctimas, perjudicados o testigos de un acto de tráfico ilícito de seres humanos o de mano de obra, de inmigración ilegal, de explotación laboral, o de prostitución, abusando de su situación de necesidad. La autoridad remitirá informe sobre la colaboración al órgano instructor del expediente sancionador para que el (sub)delegado del Gobierno pueda suspender temporalmente este procedimiento o la ejecución de la expulsión o devolución ya acordadas y, en su caso, pueda eximir de su infracción por permanencia irregular en España (art. 135.2, 3 y 4 y art. 143 RLOEx, siendo posible de oficio en el caso de víctimas).

3.2.2. Medida cautelar de internamiento

Incoado un expediente sancionador por encontrarse irregularmente en España [art. 53.1.a) LOEx], el instructor puede solicitar al juez de instrucción del lugar donde se practique la detención el ingreso del extranjero en un centro de internamiento de extranjeros (en adelante, CIE), dado que no goza del derecho de libre circulación (art. 5 LOEx). El ingreso se acuerda mediante auto motivado previa audiencia al interesado y al ministerio fiscal, tomando en cuenta de manera proporcional las circunstancias concurrentes y, en particular, el riesgo de incomparecencia por carecer de domicilio o documentación justificación, las sanciones administrativas o condenas previas o los procesos penales o procedimientos administrativos pendientes, o el impacto para la salud pública o para la salud del interesado en caso de enfermedad grave. El internamiento se mantiene por el tiempo imprescindible (STJUE de 30 de noviembre de 2009, asunto C-357/09, *Huchbarov*) y como máximo por 60 días, sin que pueda acordarse un nuevo internamiento con base en el mismo expediente. Sin embargo, no puede acordarse el ingreso de menores en los centros de internamiento, salvo en los casos en los que se decreta el internamiento de los padres y estos mantienen en su compañía a sus hijos menores previo informe favorable del ministerio fiscal [véase la STS (3ª) de 10 de febrero de 2015, que declara inaplicable la condición de que existan módulos que garanticen la unidad e intimidad familiar].

Para entender los derechos y deberes que asisten al extranjero interno conviene tener presente que los centros de internamiento de extranjeros son establecimientos públicos de carácter no penitenciario (STJUE de 6 de diciembre de 2011, asunto C-329/11, *Achughbabian;* SSTJUE de 17 de julio de 2014, asunto C-474/13, *Thi Ly Pham*; asuntos C-473/13 y C-514/13, *Bero y Bouzalmate*) con una finalidad preventiva y cautelar y cuyo funcionamiento y régimen interno está regulado en el Real Decreto 162/2014, de 14 de marzo [con los matices hechos por la citada STS (3ª) de 10 de febrero de 2015]. A su ingreso en el centro los internos reciben información escrita en un idioma que entiendan sobre sus derechos y obligaciones, funcionamiento del centro, normas disciplinarias, y medios para formular peticiones o quejas (art. 62.quáter). En este contexto, deben salvaguardarse, los derechos y libertades, sin más limitaciones que las establecidas a su libertad ambulatoria, lo que no ha ocurrido en bastantes casos denunciados por organizaciones no gubernamentales en lo que han constituido flagrantes violaciones de Derechos Humanos y originado todo un movimiento social a favor del cierre de los CIEs. Es obvio, pues, el derecho a ser informado de su situación, a que se vele por el respeto a su vida, integridad física y salud (sin que puedan en ningún caso ser sometidos a tratos degradantes o a malos tratos de palabra o de obra y a que sea preservada su dignidad y su intimidad); a que se facilite el ejercicio de los derechos reconocidos por el ordenamiento jurídico; a recibir asistencia médica y sanitaria adecuada y ser asistidos por los servicios de asistencia social del centro; a que se comunique inmediatamente a la persona que designe en España y a su abogado el ingreso en el centro, así como a la oficina consular del país del que es nacional; a ser asistido de abogado, que se proporcionará de oficio en su caso, y a comunicarse reservadamente con el extranjero interno (incluso fuera del horario general del centro, cuando la urgencia del caso lo justifique); a comunicarse con sus familiares, funcionarios consulares de su país u otras personas; a ser asistido de intérprete si no comprende o no habla castellano y de forma gratuita, si careciese de medios económicos; y a entrar en contacto con organizaciones no gubernamentales y organismos nacionales, internacionales y no gubernamentales de protección de inmigrantes (art. 62.bis LOEx).

En cuanto a los deberes, el extranjero está obligado a permanecer en el centro a disposición del juez de instrucción que hubiere autorizado su ingreso, a observar las normas por las que se rige el centro en relación con el orden y la seguridad, a su propio aseo e higiene y a la limpieza del centro, a mantener una actividad cívica correcta, a conservar el buen estado de las instalaciones y a someterse a reconocimiento médico a la entrada y salida del centro, y por razones de salud colectiva (art. 62.ter LOEx). Las actuaciones de vigilancia y seguridad interior en los centros pueden suponer inspecciones de los locales y dependencias y, siempre que sea necesario para la seguridad en los centros, registros de personas, ropas y enseres. Solo se pueden utilizar medios de contención física personal o separación preventiva del agresor para evitar actos de violencia o lesiones, impedir actos de fuga o daños en las instalaciones del centro, o para neutralizar la resistencia al personal. El uso de los medios de contención debe ser proporcional, subsidiario de cualquier otra medida menos gravosa y por el tiempo estrictamente necesario. En modo alguno pueden suponer una sanción encubierta. Estos medios serán siempre autorizados por el director del CIE, salvo por razones de urgencia, y se comunicarán detalladamente lo antes posible al juez instructor que acordó el internamiento, quien decidirá si la separación preventiva se debe mantener o revocar (art. 62.quinquies LOEx).

4. Finalización de la situación de irregularidad

4.1. Regularización de la permanencia

4.1.1. Autorización de residencia por circunstancias excepcionales

En repetidas ocasiones se habían adoptado en España procedimientos de regularización extraordinarios para normalizar la situación administrativa de los extranjeros, cuando se observaba que existía una significativa mano de obra irregular en el mercado laboral español. Sin embargo, la actual normativa prescinde de estos procedimientos extraordinarios y los sustituye por motivos tasados que, excepcionalmente, permiten a los extranjeros que permanecen en España adquirir una "autorización de residencia por circunstancias excepcionales". Este procedimiento prescinde de la necesidad de visado precisamente por hallarse en España en situación irregular (art. 128.1 RLOEx, aunque se exige pasaporte o documento de viaje por un período mínimo de cuatro meses). Además, la concesión de una autorización de residencia por circunstancias excepcionales tiene la ventaja de que puede transformarse en una autorización ordinaria de residencia lucrativa o no (art. 202 RLOEx). Supone, por tanto, pasar de una situación irregular a una situación regular excepcional para concluir en una situación regular ordinaria.

En cualquier caso, en abril de 2024 se anunció una profunda reforma en el RLOEx que afectará directamente a esta materia y que propondrá recuperar las regularizaciones extraordinarias, más allá de las autorizaciones de residencia por circunstancias excepcionales.

4.1.2. Tipología

A fecha de abril de 2024, y mientras se concreta el alcance de la reforma del RLOEx, son varios los supuestos para obtener una autorización de residencia excepcional, muy vinculados a situaciones especialmente graves de vulnerabilidad. En primer lugar, cabría referirse a los supuestos de mujeres extranjeras víctimas de violencia de género o de violencia sexual y de extranjeros víctimas de trata de seres humanos. En segundo lugar, debe aludirse a la autorización por razones de protección internacional y por razones humanitarias. En tercer lugar, la autorización puede concederse por situaciones de arraigo en España: laboral, social, familiar o para la formación. En cuarto y último lugar, cabría referirse a supuestos relacionados con la seguridad nacional, el interés público y la lucha contra redes organizadas en los que se colabora con autoridades policiales, fiscales, judiciales, administrativas o laborales.

4.2. Salida del territorio de los extranjeros en situación irregular

4.2.1. Salida obligatoria y ejecución de la expulsión

Las salidas obligatorias de territorio español están previstas para las situaciones irregulares. Así incluirán: i) falta de autorización para estar en España, por no cumplir *ab initio* o por haber dejado de cumplir los requisitos de entrada o estancia; y ii) denegación de renovaciones o solicitudes de prórroga de estancia o residencia o denegación de la concesión de cualquier otro documento necesario para permanecer en España (art. 24.1 RLOEx). Las resoluciones administrativas dictadas a estos efectos contienen la advertencia de salida obligatoria, que además se estampa en el pasaporte o en el documento análogo o en un documento aparte si no hay documento de identidad que permite estampar la diligencia (art. 24.1 RLOEx). La orden de salida obligatoria ha de hacerse en el plazo establecido en la resolución denegatoria de la solicitud formulada o, en su caso, en el plazo máximo de quince días desde la notificación. No obstante, el plazo puede extenderse hasta un máximo de noventa días por circunstancias excepcionales y previa justificación de poseer medios económicos suficientes (art. 24.2 RLOEx). El cumplimiento de la salida obligatoria implica que no existirá prohibición de entrada y los extranjeros podrían volver a España cumpliendo los requisitos legales (art. 24.3 RLOEx). Sin embargo, el incumplimiento de la salida obligatoria se considera infracción grave, en tanto en cuanto el extranjero se halla en España en situación irregular [art. 53.1.a) LOEx].

En este contexto, existen dos supuestos en los que no hay orden de salida obligatoria, uno por razones materiales (art. 24.4 RLOEx), otro por razones procedimentales (art. 24.1 RLOEx):

i) Por razones materiales: no existe orden de salida obligatoria por el rechazo de solicitudes de protección internacional por falta de competencia de las autoridades españoles conforme el Reglamento (CE) nº 343/2003 del Consejo, de 18 de febrero de 2003. En estos casos, notificada la resolución de inadmisión o denegación, el solicitante es trasladado en plazo y con escolta de funcionarios al territorio del Estado responsable del examen de su solicitud (art. 24.4 RLOEx). Incluso si en este Estado responsable ya hubiera presentado la solicitud y esta hubiera sido denegada, dicho Estado tiene obligación de readmisión del extranjero, aunque sea a los posteriores efectos de ser dicho Estado quien curse orden de salida obligatorio o expediente de expulsión [art. 16.1.e) Reglamento (CE) nº 343/2003].

ii) Por razones procedimentales: no existe orden de salida obligatoria en las resoluciones de inadmisión a trámite de solicitudes contenidas en la disposición adicional cuarta de la LOEx (inadmisión a trámite por falta de legitimación o representación, falta de solicitud personal si fuera obligatoria, solicitud extemporánea o manifiestamente infundada, reiteración de solicitud ya denegada sin cambio de circunstancias, constancia de procedimiento u orden de expulsión no revocada, prohibición de entrada en España o situación irregular sin posibilidad alguna de regularización). Se considera que una mera resolución de inadmisión a trámite no ofrece las suficientes garantías como para ordenar la salida obligatoria.

Junto con las salidas obligatorias, las resoluciones de expulsión del territorio nacional que se dicten en procedimientos de tramitación ordinaria contienen el plazo de cumplimiento voluntario para que el extranjero abandone el territorio nacional, de entre siete y treinta días (si es menor de quince debe motivarse su excepcionalidad; STJUE de 11 de junio de 2015, asunto C-554/13, *Z. Zh.*) a partir de la notificación de la citada resolución (art. 246.2 RLOEx). Este plazo de cumplimiento voluntario es prorrogable en atención a las circunstancias que concurran en cada caso concreto (duración de la estancia, la existencia de otros vínculos familiares y sociales, tenencia a cargo de menores escolarizados hasta la finalización del curso académico sin que otro progenitor residente pueda hacerse cargo de ellos). La expulsión puede hacerse con obligación de dirigirse a otro Estado miembro de la UE respecto del que tenga una autorización salvo por razones de orden público o seguridad nacional (art. 57.4 LOEx). En caso de volver a entrar después de la expulsión, contraviniendo la prohibición de entrada impuesta en la resolución de expulsión, se procede a la devolución sin necesidad de un nuevo expediente de expulsión (art. 58.3). Transcurrido el plazo de cumplimiento voluntario sin salida de territorio nacional, los funcionarios policiales proceden a su detención y conducción hasta el puesto de salida por el que haya de hacerse efectiva la expulsión. Si la ejecución no se produce en el plazo de setenta y dos horas desde el momento de la detención, el instructor o el responsable de la unidad de extranjería del Cuerpo Nacional de Policía solicitan el ingreso del extranjero en un CIE, por un período no superior a sesenta días, o hasta que se constate la imposibilidad de ejecutarla en dicho plazo. Sea como fuere, la ejecución de la resolución de expulsión se efectúa a costa del empleador que haya sido sancionado como consecuencia de la comisión de la infracción grave relativa al trabajo de inmigrantes irregulares. Fuera de estos casos, se hará a costa del extranjero que dispusiera de medios económicos o, en su defecto, se comunicará al representante diplomático o consular de su país, a los efectos oportunos.

No obstante, la expulsión no puede ejecutarse si se vulnera el principio de no devolución (= petición de protección internacional con suspensión de la expulsión hasta que se haya inadmitido a trámite o resuelto) o afecta a mujeres embarazadas con riesgo para la gestación o salud de la madre o a personas enfermas también con riesgo para su salud (arts. 57.6 LOEx y 246.7 RLOEx; STJUE de 18 de diciembre de 2014, asunto C-562/13, *Abdida*). Al mismo tiempo, la prohibición de entrada posterior, asociada a la orden de expulsión, no se impone o se revoca si el inmigrante irregular abandona el territorio nacional durante la tramitación del expediente o en el plazo de cumplimiento voluntario fijado por la orden de expulsión (art. 58.2 LOEx).

4.2.2. Retornos especiales de víctimas de tratas de seres humanos y de MENAs

Junto con el régimen general de salida, existen regímenes especiales para ciertos extranjeros en situación irregular, de los que destacan dos: el retorno asistido a víctimas de trata de seres humanos y la repatriación de MENAs.

Efectivamente, acordada la exención de responsabilidad respecto de los inmigrantes en situación irregular víctimas de trata de seres humanos o, si están colaborando con las autoridades españolas, víctimas, perjudicados o testigos de un acto de tráfico ilícito de seres humanos o de mano de obra, inmigración ilegal o explotación laboral o en la prostitución, abusando de su situación de necesidad, puede producirse un retorno asistido a su país de procedencia (arts. 138 y 145 RLOEx). La solicitud se presenta ante la (sub)delegación del Gobierno, o en caso de víctimas ante cualquier autoridad competente y es resuelta por la Secretaría de Estado de Inmigración y Emigración, que facilitará la gestión y asistencia del retorno (partida, tránsito y destino), y evaluará los riesgos para los extranjeros y su seguridad, siendo aplicable el Convenio del Consejo de Europa sobre la lucha contra la trata de seres humanos (art. 16). Si la colaboración requiere la obligada permanencia en España del extranjero, se da trámite a la solicitud de retorno asistido tan pronto como desaparezcan las causas de obligada permanencia en España.

Por otro lado, el procedimiento de repatriación de MENAs se lleva a cabo ante las (sub)delegaciones del Gobierno del domicilio del menor (art. 191 RLOEx; y capítulo VI del citado Protocolo Marco sobre determinadas actuaciones en relación con los MENAs). Se solicita a la representación diplomática en España del país de origen información sobre la filiación y las circunstancias familiares y sociales del menor con vistas a su posible repatriación (art. 35.5 LOEx; en caso de que no exista representación en España, se tramita por la Dirección General de Asuntos Consulares: art. 191 RLOEx), además de los informes del ministerio fiscal y los servicios de protección de menores. Existe también una fase de alegaciones y un período de prueba (art. 193 RLOEx) y un trámite de audiencia al menor con suficiente juicio (art. 194 RLOEx), teniendo plena capacidad en el procedimiento y en el orden contencioso-administrativo por esta causa los mayores de 16 y mayores de 18 años. La repatriación, presidida por el principio del interés superior del niño, puede ser al país de origen o aquel en el que se encuentren sus familiares, bien mediante puesta a disposición de los familiares, bien por entrega a los servicios de protección de menores, quienes previamente se habrán comprometido por escrito (art. 191 RLOEx). A estos efectos se promueven acuerdos de colaboración con los países de origen (art. 35.1 LOEx). Solo subsidiariamente se acuerda la permanencia en España (art. 35.5. LOEX).

Durante la repatriación, el menor es acompañado por personal adscrito a los servicios de protección del menor bajo cuya tutela legal, custodia, protección provisional o guarda se encuentre hasta el momento de su puesta a disposición de las autoridades competentes de su país de origen (art. 195 RLOEx). La repatriación se efectúa a costa de la familia del menor o de los servicios de protección de menores de su país. Subsidiariamente, la Administración General del Estado se hará cargo del coste de la repatriación, salvo en lo relativo al desplazamiento del personal adscrito a los servicios de protección del menor.

Bibliografía

- ABARCA JUNCO, P. y otros, *Inmigración y extranjería. Régimen jurídico básico*, Madrid, Colex; AJA, E. (coord.), *Los derechos de los inmigrantes en España*, Valencia, Tirant lo Blanch, 2009
- AGUELO NAVARRO, P., y NÚÑEZ HERRERA, V.E., "Consideraciones jurisprudenciales acerca de la situación o permanencia irregular", *Revista de Derecho migratorio y extranjería,* nº 64, 2023, pp. 125-172
- AGUELO NAVARRO, P. y GRANERO, H.V., "Estancia irregular: multa vs. Expulsión", *Revista de Derecho migratorio y extranjería,* nº 56, 2021, pp. 103-132; *id.,* ¿Una decisión salomónica del Tribunal Suoremo tras la STJUE de 8 de octubre de 2020, asunto mo?, *Revista de Derecho migratorio y extranjería,* núm. 57, 2021
- AGUELO NAVARRO, P. y CHUECA SANCHO, A.G. "Los derechos humanos de los extranjeros en la doctrina constitucional: (La STC 236/2007, de 7 de noviembre)", *Revista de Derecho migratorio y extranjería*, nº 16, 2007, pp. 91-141
- ALÁEZ CORRAL, B. "Nacionalidad, ciudadanía y democracia en la configuración de la nación/pueblo", en *id.* (coord.), *El pueblo del Estado. Nacionalidad y ciudadanía en el Estado constitucional-democrático*, Oviedo, Junta General del Principado de Asturias, 2012, pp. 85-129
- ÁLVAREZ RODRÍGUEZ, A. *Nociones básicas de registro civil y problemas frecuentes en materia de nacionalidad*, Madrid, GPS, 2015; AÑÓN ROIG, M.J. (ed.), *La universalidad de los derechos sociales: el* reto de la inmigración. Valencia, Tirant lo Blanch, 2004
- ARRESE IRIONDO, M.N., "La problemática jurídica de las situaciones irregulares: la expulsión como sanción a la situación irregular", *Revista de Derecho migratorio y extranjería*, nº 25, 2010, pp. 73-98; BURGOS GOYE, C., "Las devoluciones en caliente vigentes en Ceuta y Melilla. La historia interminable", *Revista de Derecho Migratorio y Extranjería,* núm. 53, 2020, pp. 61-81
- CARBAJAL GARCÍA, P., "El arraigo como circunstancia excepcional para poder residir y trabajar legalmente en España", *Revista de Derecho migratorio y extranjería*, nº 29, 2012, pp. 55-85
- CARRASCOSA GONZÁLEZ, J, y otros, *Curso de Nacionalidad y Extranjería*, Madrid, Colex
- CEÍNOS SUÁREZ, A., *El trabajo de los extranjeros en España*, Madrid, La Ley, 2006

- COMINGES CÁCERES, F., "El Tribunal de Justicia de la UE valida la normativa española que prima la sanción de las situaciones de permanencia irregular de extranjeros con multa antes que expulsión (S TJUE de 03/03/2022, asunto C-409/20)", *Diario La Ley,* núm. 10024, 2022
- COMISIÓN ESPAÑOLA DE AYUDA AL REFUGIADO (CEAR), *Análisis de la Sentencia N.D. y N.T. contra España de 13 de febrero de 2020,* disponible en https://www.cear.es/wp-content/uploads/2020/03/Analisis-sentencia-TEDH-devoluciones-en-caliente.pdf
- ESPLUGUES MOTA, C., G. PALAO MORENO, G., DE LORENZO SEGRELLES, M. *Nacionalidad y extranjería*, Valencia, Tirant lo Blanch
- FERNÁNDEZ AVILÉS, J. A, "Los "renglones torcidos" de la política jurídica de protección por desempleo del trabajador extranjero inmigrante", *Revista de Derecho migratorio y extranjería*, nº 31, 2012, pp. 11-33
- FERNÁNDEZ MÉNDEZ, E., *El Derecho a la asistencia sanitaria pública de los extranjeros inmigrantes en situación irregular en España*, tesis doctoral defendida en Universidad de Oviedo, 2023, disponible en https://hdl.handle.net/10651/71918
- FERNÁNDEZ ROZAS, J.C., (ed.), *Derecho español de la nacionalidad*, Madrid, Tecnos
- FRANCO PÉREZ, A.F., "Inmigración y extranjería: las alternativas de regularización de los extranjeros en España", en PRESNO LINERA, M. (coord.), *Extranjería e inmigración: aspectos jurídicos y socioeconómicos*, Valencia, Tirant lo Blanch, 2004, pp. 199-231
- GARCÍA AMADO, J.A., "¿Por qué no tienen los inmigrantes los mismos derechos que los nacionales?", *Revista de Derecho migratorio y extranjería*, nº 3, 2003, pp. 9-28
- GARCÍA NINET, J.I., "Derechos sociales de los extranjeros", en *id.* (dir.), *Régimen jurídico del trabajo de los extranjeros en España*, Barcelona, Atelier, 2012, pp. 185-210
- GIMENO MONTERDE, C., "Menores extranjeros no acompañados: una cuestión compleja para las políticas públicas y sociales" *Revista de Derecho migratorio y extranjería*, nº 25, 2010, pp. 55-72
- GONZÁLEZ VEGA, J.A., "La inmigración irregular y la política convencional: examen de la práctica española", en DE LUCAS, J. Y SOLANES A., (eds.), *La igualdad en los derechos: claves de la integración*, Madrid, Dykinson, 2009, pp. 97-125
- HERNÁNDEZ CALERO, D., "Tráfico ilegal e inmigración clandestina de personas", *Revista de Derecho migratorio y extranjería*, nº 21, 2009, pp. 21-59
- IGLESIAS SÁNCHEZ, S., "La regularización de la situación administrativa de los padres de menores españoles en situación irregular", *Revista de Derecho migratorio y extranjería*, nº 25, 2010, pp. 35-53
- JIMÉNEZ BLANCO, P., "Las libertades de circulación y de residencia de los miembros de la familia de los ciudadanos de la Unión Europea", *La Ley UE*, 2003, pp. 1761-1784; *id.*: "Derecho a la residencia en España y derecho a la vida familiar", *Disertación de ingreso en la Real Academia de Jurisprudencia Asturiana*, http://www.academiaasturianadejurisprudencia.es/documentos.php
- LAFUENTE SÁNCHEZ, R. " Decisiones de retorno contra nacionales de terceros estados que se encuentren en situación irregular en España: consecuencias de la (supuesta) incompatibilidad de la Ley de Extranjería con la Directiva 2008/115 y de su ausencia de efecto directo vertical", *Cuadernos de Derecho Transnacional,* vol. 13, núm. 1, pp. 388-407

- LORENZO JIMÉNEZ, J.V., "La expulsión de extranjeros que se encuentran en trámite de regularización", *Revista de Derecho migratorio y extranjería*, nº 38, 2015, pp. 13-37
- MARTÍN ARRIBAS, J.J., "Reflexiones sobre los derechos de los inmigrantes en situación irregular según el derecho de la Unión Europea", *Revista de Derecho migratorio y extranjería*, nº 32, 2013, pp. 11-53
- MARTÍNEZ ESCAMILLA, M. y otros, *Informe: "Rechazos en frontera": frontera sin derechos*, presentado en Madrid, el 13 de abril de 2015, y disponible en: http://eprints.ucm.es/29379/1/Informe%20rechazo%20en%20frontera.pdf
- MARTÍNEZ ESCAMILLAM M., "Las devoluciones en caliente en el asunto N.D. y N.T. contra España (Sentencia de la Gran Sala TEDH de 13 de febrero de 2020), *Revista Española de Derecho Europeo,* núms 78-79, septiembre 2021, pp. 309-337
- MONEREO PÉREZ, J.L., (dir.), *Protección jurídico-social de los trabajadores extranjeros*, Granada, Comares, 2010
- MONTOYA MELGAR, A., "El empleo ilegal de inmigrantes", *Revista de Derecho de la UE*, nº. 17, 2009, pp. 17-32
- MOYA ESCUDERO, M. Y RUEDA VALDIVIA, R., *Régimen jurídico de los trabajadores extranjeros en España*, Madrid, La Ley, 2003
- NOGUERA FERNÁNDEZ, A., "Constitución del trabajo" e inmigración irregular: una articulación necesaria para el reconocimiento de los derechos humanos", *Revista de Derecho migratorio y extranjería*, nº 26, 2011, pp. 53-76
- PALAO MORENO, G. y otros, *Nacionalidad y Extranjería,* 4ª ed., Tirant lo Blanch, 2023; PALOMAR OLMEDA, A., (coord.), *Tratado de extranjería*, 5ª ed., Cizur Menor, Thomson/Reuters/Aranzadi, 2012
- PRESNO LINERA, M., "Democracia ciudadana y ciudadanía democrática", en ALÁEZ CORRAL, B. (coord.), *El pueblo del Estado. Nacionalidad y ciudadanía en el Estado constitucional-democrático*, Oviedo, Junta General del Principado de Asturias, 2012, pp. 243-283
- RAMOS QUINTANA, M.I., "Extranjeros en situación irregular en España: derechos atribuidos, limitaciones a la libertad y medidas de carácter sancionador la jurisprudencia reciente del Tribunal Constitucional", *Revista de Derecho migratorio y extranjería*, nº 19, 2008, pp. 47-80
- REY MARTÍNEZ, F. "El derecho fundamental a la educación inclusiva del alumnado extranjero o de origen extranjero", *Revista de Derecho Migratorio y Extranjería,* Nº 60, 2022, pp. 43-63
- RODRÍGUEZ MATEOS P., JIMÉNEZ VLANCO, p. y ESPINIELLA MENÉNDEZ, A., *Régimen jurídico de los extranjeros y de los ciudadanos de la UE,* Thomson Reuters Aranzadi, Cizur Menor, 2017
- RODRÍGUEZ MATEOS, P., "La protección jurídica del menor en la Convención sobre los derechos del niño de 20 de noviembre de 1989", *REDI*, vol. XLIV, 1992-2, pp. 465-498
- RUEDA VALDIVIA R., "Mujer extranjera víctima de violencia de género y derecho de extranjería", *Revista de Derecho migratorio y extranjería*, nº 18, 2008, pp. 81-117
- SALINAS MOLINA, F., (dir.), *Derecho internacional privado. Trabajadores extranjeros: aspectos sindicales, laborales y de seguridad social*, Madrid, CGPJ, 2001
- SÁNCHEZ LEGIDO, A., Las devoluciones en caliente españolas ante el Tribunal de Estrasburgo: ¿apuntalando los muros de la Europa fortaleza?, *Revista Española de Derecho Internacional,* vol. 72, núm. 2, 2020, pp. 236-237
- SÁNCHEZ LORENZO, S., "Derechos humanos y competencia exclusiva del Estado en materia de nacionalidad", *REDI*, vol. 67, 2015-2, pp. 111-133

- SÁNCHEZ-RODAS NAVARRO,C. (coord.), *Derechos sociales, garantías y restricciones de los inmigrantes en situación irregular de la UE*, Murcia, Laborum, 2008; *Id.*, *Aspectos jurídicos de la inmigración irregular en la UE*, Murcia, Laborum, 2009
- SELMA PENALVA, A., "La expulsión de los extranjeros no europeos: reflexiones críticas acerca de la indeterminación del art. 57.2 de la Ley orgánica 4/2000 de extranjería", *Revista de Derecho migratorio y extranjería*, nº 33, 2013, pp. 13-57
- SOTO MOYA, M., *Las situaciones conyugales en el tráfico intracomunitario: un modelo de relación entre el Derecho internacional privado y el Derecho de extranjería*, Universidad de Granada, 2007
- TOLEDO LARREA J.A., Y ADAM MUÑOZ, M.D., "La relevancia del derecho internacional privado en relación con las mujeres extranjeras víctimas de violencia doméstica", *Revista de Derecho migratorio y extranjería*, nº 41, 2016, pp. 81-134
- TOMÉ GARCÍA, J.A., *Internamiento preventivo de extranjeros conforme al nuevo Reglamento de los CIE*, Madrid, 2014
- TRIGUERO MARTÍNEZ, L.A., *El estatuto jurídico laboral del trabajador extranjero inmigrante*, Albacete, Bomarzo, 2008
- TRINIDAD GARCÍA, M.L., "Los inmigrantes irregulares en la Ley 4/2000 y en su reforma: una regularización que no cesa", *Revista de Derecho migratorio y extranjería*, nº 1, 2002, pp. 99-112
- VILLAVERDE MENÉNDEZ, I., "El régimen jurídico-constitucional de la detención e internamiento de los extranjeros con ocasión de su expulsión del Estado", en PRESNO LINERA, M., (coord.), *Extranjería e inmigración: aspectos jurídicos y socioeconómicos*, Valencia, Tirant lo Blanch, 2004, pp. 147-197; *id.*, "La ciudadanía borrosa. Ciudadanías multinivel", en ALÁEZ CORRAL, B., (coord.), *El pueblo del Estado. Nacionalidad y ciudadanía en el Estado constitucional-democrático*, Oviedo, Junta General del Principado de Asturias, 2012, pp. 285-307.

La protección de la ciudadanía española en el exterior

Beatriz Vázquez Rodríguez
Profesora contratada doctora en Derecho Internacional Público

Sumario: 1. Introducción. 2. Los requisitos para ejercicio de la protección diplomática. 2.1. La nacionalidad de la reclamación. 2.2. El agotamiento de los recursos internos. 3. La discrecionalidad en su ejercicio en el derecho internacional y la responsabilidad patrimonial en el orden interno. 3.1. La protección diplomática y responsabilidad patrimonial en la jurisprudencia española antes del asunto José Couso. 3.2. De la discrecionalidad al servicio público: las sentencias de la AN 4391/2019 y del TS 3026/2021. Bibliografía recomendada.

1. Introducción

El módulo Inmigración, Emigración y Minorías Étnicas, Religiosas y Culturales aglutina las asignaturas de "Protección legal de los inmigrantes", "Protección legal de las minorías étnicas, religiosas y culturales" y "Protección de la Ciudadanía Española en el Exterior" y que tienen como nexo en común, la protección de las personas en diferentes situaciones caracterizadas por el desplazamiento desde el Estado de origen a otro y por tanto, con un claro elemento transfronterizo que hace necesario que ciertas situaciones se aborden desde la óptica del derecho internacional. Concretamente, en lo que se refiere a la asignatura de Protección de la Ciudadanía Española en el Exterior se trata de aproximarse -con carácter general- a los mecanismos típicos de protección como pueden ser la asistencia y la protección consulares y -con mucho más detalle- la protección diplomática, puesto que se trata de una construcción técnico-jurídica genuina de protección del ciudadano en el exterior en el derecho internacional.

Así, en el marco de la responsabilidad internacional, la protección diplomática se ha configurado como una institución cuya finalidad principal es velar por los derechos e intereses del Estado -fundamentalmente en la persona de sus nacionales- mitigando así las desventajas que estas puedan padecer cuando se hallan fuera de la jurisdicción de su Estado. De esta forma el ejercicio de la protección diplomática se ha constituido como un derecho del Estado y no de la persona, tal como proclamó la Corte Permanente de Justicia Internacional (CPJI) en el asunto de las *Concesiones Mavrommatis (Grecia c. Reino Unido)*, al afirmar que *"Al asumir la causa de uno de sus nacionales, al poner en movimiento en su favor la acción diplomática o la acción judicial internacional, este Estado hace valer, a decir verdad, su propio derecho, el derecho que tiene a hacer respetar el Derecho internacional en la persona de sus nacionales".* Ese pronunciamiento fue reiterado por la Corte Internacional de Justicia (CIJ) en el asunto *Nottebohm (Liechtenstein c. Guatemala),* donde la Corte afirmó que *"la protección diplomática y la protección mediante un proceso judicial internacional, constituye medidas de defensa de los derechos del Estado".* Además, esta jurisprudencia fue completada en el asunto de la *Barcelona Traction Light & Power Ltd. (Bélgica c. España),* donde sostuvo que la protección diplomática se configura como un derecho propio y exclusivo del Estado y no del particular que ha sido víctima a consecuencia de un hecho internacionalmente ilícito imputable a un Estado, ya que aquel no es titular de ningún derecho reconocido en el ordenamiento internacional, por lo que afirmó que: *"el Estado debe ser considerado como el único juez facultado para decidir si concederá su protección, en qué medida lo hará y cuándo le pondrá fin. Posee a este respecto un poder discrecional cuyo ejercicio puede depender de consideraciones, en particular de orden público, ajenas al presente asunto. No siendo su demanda idéntica a la del particular o de la sociedad cuya causa abraza, el Estado goza de una total libertad de acción"*.

En este punto, se hace necesario recordar que en múltiples ocasiones se ha utilizado una noción amplia de protección diplomática incluyendo en aquella, una gran variedad de mecanismos con los que cuenta un Estado para proteger a sus nacionales en el extranjero como son la asistencia diplomática, la asistencia consular o la protección consular, sin embargo la Comisión de Derecho Internacional (CDI) en el Informe de 1977 del Grupo de Trabajo sobre protección diplomática, puso de relieve la necesidad de distinguir *"entre la protección diplomática propiamente dicha y ciertas actividades diplomáticas y consulares para la prestación de asistencia y protección a los nacionales, previstas en los artículos 3 y 5, respectivamente, de la Convención de Viena sobre Relaciones Diplomáticas de 1961 y de la Convención de Viena sobre Relaciones Consulares de 1963"*. En este sentido, no debe confundirse la actividad desarrollada por las misiones diplomáticas y las oficinas consulares con vistas a prestar asistencia a sus nacionales y proteger sus intereses en el Estado receptor. Así, la protección consular implicaría la acción que el funcionario consular estaría legitimado a realizar ante las autoridades del Estado receptor en favor de los nacionales que hayan recibido un trato contrario al debido y la asistencia consular, supondría una acción que el cónsul estaría legitimado a realizar ante las autoridades del Estado receptor con independencia del trato recibido, a favor de los nacionales que se encuentren en una situación de necesidad pudiendo dispensarles ayuda en casos de evacuación, repatriación o asistencia educativa o judicial entre otras. Por tanto, la diferencia entre las situaciones a las que nos acabamos de referir y la protección diplomática es que, en este último caso, se trata de una reclamación de Estado a Estado tal como señala el art. 1 del Proyecto de artículos sobre protección diplomática de 2006, al referirse a la protección diplomática como *"la invocación por un Estado (...) de la responsabilidad de otro Estado"*.

En los siguientes apartados nos referiremos al análisis de las condiciones necesarias para el ejercicio de la protección diplomática y a la discrecionalidad absoluta que desde el plano internacional asiste al Estado en su ejercicio pero que, sin embargo, se ha ido limitando en el plano interno a través de normas internas que obligan a su ejercicio o como en el caso español, por la propia práctica de nuestros tribunales nacionales que han reconocido la responsabilidad patrimonial de nuestro Estado por la falta de su ejercicio bajo ciertas circunstancias.

2. Los requisitos para el ejercicio de la protección diplomática

Para que la protección diplomática pueda ser ejercida, el derecho internacional requiere la concurrencia de dos requisitos que han sido consagrados por la jurisprudencia internacional: por un lado, la existencia de un vínculo entre la reclamación y el Estado reclamante basado en la nacionalidad de los particulares que han sido víctimas de un hecho ilícito. Por otro, el previo agotamiento por el particular de los recursos que ofrece el ordenamiento del Estado al que se imputa el daño sufrido. De ambos nos ocuparemos a continuación.

2.1. La nacionalidad de la reclamación.

Desde la óptica del derecho internacional la determinación de la nacionalidad es una competencia exclusiva de los Estados tal como puso de relieve la CPJI en su opinión consultiva relativa a los *Decretos de Nacionalidad promulgados en Túnez y Marruecos,* de 7 de febrero de 1923 cuando afirmó que *"habida cuenta del estado actual del derecho internacional, las cuestiones de nacionalidad corresponden, en principio, a ese dominio reservado".* Así la existencia de un vínculo entre la reclamación y el Estado que reclama, a través de la nacionalidad de las personas físicas o personas jurídicas que han sido víctimas de un hecho ilícito, es un requisito reconocido por la jurisprudencia internacional y que la práctica internacional ha contribuido a su delimitación. En este sentido, la CPJI, en el asunto del *Ferrocarril Panevezys Saldutiskis (Estonia c. Lituania),* de 28 de febrero de 1939, estableció la regla general al declarar que *"en ausencia de acuerdos particulares, sólo el vínculo de la nacionalidad entre el Estado y el individuo le da a aquel el derecho a la protección diplomática".*

Del mismo modo, el Grupo de Trabajo creado por la CDI afirmó en su informe de 1997 la primacía del vínculo de la nacionalidad, pero reconociendo además una serie de excepciones a la regla general cuando puso de relieve que si bien *"históricamente, es el vínculo de la nacionalidad el que sirve de base al derecho de protección del Estado, en algunos casos y por acuerdo internacional, el Estado puede ser investido del derecho a representar a otro y actuar a favor de sus nacionales".* En coherencia con esta afirmación, el Proyecto de artículos aprobado en su art. 3 recogió que: *"1. El Estado con derecho a ejercer la protección diplomática es el Estado de la nacionalidad. 2. No obstante lo dispuesto en el párrafo 1, un Estado podrá ejercer la protección diplomática con respecto a una persona que no sea nacional del mismo de conformidad con el proyecto de artículo".* Este último apartado supone, por tanto, la extensión del derecho de protección diplomática a personas en situación de apatridia, refugiados o miembros de la tripulación de un buque de su nacionalidad nacionales de otro Estado.

En lo que se refiere concretamente a la nacionalidad de las personas físicas, el art. 4 del Proyecto de artículos establece que *"se entiende por Estado de la nacionalidad un Estado cuya nacionalidad ha adquirido dicha persona, de conformidad con la legislación de ese Estado en razón del lugar de nacimiento, la filiación, la naturalización la sucesión de Estados o de cualquier otro modo que no esté en contradicción con el derecho internacional".* Sin embargo, este requisito puede suscitar diversos problemas. El primero se plantea respecto a la *continuidad* de la nacionalidad en el tiempo y que ha de probarse en dos momentos distintos. De un lado, cuando se produce el perjuicio, pues el particular que ha sido la víctima de un hecho internacionalmente ilícito por parte de otro Estado debe ostentar la nacionalidad del Estado reclamante. De otro lado, debe continuar siendo nacional en el momento en que el Estado ejerce la protección diplomática o, fracasada ésta, cuando recurre ante un Tribunal internacional. Sin embargo, el art. 5 del Proyecto de artículos recoge una excepción a la regla general en relación con las personas físicas, admitiendo que un Estado pueda ejercer la protección diplomática a favor de una persona que no siendo nacional de ese Estado en el momento en que se produce el daño y siempre que haya perdido su nacionalidad anterior y adquirido, por una razón no relacionada con la presentación de la reclamación, la nacionalidad del Estado reclamante de un modo que no esté en contradicción con el Derecho Internacional.

De otro lado, respecto a la continuidad de la nacionalidad se deben tener en cuenta los supuestos de un cambio no voluntario de nacionalidad como consecuencia de un fenómeno de sucesión de Estados o cambio en la soberanía sobre un territorio. En este supuesto, será el Estado sucesor el facultado para reclamar ya que como reconoce el Instituto de Derecho Internacional (IDI) en su resolución de 1965, *"una reclamación internacional presentada por un Estado de reciente independencia, por daño sufrido por sus nacionales antes del momento de adquirir ésta, no puede ser rechazada por el hecho de que ese nacional era anteriormente nacional del antiguo Estado que ejercía soberanía sobre el territorio".*

Un segundo problema que se plantea con relación al requisito de la nacionalidad es el relativo a los supuestos de *doble o múltiple nacionalidad* que pueden ostentar las personas físicas y que pueden dar lugar a dos situaciones. La primera de ellas se produce cuando el particular perjudicado posee junto con la nacionalidad del Estado reclamante, la de un tercer Estado. Según el art. 6 del Proyecto de la CDI: *"Todo Estado del que sea nacional una persona que tenga doble o múltiple nacionalidad podrá ejercer la protección diplomática con respecto a esa persona frente a un Estado del que ésta no sea nacional".* En este supuesto, la invocación de la protección diplomática por cualquiera de los Estados de la nacionalidad no genera ningún conflicto dado que el particular perjudicado no ostenta la nacionalidad del Estado causante del daño.

Sin embargo, la segunda situación es aquella en que el perjudicado ostenta al mismo tiempo, la nacionalidad del Estado reclamante y la del Estado causante del perjuicio. En esta línea, el art. 7 del Proyecto de la CDI establece que: *"Un Estado de la nacionalidad no podrá ejercer la protección diplomática con respecto a una persona frente a otro Estado del que esa persona sea también nacional, a menos que la nacionalidad del primer Estado sea predominante tanto en la fecha en la que se produjo el perjuicio como en la fecha de la presentación oficial de la reclamación".* Del tenor de esta disposición, un Estado no puede ejercer la protección diplomática en beneficio de un nacional si a su vez posee la nacionalidad del Estado causante del daño. Sin embargo, el art. 7 del Proyecto de art. en su segunda parte contempla la posibilidad de que, en estos supuestos de concurrencia de ambas nacionalidades, el Estado reclamante pudiera ejercer la protección diplomática siempre que se demostrara que efectivamente ésta era la nacionalidad predominante. En este sentido y partiendo de la posición adoptada por la CIJ en el asunto *Nottebohm,* se ha seguido el criterio de examinar las circunstancias de hecho presentes en el caso para establecer cuál de las dos nacionalidades es la "nacionalidad efectiva" o "predominante" del perjudicado. En el citado asunto, la Corte definió la nacionalidad efectiva como: *"un vínculo jurídico basado en un hecho social de conexión, en una solidaridad efectiva de existencia, de intereses, de sentimientos, unido a una reciprocidad de derechos y deberes".* Como consecuencia de lo anterior, se deben tener en cuenta la intensidad de los vínculos del individuo con cada uno de los Estados de su nacionalidad para determinar cuál es la nacionalidad predominante, teniendo en cuenta para ello criterios como el lugar de la residencia habitual del perjudicado, los vínculos familiares, el idioma, el lugar de tributación o la posesión y utilización de uno u otro pasaporte entre otros.

Hay que señalar que el requisito de la nacionalidad de la reclamación también se extiende a las personas jurídicas. La CIJ en asunto *Ahmadou Sadio Diallo (República de Guinea c. República Democrática del Congo), excepciones preliminares*, de 24 de mayo de 2007 señaló que *"solo el Estado de la nacionalidad puede ejercer la protección diplomática de la sociedad, cuando sus derechos han sido violados como consecuencia de un acto ilícito de otro Estado. A fin de determinar si una sociedad posee personalidad jurídica independiente y distinta, el derecho internacional reenvía a las reglas de derecho interno en la materia".* Siendo así, la regla general que opera respecto a los supuestos de protección diplomática de las personas jurídicas es que la nacionalidad de las personas jurídicas debe estar determinada por el lugar donde ésta se constituye y establece su sede social. Un criterio que es seguido por la CIJ en el asunto de la *Barcelona Traction,* cuando declaró inadmisible la demanda belga por entender que "*el derecho a ejercer la protección diplomática de una sociedad corresponde al Estado bajo cuyas leyes se ha constituido y en el que la misma tiene su sede*". Sin embargo, en el mismo asunto, la CIJ también admitió la existencia de un derecho subsidiario de protección diplomática de los accionistas por parte del Estado del que son nacionales, en los supuestos en los que la sociedad hubiera dejado de existir legalmente por una circunstancia ajena al daño sufrido y que posteriormente ha encontrado reflejo en art.

11. a) del Proyecto de artículos de la CDI. Este artículo recoge como excepción a la regla de la constitución de la sede, la posibilidad de que el Estado de la nacionalidad de los accionistas pueda ejercer la protección diplomática en caso de perjuicio causado a la sociedad si la sociedad haya dejado de existir, de conformidad con la legislación del Estado en el que se constituyó o en los supuestos en los que el acto ilícito del Estado hubiese lesionado derechos propios o privativos de los accionistas distintos de los derechos que les corresponden en el patrimonio de dicha sociedad. De igual modo el art. 12 del Proyecto de artículos sobre la protección diplomática de 2006 recogió que: *"En la medida en que un hecho internacionalmente ilícito de un Estado cause un perjuicio directo a los derechos de los accionistas como tales, derechos que son distintos de los de la propia sociedad, el Estado de la nacionalidad de cualquiera de esos accionistas tendrá derecho a ejercer la protección diplomática con respecto a sus nacionales".*

2.2. El agotamiento de los recursos internos.

El segundo requisito para que el Estado pueda ejercer la protección diplomática es el que se refiere a la necesidad de que el particular afectado haya agotado previamente las vías de recurso que le ofrece el ordenamiento interno del Estado causante del perjuicio. Según ha puesto de relieve la CIJ es un "*importante principio del derecho internacional consuetudinario*", cuya función esencial es la de permitir al Estado causante que, antes de que el Estado reclamante pueda ejercer la protección diplomática o recurrir a la jurisdicción internacional, "*el Estado en que se ha cometido la lesión pueda remediarla por sus propios medios, en el marco de su orden jurídico interno*" (CIJ 1959, *Interhandel (Suiza c. EEUU)).* Por consiguiente, la reclamación internacional por daños a un nacional que ejercita el Estado está condicionada a que el particular haya llevado a cabo las actuaciones pertinentes en el orden interno contra el Estado que le ha causado el daño. En este sentido, el art. 14.2 del Proyecto de artículos de la CDI, entiende por recursos internos todos aquellos que puede interponer una persona perjudicada ante los tribunales u órganos, sean éstos judiciales o administrativos, ordinarios o especiales del Estado cuya responsabilidad por causar el perjuicio se invoca. Sin embargo, es necesario señalar que un particular solo está obligado a recurrir en el orden interno si cabe obtener un *resultado útil o efectivo,* es decir, solo si existen recursos adecuados y efectivos con el objetivo de que la regla del agotamiento de los recursos internos no se convierta en un obstáculo al ejercicio de la protección diplomática. De este modo, el derecho internacional autoriza que, en determinados casos, no sea necesario agotar la vía interna de recursos tal como establece el art. 15 del Proyecto de la CDI cuando:

> *"a) No haya razonablemente disponibles recursos internos que provean una reparación efectiva o los recursos internos no ofrezcan ninguna posibilidad razonable de obtener esa reparación;*
> *b) En la tramitación del recurso exista dilación indebida atribuible al Estado cuya responsabilidad se invoca;*
> *c) No existía en la fecha en la que se produjo el perjuicio vínculo pertinente entre la persona perjudicada y el Estado cuya responsabilidad se invoca;*
> *d) La persona perjudicada esté manifiestamente impedida de ejercer los recursos internos; o*
> *e) El Estado cuya responsabilidad se invoca haya renunciado al requisito de que se agoten los recursos internos".*

3. La discrecionalidad en su ejercicio en el derecho internacional y la responsabilidad patrimonial en el orden interno.

Con respecto al poder discrecional del que goza el Estado en el ejercicio de la protección diplomática tiene interés recordar que la CIJ en el asunto de la *Barcelona Traction* contempló la posibilidad de que, aunque desde la perspectiva del derecho internacional, la discrecionalidad del Estado supone la inexistencia de una obligación con respecto de su ejercicio, sin embargo, nada impedía que los Estados, en sus ordenamientos internos, estableciesen vías de recursos para que los particulares puedan obtener una reparación por el daño sufrido.

Así, el Proyecto de artículos sobre Protección diplomática ha querido establecer una conexión entre el art. 2 -que apela a la concepción absoluta de la discrecionalidad de la protección diplomática desde la perspectiva clásica del derecho internacional- y el art. 19, que tiene presente la práctica de algunos Estados relativa a la obligación -por limitada que sea- de proteger a sus nacionales en el extranjero cuando han sido víctimas de una violación de sus derechos humanos por parte de un tercer Estado. De ahí que en los comentarios del proyecto de artículos se afirme que *"el derecho discrecional del Estado a ejercer la protección diplomática debería interpretarse en relación con el proyecto de artículo 19 que recomienda a los Estados que ejerzan ese derecho cuando proceda"*. En este sentido, hay que poner de relieve que el art. 19 fue objeto de una reformulación que le otorga un carácter *"inusual"* dado que contiene meras recomendaciones a los Estados con respecto del ejercicio de la protección diplomática y cuyo texto final del Proyecto de artículos, recoge textualmente que: *"Un Estado que tenga derecho a ejercer la protección diplomática de conformidad con el presente proyecto de artículos debería: a) considerar debidamente la posibilidad de ejercer la protección diplomática, especialmente cuando se haya producido un perjuicio grave; b) tener en cuenta, siempre que sea factible, la opinión de las personas perjudicadas en cuanto al recurso a la protección diplomática y a la reparación que deba tratarse de obtener; y c) transferir a la persona perjudicada toda indemnización que se obtenga del Estado responsable por el perjuicio, a excepción de cualesquiera deducciones razonables"*. En definitiva, como señalan varios autores *"sería difícil sostener hoy por hoy la visión tradicional de la naturaleza de la protección diplomática hasta ahora defendida como prerrogativa absolutamente discrecional del Estado"*, pero como se ha indicado también, *"obligar al Estado en este ámbito de forma genérica y a priori es algo irrealista, al menos desde la perspectiva del Estado, su soberanía y las relaciones internacionales (…) Mientras ellos no adopten la norma jurídica que les obligue a ejercer la protección diplomática en estos casos, esta no existirá; por más que se afirme desde un plano doctrinal su existencia"*.

En lo que se refiere al ordenamiento español, es necesario poner de relieve que no existe ningún precepto constitucional que expresamente obligue al Estado a ejercer la protección diplomática una vez que un nacional, cuyos derechos han sido lesionados, haya agotado los recursos internos disponibles en el Estado causante del daño sin haber obtenido una reparación. Todo lo más que recoge nuestra Constitución es una formulación genérica que hace alusión "*a la protección de todos los españoles y pueblos de España en el ejercicio de los derechos humanos*". Si atendemos además a otras normas del ordenamiento jurídico español que no revisten tal carácter, llegamos a la misma conclusión. En efecto, la Ley 2/2014, de 25 de marzo, de la Acción y del Servicio Exterior del Estado en su preámbulo alude a que *"resulta obligado garantizar una adecuada asistencia y protección a los españoles y apoyar a la ciudadanía española y a las empresas españolas en el exterior"* y en el articulado establece como uno de los objetivos prioritarios de la Política Exterior de España *"La asistencia y protección a sus ciudadanos, así como la protección de los intereses económicos de España en el exterior"*, otorgando competencia al Servicio Exterior del Estado para facilitar *"el ejercicio de sus derechos a los españoles en el exterior, prestar asistencia a las empresas españolas en el exterior, así como ejercer todas aquellas competencias que le atribuya esta ley y la normativa vigente"*. Por su parte, el Real Decreto 267/2022, de 12 de abril, por el que se desarrolla la estructura orgánica básica del Ministerio de Asuntos Exteriores, Unión Europea y Cooperación, solo establece que es competencia de este *"proteger a los españoles en el exterior"*, y por tanto tampoco consagra ese derecho.

Ello ha permitido a la Asesoría Jurídica Internacional (AJI) reiterar en numerosas ocasiones que *"en derecho español, no existe ninguna disposición que reconozca un derecho de la persona a beneficiarse de la protección diplomática. Las disposiciones constitucionales, legales y reglamentarias que regulan la protección de los derechos e intereses de las personas y, en particular, de los españoles no proclaman ningún derecho de las personas a la protección diplomática".* Ante la ausencia de normas en España que reconozcan el derecho a la protección diplomática hace que sea especialmente relevante analizar la construcción jurisprudencial emanada de nuestros tribunales con respecto al reconocimiento de la responsabilidad patrimonial del Estado por omisión en el ejercicio de la protección diplomática.

3.1. La protección diplomática y responsabilidad patrimonial en la jurisprudencia española antes del asunto José Couso.

El punto de partida para el análisis de esta cuestión se sitúa en la sentencia de la Sala de lo contencioso del Tribunal Supremo de 16 de noviembre de 1974 donde el alto Tribunal partió de la inexistencia de un *"verdadero derecho a la protección diplomática que imponga al Gobierno propio por modo inexcusable la puesta en ejercicio del dispositivo indemnizatorio a nivel de Estados"* pero sí reconoció la existencia de responsabilidad patrimonial del Estado español puesto que los daños causados por el Gobierno de Guinea a los nacionales españoles lo fueron como represalia a la actuación de los poderes públicos españoles. En su argumentación, el TS defendió la discrecionalidad del Estado en su ejercicio, pero consideró que *"la lesión patrimonial, entendida como detrimento injusto sufrido por el reclamante, es imputable, ante todo, a una represalia carente de toda justificación, y ante la cual el perjudicado, en el área del sistema defensivo interno frente a actos del Gobierno Guineano, por lo que las alternativas posibles, no han podido ser otras que el soportar individualmente esta lesión, u obtener una reparación por la vía de la protección estatal encuadrable en el cuadro de la responsabilidad internacional (...) o por la vía indemnizatoria"* . Así se puso de relieve, como apuntó P. Andrés, que a *"los imperativos propios de todo Estado democrático de Derecho debe repugnar, por su propia esencia, la circunstancia de que el particular se vea obligado a soportar cargas injustas como consecuencia del mantenimiento de esta inmunidad, (...) la situación debe paliarse mediante la aplicación de un correctivo que no puede ser otro que el de la concesión de una indemnización al particular, equivalente a los daños ocasionados a este por el hecho ilícito del Estado extranjero y la posterior inactividad o actuación ineficaz de la Administración"* .

En este sentido, el TS concluye reconociendo que no toda omisión de su ejercicio dará lugar a responsabilidad patrimonial siendo necesario probar que se cumplen una serie de requisitos: la falta de reparación por la vía de la protección diplomática; que las represalias ilícitas que causaron el daño patrimonial afecten a ciudadanos de nacionalidad española; y que el origen inmediato del daño sea un acto de represalia del tercer Estado. Además, en pronunciamientos posteriores del TS sobre la responsabilidad patrimonial de la Administración pública derivada de la insuficiencia o la inexistencia del ejercicio de protección diplomática por el Estado permiten afirmar que este Tribunal reconoce, en vía de principio, la posibilidad de declarar esa responsabilidad, si bien subordinada al cumplimiento de los requisitos arriba apuntados.

La jurisprudencia del Tribunal Constitucional también proporciona elementos para el análisis puesto que, hasta la fecha, este tribunal se ha pronunciado sobre esta cuestión con carácter incidental en recursos de amparo por vulneración del derecho fundamental a obtener la tutela judicial en el marco de litigios sobre la inmunidad de ejecución de Estados extranjeros. Así, este Tribunal ha reconocido que el Estado español tiene, en ciertas condiciones, la obligación de compensar a sus nacionales, cuando tengan que asumir un sacrificio especial contrario al principio de igualdad ante las cargas públicas. En este sentido, al referirse a la jurisprudencia del Tribunal Constitucional, en su día M. Díez de Velasco afirmó que *"la Jurisprudencia del Tribunal Constitucional en conjunción con el artículo 106 CE y el art. 139.1 LRJAPPAC, pueden ayudar (...) a determinar el derecho a una indemnización a favor del particular que ha visto lesionados sus derechos en ausencia de medidas adecuadas de los poderes públicos, incluida la protección diplomática, cuando se verificare el nexo causal entre la ausencia de su ejercicio y la lesión del particular"*.

Este es el bagaje jurisprudencial al que va a venir a añadirse las decisiones de la Audiencia Nacional y del Tribunal Supremo en el asunto Couso, aportando novedades significativas que seguidamente pasamos a analizar.

3.2. De la discrecionalidad al servicio público: las sentencias de la AN 4391/2019 y del TS 3026/2021.

Con objeto de contextualizar las actuaciones del Gobierno español en la gestión del caso Couso, debemos recordar que según lo relatado por la entonces Ministra de Asuntos Exteriores en el Congreso de los Diputados, tan pronto como tuvo noticias del fallecimiento del cámara de televisión mantuvo varias conversaciones telefónicas con el Secretario de Estado norteamericano al cual le solicitó información sobre lo sucedido. En contestación a la citada solicitud, el 21 de abril, Colin Powell, le dirigió una carta en la que explicó que "*los disparos contra el hotel Palestina se realizaron en una zona de guerra cuando las fuerzas norteamericanas respondían al fuego hostil*" y se comprometía a mantener informado al Gobierno sobre cualquier otra circunstancia que se averiguase a este respecto. Además, la coalición que lideraba Estados Unidos manifestó que el citado hotel había pasado a considerarse como "objetivo militar" y que la decisión se había puesto en conocimiento de los periodistas que se ubicaban en el mismo. A su vez, justificaron su ataque en respuesta a los disparos previos que se habían efectuado por un francotirador ubicado en el citado hotel. La Ministra de Asuntos Exteriores decidió poner fin a la citada investigación oficial diciendo que el ejército de EE.UU. había actuado en defensa propia ante el peligro de que sus tropas fuesen atacadas. De esa manera, el Gobierno consideró que se trataba de un grave error y que "*el asunto no tenía la suficiente entidad para condenar los hechos y para condenar por estos hechos al Gobierno de los Estados Unidos*".

Sin embargo, diferentes grupos políticos en el Congreso de los Diputados consideraron que las explicaciones proporcionadas por el Gobierno norteamericano habían sido contradictorias y negadas por los propios afectados y que la actitud del Gobierno era confusa e insuficiente. En consecuencia, requirieron al Gobierno a que realizase la investigaciones oportunas y necesarias a la vez que se le solicitó atender las consecuencias derivadas para la familia de José Couso. Con el cambio de ejecutivo se retomó el debate sobre esta cuestión en el Congreso de los Diputados y en un primer momento, la respuesta del nuevo gobierno fue que "*ya ha cursado instrucciones a la Embajada de España en Washington para que solicite a las autoridades norteamericanas información adicional a la transmitida en su día por el Departamento de Estado y el Mando Central*". A pesar de lo anterior, este Gobierno tampoco llevó a cabo a cabo ninguna investigación, si bien durante su mandato se aprobó el Real Decreto de 8/2004, de 5 de noviembre, sobre indemnizaciones a los participantes en operaciones internacionales de paz y seguridad, donde se concedió una indemnización con carácter retroactivo a la familia de José Couso.

De este modo, la sentencia de la AN 4391/2019, de 11 de diciembre, resuelve el recurso contencioso administrativo que interpuso la familia Couso contra la Administración General del Estado como consecuencia de la desestimación por silencio de la reclamación de responsabilidad patrimonial por los perjuicios derivados de la omisión de la protección diplomática del Estado a raíz del fallecimiento de José Couso. Este tribunal parece demostrar un buen conocimiento de las características de la protección diplomática y sus requisitos en el derecho internacional, pues en su fallo considera que en el caso concreto concurrían los requisitos exigibles para el ejercicio de la protección diplomática, para lo que se detiene en particular en la calificación del acto atribuible a las fuerzas armadas de los EE.UU. como hecho internacionalmente ilícito y se ve obligada a reconocer la discrecionalidad de la que goza el Estado para su ejercicio. No obstante, añade que *"tal concepción no determina fatalmente la ordenación interna de cada Estado acerca de si el ciudadano víctima de un ilícito internacional tiene o no un derecho subjetivo a que el Estado ejercite en su favor la protección diplomática".*

En nuestra opinión, los argumentos que utiliza la AN para declarar la responsabilidad patrimonial son discutibles cuando se refiere a la previsión del art. 19 del Proyecto de artículos de la CDI, puesto que como hemos puesto de relieve más arriba, se trata de una práctica recomendada que no ha alcanzado la condición de norma consuetudinaria. En este sentido, no deja de ser contradictorio que primero la propia sentencia la califica como "recomendación" y a continuación atribuye carácter consuetudinario a todos los artículos del Proyecto, citando para ello a la doctrina internacionalista -que como hemos visto se lo niega al art. 19, como previamente había hecho la propia CDI- y el asunto *Diallo,* en el que la CIJ no se pronunció sobre este concreto artículo.

Sucede lo mismo con la jurisprudencia del TS, respecto de la cual la propia sentencia afirma: *"Ha de aceptarse que los casos analizados por la jurisprudencia del Tribunal Supremo guardan una diferencia con el presente que impide su aplicación mecánica, pues se trataba en ellos de perjuicios causados por un Estado a nuestros nacionales en represalia a las conductas desenvueltas por España. Por el contrario, en el supuesto que nos ocupa, el fallecimiento... fue causado por el ejército de los EE.UU. sin conexión causal alguna con la conducta de nuestras autoridades, pues... era un periodista que se encontraba realizando su actividad profesional cuando sobrevino su fatal fallecimiento".* Quizá consciente de la escasa entidad de sus argumentos, no deja de ser curioso que tras proclamar la estimación del recurso y declarar la responsabilidad patrimonial, en el mismo Fundamento jurídico la sentencia recurre a otros razonamientos complementarios. A juicio de la AN el derecho a la vida, la protección de la familia y la libertad de información son derechos y valores constitucionales cuya protección puede llevar a justificar el ejercicio de la protección diplomática y, en su defecto, la responsabilidad patrimonial del Estado, pero por loable que sea el deseo de reparar una injusticia material, no deja de ser una pirueta argumental insuficientemente justificada desde el punto de vista jurídico y añadida tras la decisión a modo de complemento. Además, este tribunal podía haber desarrollado la incidencia de esos valores constitucionales que se limita a apuntar. Esto habría sido especialmente oportuno si tenemos en cuenta que la sentencia del TS que marca su doctrina en esta materia es preconstitucional.

En febrero de 2020 la Abogacía del Estado presentaba un escrito de preparación del recurso de casación ante el TS. En él, la discrecionalidad en el ejercicio de la protección diplomática, la inexistencia de un derecho del particular a la misma y los condicionamientos establecidos en la jurisprudencia previa del Alto Tribunal figuraron entre los motivos invocados. Así TS comienza delimitando el objeto el recurso de casación y determina, que *"no se trata de examinar si debe el Estado español indemnizar (...) los daños y perjuicios que se les ocasionen a los ciudadanos españoles por hechos ilícitos de otros Estado (...). Se trata exclusivamente de determinar si debe responder la Administración pública española por la ausencia de prestación de la protección diplomática al ciudadano que resultare lesionado en sus derechos por otro Estado por un ilícito internacional".* Para cumplir con ese objetivo el TS entiende que debe comenzar por resolver la cuestión de sí la protección diplomática puede considerarse como un servicio público que deba prestar la Administración

Pública española a los ciudadanos bajo su protección y, en el caso de una omisión en su ejercicio, pueda generar un supuesto de responsabilidad patrimonial. Además, si la respuesta fuese afirmativa, el TS apunta que sería necesario determinar cuáles son los presupuestos para que dicho servicio público pueda efectivamente generar la responsabilidad patrimonial de la Administración.

Sobre la primera cuestión, y ya centrado en la tarea de buscar argumentos que le permitan configurar la protección diplomática como un servicio público que deba prestar la Administración y genere un derecho subjetivo para los particulares, al TS le parece un ejercicio especialmente complejo debido, en su opinión, a la inexistencia de normas internas o de carácter internacional que definan esta institución o que impongan una obligación para los Estados a ejercer la protección diplomática. Así, con carácter alternativo, considera que debe de examinar *"por otras vías que no sea el Derecho positivo, la pretendida existencia de la protección diplomática".*

En su análisis, primero dice que la protección diplomática "*es fruto de la Doctrina internacionalista*" a lo que añade que a consecuencia de ello "*y como casi lo que comprende el Derecho Internacional, está enmarañada en una configuración no exenta de dificultades conceptuales*". Después, intenta hacer un recorrido de esta institución desde sus orígenes para llegar a la conclusión de que no existe un "*documento vinculante alguno que regule la protección diplomática*" y por tanto decide que "*habrá de acudirse al derecho consuetudinario internacional*". De este modo, después de la atribución de esta institución a la doctrina, que recordemos que esta es solo un medio auxiliar para determinar las reglas de derecho y las apreciaciones sobre una supuesta jerarquía normativa en el derecho internacional, estamos de acuerdo en que como se ha dicho *"refleja un profundo desconocimiento y/o un abierto desprecio por el Derecho internacional y su sistema de fuentes normativas".* Esta desatención del derecho internacional se vuelve a poner de relieve en la fundamentación jurídica del TS sobre los aspectos centrales de su razonamiento puesto que, cuando afirma que la protección diplomática vendría impuesta en nuestro Estado por la vía de la fuerza de la costumbre internacional, por un lado parece que de nuevo atribuye a la doctrina valor normativo y superior que a las propias normas consuetudinarias al afirmar que *"conforme se pone de manifiesto por la doctrina (...) la protección diplomática constituye una institución clásica del Derecho Internacional Público, unánimemente admitida por la costumbre internacional".* Además, si atendemos a la literalidad, parece otorgar superioridad jerárquica a las normas convencionales sobre las normas consuetudinarias en la medida que afirma que el art. 38 del Estatuto de la CIJ dice que la Corte *"deberá aplicar, en segundo lugar tras las convenciones internacionales, la costumbre".*

A mayor abundamiento, el TS refiriéndose a la naturaleza consuetudinaria de la protección diplomática, dice que *"obligaría a su vigencia en España, a falta de mayor concreción, por la admisión de la costumbre como fuente del Derecho español, conforme a lo establecido en el artículo 1 del Código Civil"* a lo que añade que el sistema de fuentes del art. 38 del Estatuto de la CIJ *"impone que nuestro Derecho haya de acogerse a la costumbre como fuente del derecho al examinar las instituciones del Derecho internacional, lo cual no hace sino extender el ámbito exterior lo que para el Derecho interno se establece en el art. 1 del Código Civil".* De este modo, creemos que el TS manifiesta una cierta confusión con respecto de la incorporación automática de las normas consuetudinarias internacionales desde el momento de su formación en el ordenamiento internacional mediante el *consensus* de los Estados, con respecto de aquellas en las que nuestro Estado haya manifestado su inicial consentimiento. Pero es que además, en su última alusión al derecho internacional en este fundamento, no deja de sorprender que el TS afirme que *"esa costumbre, a falta de vigencia expresa debe reconducirse al ya mencionado Proyecto, que si bien en su contenido no puede considerarse como derecho plenamente vigente, dado que, siendo sometido a la aprobación de la Asamblea General de la ONU, no fue aprobado (...); es lo cierto que la Doctrina Internacionalista ha considerado que recoge lo que constituye la práctica internacional en el ámbito de esa protección, como se justifica en los Comentarios al Proyecto, elaborados por la misma Comisión".* Así, se plasma otro claro intento de otorgarle máxima autoridad a la doctrina internacional pero sin embargo, discute el contenido del Proyecto de artículos de la CDI al considerar que no es "*derecho plenamente vigente*" y si bien es cierto que su articulado no se ha plasmado en un tratado, no cabe duda -con la salvedad de aquellos referidos a la "práctica recomendada"- de que son considerados la reafirmación definitiva de las normas de derecho internacional consuetudinario sobre la cuestión, como se desprende de lo afirmado por la CIJ en el asunto *Diallo*..

A continuación, esta sentencia también se caracteriza por el desorden en la argumentación del TS puesto que no sigue un claro hilo argumental y va saltando del ordenamiento jurídico internacional al interno en múltiples ocasiones haciendo difícil su sistematización y la propia compresión de los argumentos esgrimidos. Esto sucede, cuando una vez demostrada la pretendida vigencia de la protección diplomática en nuestro Estado por la vía de la costumbre internacional antes comentada, decide hacer un paréntesis en su análisis para encontrar argumentos a favor en el derecho interno. Así, el TS reconoce que no existe disposición específica en el ordenamiento español que se refiera al ejercicio de la protección diplomática con la salvedad del art. 21.6 de la LO 3/1980 de 22 de abril del Consejo de Estado, que regula las materias en las que este órgano debe ser consultado por el Gobierno y recoge específicamente aquellas que se formalicen como consecuencia del ejercicio de la protección diplomática. A continuación, también se refiere a la Ley 1/2014 de 25 de marzo, de la Acción Exterior y del Servicio Exterior del Estado que, aunque no estaba vigente en el momento al que se refieren los hechos, el tribunal entiende que ha de ser tenida en consideración a pesar de que la citada ley "ni acoge" "ni define" qué debe entenderse por protección diplomática, realizando así una interpretación un tanto forzada, discutible y carente de fundamentación jurídica, que le lleva a afirmar que cuando la ley se refiere *"a la protección de los españoles al exterior (...) solo cabe concluir que el legislador está pensando, no solo en esa protección consultar, sino también en la protección diplomática"*.

En base a todo lo anterior, el TS concluye que la institución de la protección diplomática rige en nuestro derecho y que constituye un auténtico servicio público y, en consecuencia, lo siguiente es determinar el alcance, los presupuestos y su contenido. De vuelta al Derecho Internacional y, de nuevo obcecado con la doctrina, el TS afirma que la mayoría de ella ha concluido que la protección diplomática constituye una potestad absolutamente discrecional de los Estados. Siendo así, los ciudadanos no ostentan derecho alguno, ni frente al Estado causante del daño, ni frente a su propio Estado. Esa afirmación sobre la inexistencia de un derecho subjetivo de protección diplomática desde la óptica del derecho internacional es, sin embargo, matizada por el TS con la idea de que pertenece a la esfera interna de los Estados -por el propio corolario de soberanía- no solo determinar su ejercicio si no también determinar si los perjudicados en una supuesta omisión de su ejercicio podrían instar al Estado del que son nacionales a ejercerla. Para apuntalar este argumento, el Alto Tribunal dice que carecería de todo fundamento que de las Constituciones actuales y la interpretación de estas en el siglo XXI pudiera interpretarse en el sentido de que la función tuitiva de los poderes públicos no cubriera los daños producidos a un sujeto bajo su protección y tomando como referencia el art. 2 del Proyecto de artículos sobre protección diplomática dice *"que se necesitarían poderosos argumentos para justificar que el Estado no la ejerciera".* Una afirmación que no es exacta, puesto que de sobra es conocido que el citado artículo recogió la postura tradicional mantenida sobre la discrecionalidad absoluta del Estado en el ejercicio de la protección diplomática al señalar que *"Un Estado tiene derecho a ejercer la protección diplomática de conformidad con el presente proyecto de artículos"*, y es que, aunque no haga mención expresa de la discrecionalidad en su ejercicio, se entiende como implícita al referirse a un derecho del Estado.

Lo siguiente que hace el TS es buscar apoyo en el art. 19 del Proyecto de artículos, para afirmar que las recomendaciones contenidas en ese artículo *"no pueden amparar esas pretendidas y extrema discrecionalidad de los Estados para prestar esa protección"* y menos cuando *"nuestro Derecho sí reconoce como un derecho subjetivo de los ciudadanos porque no sería admisible conferir a la Administración pública la potestad de no ejercer un medio pacífico y lícito de salvaguardar la protección de los bienes de sus nacionales vulnerados por otro Estado con actos internacionalmente ilícitos"*. Esto le lleva a considerar que la discrecionalidad de la que gozan los Estados con respecto de la protección diplomática no es sobre su ejercicio, puesto que había quedado demostrado que, en nuestro derecho, la Administración tiene conferida esa obligación, es la elección de medios a través del cual se presta esa protección, donde radica la discrecionalidad de que goza el Estado.

En consecuencia, la siguiente tarea del TS es determinar cuáles son los medios adecuados para su ejercicio y dice que *"la doctrina no ha podido determinar taxativamente de que medios puede servirse el Estado del nacional perjudicado para alcanzar esa finalidad reparadora del daño"*, sin embargo añade que "*en un esfuerzo dogmático de elogio, la doctrina internacionalista ha tratado de hacer aportaciones respecto de cuáles pueden ser esos medios*" y a modo de ejemplo cita varios de ellos: *"(arbitraje internacional, negociaciones diplomáticas, buenos oficios y mediación, investigación internacional, la conciliación internacional, etc.)"*. Esto le permite concluir que será el Estado el que, en función de las circunstancias de cada caso, determinará los medios a emplear y configura así la protección diplomática como una actividad de medios, no de resultado en la medida que el Estado no puede garantizar con certeza el éxito de la misma y confirma así que a efectos de la responsabilidad patrimonial, el daño causado al particular no es el que se deriva del hecho internacionalmente ilícito, si no de la *"mera oportunidad de que con la prestación de la protección diplomática se pudiera haber obtenido dicha reparación"*.

El TS, en base a todas las apreciaciones arriba comentadas, se pronuncia finalmente sobre el caso concreto y considera probado que las actuaciones llevadas a cabo por España a través de un canje de notas entre la Administración española y la norteamericana y donde aquel se limitó a dar por bueno el relato de hechos, no podían comportar el ejercicio de la protección diplomática. Así, *"El Estado español estaba obligado (...) a hacer gestiones en pro de una investigación internacional objetiva de los hechos y, en su caso, utilizar los medios que estimara procedente que pudiera dar como resultado la reparación del daño ocasionado, no a dar la callada por respuesta o limitarse a dar por buenos los argumentos dados en contra de la ilicitud del hecho por el Estado que lo ocasionó"*. Lo que significa que para probar si se ha ejercicio el umbral mínimo con respecto de su ejercicio es "*la búsqueda de una valoración objetiva de los hechos*". De este modo según el TS se procederá a la reclamación de responsabilidad patrimonial atendiendo a la pérdida de oportunidad como consecuencia de la omisión en su ejercicio puesto que *"el daño que no es, en puridad de principios, el ocasionado por el fallecimiento del padre y esposo de los recurrentes iniciales, sino la perdida de oportunidad de que estos hubiesen obtenido la reparación del daño ocasionado"*.

En definitiva, creemos que uno de los puntos débiles de la sentencia del TS, además de los que ya se han comentado, es que este tribunal ni tomó en consideración ni valoró, o cuanto menos de forma suficiente, algunos de los argumentos utilizados por la AN en la sentencia previa. Por un lado, al no referirse a uno de los ejes centrales de la argumentación; el que se refiere a la exigencia del acto previo de la Administración española en la cadena causal que conduce al perjuicio sufrido por el particular establecido en la jurisprudencia previa del propio TS para reconocer la responsabilidad patrimonial de la Administración en el caso de la omisión o del insuficiente ejercicio de la protección diplomática. Sobre esta cuestión, todo lo que dice es "*que nuestra jurisprudencia no ha tenido oportunidad de hacer pronunciamiento concreto sobre la protección diplomática*" y que los supuestos "*estaban más propiciados por las actuaciones del Estado español que por otros Estados*". Quizás podemos entender que el TS al configurar la protección diplomática como un servicio público, ya no considera relevante abordar la existencia de aquel nexo para su ejercicio. Como ha apuntado la profesora E. Crespo Navarro "*el nexo causal imprescindible para que pueda articularse la responsabilidad patrimonial de la administración en relación a la protección diplomática ha cambiado su centro de gravedad*" y ahora parece pivotar en las normas de derecho interno que regulan los presupuestos de la responsabilidad patrimonial en la medida en que ahora su ejercicio por parte del Estado ya no tiene un carácter discrecional. Por otro lado, el TS no hace alusión en su fallo a lo que antes nos hemos referido como lo más novedoso de la sentencia de la Sala de lo Contencioso-Administrativo de la Audiencia Nacional: la remisión a los valores y principios constitucionales como el derecho a la vida, la protección de la familia y la libertad de información puesto que la AN los había considerado como derechos y valores constitucionales cuya protección podría llevar a justificar el ejercicio de la protección diplomática y, en su defecto, la responsabilidad patrimonial del Estado. En este sentido, consideramos que el TS perdió la oportunidad de ordenar estos principios y valores constitucionales reconocidos en nuestro sistema vigente y encontrar su anclaje para reforzar sus argumentos puesto que como ya indicamos más arriba, la jurisprudencia del TS que marca su doctrina en esta materia era preconstitucional.

Bibliografía recomendada:

- ALCOCEBA GALLEGO, María Amparo, "Límites a la discrecionalidad del Estado español en el ejercicio de la protección diplomática", en *Revista Española de Derecho Internacional*, Vol. 72, N.º 2, 2020, pp. 163-196.
- ANDRÉS SÁENZ DE SANTA MARÍA, Paz, "La protección diplomática y consular de los ciudadanos de la Unión en el exterior", en *Revista de Derecho de la Unión Europea,* N.º 11, 2006, pp. 11-25.
- ANDRÉS SÁENZ DE SANTA MARÍA, Paz, GONZÁLEZ VEGA, Javier A., *Sistema de Derecho Internacional Público*, 7ª ed., Civitas, Madrid, 2023.
- ARRUFAT CÁRDAVA, Alberto Delfín, "Delimitando la discrecionalidad en el ejercicio de la protección diplomática. Un análisis a propósito de la responsabilidad patrimonial del Estado en el caso Couso", en *Revista Electrónica de Estudios Internacionales*, N.º 39, 2020.
- CONDORELLI, Luigi, "La protection diplomatique et l'evolution de son domaine d'application actuelle", en *Rivista di Diritto Internazionalie,* Vol. 1, 2003, pp. 5-26.
- CRESPO NAVARRO, Elena, "El Proyecto de artículos de la Comisión de Derecho Internacional sobre la protección diplomática. La protección de las personas físicas", en *Revista Española de Derecho Internacional*, Vol. 57, N.º 1, 2005, pp. 221-238.
- CRESPO NAVARRO, Elena, "La naturaleza de la protección diplomática en el caso "Couso" la compleja relación entre Derecho internacional y Derecho interno", en *Revista Española de Derecho Internacional*, Vol. 72, N.º 2, 2020, pp. 197-234.
- CRESPO NAVARRO, Elena, "La sentencia de 9 de julio de 2021 del Tribunal Supremo en el caso Couso. Una interpretación errónea de la discrecionalidad estatal en el

ejercicio de la protección diplomática", en *Revista Española de Derecho Internacional*, Vol. 74, N.º 1, 2022, pp. 241-251.

- DENZA, Eileen, "Nationality and Diplomatic Protection", en *Netherlands International Law Review*, Vol. 65, N. º 3, 2018, pp. 463-480.
- DÍAZ BARRADO, Cástor, "La protección diplomática en el derecho internacional contemporáneo: cuestiones generales", en *The Yearbook of diplomatic and consular law*, 2016, N.º 1, pp. 163-182.
- DÍEZ DE VELASCO VALLEJO, Manuel, "Protección diplomática e inactividad del Estado: La práctica española", en VVAA, *Pacis Artes. Obra homenaje al Profesor Julio D. González Campos,* UAM-Servicio de Publicaciones de la Facultad de Derecho de la UCM, Madrid, 2005.
- FERNÁNDEZ TOMÁS, Antonio F., "Protección diplomática de sociedades y accionistas: Pocas respuestas nuevas a las preguntas de siempre", en HINOJO ROJAS, Manuel, (coord.), *Liber Amicorum Profesor José Manuel Peláez Marón* Servicio de Publicaciones de la Universidad de Córdoba, Córdoba, 2012.
- PETIT DE GABRIEL, Eulalia W., "Clean Hands Revisited. El eterno retorno de una doctrina discutible", en *Anuario Español de Derecho Internacional*, N.º 39, 2023, pp. 341-405.
- QUEL LÓPEZ, Francisco Javier, "Nueva aproximación a una institución clásica: la necesaria adaptación de la protección diplomática a los actores y factores presentes en la actual sociedad internacional", en *Cursos de Derecho internacional de Vitoria-Gasteiz,* 2002, pp. 339-377.
- QUEL LÓPEZ, Francisco Javier, "El agotamiento de los recursos internos. Criterios uniformes de aplicación en la jurisprudencia y en la codificación internacional", en VVAA, *Pacis Artes. Obra homenaje al Profesor Julio D. González Campos,* UAM-Servicio de Publicaciones de la Facultad de Derecho de la UCM, Madrid, 2005.
- TORROJA MATEU, Helena, "La "protección diplomática" de los "derechos humanos" de los nacionales en el extranjero: ¿situaciones jurídicas subjetivas en tensión?", en *Revista Española de Derecho Internacional*, 2006, pp. 205-237.
- TORROJA MATEU, Helena, *El derecho del Estado a ejercer la protección diplomática,* Bosch, Barcelona, 2007.
- VÁZQUEZ RODRÍGUEZ, Beatriz, "Protección diplomática y responsabilidad patrimonial del Estado: a propósito del asunto Couso", en *Revista Electrónica de Estudios Internacionales*, N.º 39, 2020.